KB194479

하나님의 어부바

하나님의 어부바

발행일	2023년 5월 1일

지은이	유상민		
펴낸이	손형국		
펴낸곳	(주)북랩		
편집인	선일영	편집	정두철, 배진용, 윤용민, 김부경, 김다빈
디자인	이현수, 김민하, 김영주, 안유경	제작	박기성, 황동현, 구성우, 배상진
마케팅	김회란, 박진관		
출판등록	2004. 12. 1(제2012-000051호)		
주소	서울특별시 금천구 가산디지털 1로 168, 우림라이온스밸리 B동 B113~114호, C동 B101호		
홈페이지	www.book.co.kr		
전화번호	(02)2026-5777	팩스	(02)3159-9637

ISBN	979-11-6836-832-3 03230 (종이책) 979-11-6836-833-0 05230 (전자책)

(주)북랩 성공출판의 파트너
북랩 홈페이지와 패밀리 사이트에서 다양한 출판 솔루션을 만나 보세요!
홈페이지 book.co.kr   •   **블로그** blog.naver.com/essaybook   •   **출판문의** book@book.co.kr

작가 연락처 문의 ▸ ask.book.co.kr
작가 연락처는 개인정보이므로 북랩에서 알려드릴 수 없습니다.

하나님의 어부바

유상민 지음

북랩

지금은 희망의 시대입니다

엘리 제사장 시대에 이스라엘에는 여호와의 말씀이 희귀했습니다. 그 시대에는 하나님이 이스라엘을 향해 말씀하시는 일이 드물었습니다. 환상도 자주 나타나지 않았습니다.

말라기 선지자 이후 약 4백 년간도 하나님이 말씀하지 않으셨습니다. 말라기 선지자 이후 세례 요한이 등장하기까지 하나님은 침묵하셨습니다.

하나님이 말씀하지 않으시는 시대, 하나님이 어떤 이상도 보여주지 않으시는 시대, 그 시대는 암흑이고, 절망이었습니다.

지난 3년여간 교회는 어려웠습니다. 코로나19로 인해 교회의 문을 닫아야 할 때가 많았습니다. 주일이 되어도 예배당은 텅텅 비었고 사람들은 교회에 오는 것을 두려워했습니다. 정부에서 허락한 최소한의 인원만 겨우 교회에 모였습니다. 나머지는 온라인이라는 생소한 매체로 예배를 드렸습니다. 그러는 사이 교회를 떠나는 사람도 있었습니다. 엎친 데 덮친 격으로 교회는 사회로부터 지탄의 대상이 되었습니다. 마치 코로나19 확산의 주된 책임이 교회에 있는 것처럼 사람들은 교회를 공격했습니다. 교회가 한 치 앞도 알수 없는 암흑기를 보내는 것 같았습니다. 그래서 많은 이들이 절망했습니다. 그러나 지난 3년은 교회의 암흑기가 아니었습니다. 절망의 시대도 아니었습니다. 하나님이 우리에게 끊임없이 말씀하셨기 때문입니다.

돌아보면 지난 3년여간 하나님은 침묵하지 않으셨습니다. 큰 교회와 작은 교회를 무론하고 끊임없이 말씀하셨고, 이름만 대면 아는 유명한 목사님들과 아무도 알아주지 않는 무명의 목사를 통해 쉬지 않고 당신의 말씀을 선포하셨습니다. 그래서 지난 3년은 우리에게 빛의 시대였고 희망의 시대였습니다.

한우리교회는 인천시 서구 원당대로 한구석에 있는 작은 교회입니다. 목사도 변변치 못합니다. 지난주일 한우리교회 예배에 누가 모였는지, 목사는 어떤 설교를 했는지 관심을 두는 사람도 없습니다. 그저 매 주일 모이는 사람들이 모여서 한 주 한 주 예배를 드릴 뿐입니다. 그럼에도 불구하고 하나님은 매주 한우리교회를 향해 말씀하셨습니다. 작은 목사를 통해 큰 말씀을 전하셨고, 그래서 우리가 어둠 속에서도 길을 잃지 않게 하셨습니다. 그 기록을 모아 책으로 엮었습니다.

이 책은 코로나19가 처음 발병한 2020년부터 2022년까지 3년간 한우리교회에 주신 하나님의 말씀 중 일부입니다. 하나님은 매일 말씀하셨고, 매 주일마다 말씀하셨습니다. 그 중 30편의 설교를 이곳에 실었습니다. 마지막 3편의 설교는 코로나 기간 중 있었던 교우의 장례식 설교입니다.

지난 3년간 하나님의 말씀은 우리 발의 등이었고 우리 길의 빛이었습니다. 그 빛을 따라 매일 한 걸음씩 걸으며 우리는 여기까지 왔습니다. 그래서 우리가 지금 있는 이곳이 우리의 '에벤에셀'이고, 우리가 매일 모여서 예배드리는 이곳 예배당이 우리의 '벧엘'입니다.

매일 두서없는 목사의 설교를 인내하며 들어주는 교우들께 고맙습니다. 투박한 목사의 설교를 천상의 소리처럼 들어주는 교우들이 없었다면 하나님이 목 놓아 부르짖어도 저는 아무 소리도 내지 못했을 것입니다. 그래서 교우들께 고맙습니다. 교우들 덕에 제가 살고, 교우들 덕에 제가 하나님을 더 깊이 뵙습니다.

브레넌 매닝은 '말이 신비를 망친다'고 했습니다[1]. 하나님의 마음을 사람의 말로 기록하고 전하는 것은 어찌 보면 얻는 것 보다 잃는 것이 더 많습니다. 하나님을 말할수록 하나님의 신비는 깨어지기 때문입니다. 하물며 하나님의 마음을 조잡한 사람의 글로 기록

---

[1] 브레넌 매닝, 『아바의 자녀』, 복있는사람, 2004.02.13, p.13.

한다는 것은 무모하리만큼 어리석은 일일지도 모릅니다. 그럼에도 불구하고 하나님은 지난 모든 세기 동안 사람의 말과 글로 복음을 전하셨고, 그것으로 한 사람 한 사람을 구원해 내셨습니다. 그래서 우리는 매일 용기내서 설교를 하고 그것을 기록합니다. 이름 없는 목사의 설교에 3천 명이 회개하는 일은 일어나지 않겠지만, 그래도 한 사람의 영혼이라도 위로하고, 축복하고, 구원해 낼 수 있다면 어리석은 용기에도 의미가 있을 것입니다.

오랜 시간 부족한 목사와 변함없이 함께해 주는 한우리교회 교우들께 고맙습니다. 지치지 않는 열정과 영성으로 매일 하나님의 말씀을 설교하는 이 땅의 모든 목사님들께도 고맙습니다. 제 주변에는 설교 잘하는 목사님들이 많습니다. 특히 이제 막 교회를 개척한 후배 목사님들의 설교에 저는 많은 은혜를 받습니다. 하나님은 오늘도 말씀하시고, 지금 이 순간에도 말씀하십니다. 모두가 엘리야일 수는 없지만, 바알에게 무릎 꿇지 않고 바알에게 입 맞추지 아니한 칠천 명의 이름 없는 설교자들을 통해 하나님은 지금도 말씀하고 계십니다. 그래서 지금은 빛의 시대고 희망의 시대입니다.

———————————————✦———————————————

부록

팍스 크리스투스

본문: 마태복음 21:1-11

    오늘은 종려주일입니다. 지난 2월 21일에 사순절을 시작했는데 벌써 7주가 지났습니다. 오늘이 종려주일이고 내일부터 한 주간은 고난주간입니다. 그리고 다음 주일은 부활주일입니다. 시간이 참 빠릅니다. 우리 교회는 다른 교회들보다 사순절을 2주 먼저 시작했는데 벌써 사순절 마지막 주간이 되었습니다.

    종려주일이란 예수님이 예루살렘 성에 입성하실 때 사람들이 종려나무 가지를 흔들며 예수님을 맞이한 것에서 기인합니다. 종려주일은 부활주일 전 주일이고 대부분의 교회는 종료주일 후 한 주간을 고난주간으로 보냅니다. 그러니까 내일부터 한 주간은 고난주간입니다. 그리고 다음 주일은 부활주일입니다.

    오늘 본문으로 읽은 마태복음 21:1-11절은 종려주일의 배경이 되는 사건을 기록합니다. 오늘 우리가 읽은 이 말씀은 사복음서에서 전부 기록하고 있습니다.

    예수님이 드디어 예루살렘 성에 입성하십니다. 갈릴리에서부터 줄곧 걸어오셨던 예수님은 감람산에 위치한 벳바게에서 잠시 예루살렘 입성을 준비하십니다. 그리고 제자들이 끌고 온 나귀 새끼를 타고 예루살렘 성으로 들어가십니다. 이때 예수님이 타신 나귀 새끼는 지금까지 사람들이 한 번도 타본 적이 없는 어린 것이었습니다. 예수님이 나귀 새끼를 타고 예루살렘 성에 들어가실 때 사람들은 자기들의 겉옷과 나뭇가지를 길에 펴고 흔들며 예수님을 영접했습니다. 이때 사람들이 흔든 나뭇가지는 종려나무 가지였습니다(요 12:13).

성경에 언급되는 종려나무는 보통 대추야자를 말합니다. 종려나무 가지는 외형이 곧고 수려하게 뻗어 아름답기 때문에 영광과 기쁨, 승리, 아름다움 등을 뜻하고, 전쟁에서 승리하고 개선하는 영웅들을 환영하는 행사에서 많이 사용되었습니다. 요한계시록 7:9절에도 '각 나라와 족속과 백성과 방언에서 능히 셀 수 없는 큰 무리가 나와 어린 양을 찬양할 때 손에 종려 가지를 들었다'고 했습니다. 그러니까 예수님이 예루살렘 성에 들어가실 때 백성들이 나와서 종려나무 가지를 흔들었다는 것은 예수님을 자신들의 왕으로 영접했다는 의미이기도 합니다. 실지로 이스라엘 백성들은 예수님을 영접하면서 '호산나 다윗의 자손이여 찬송하리로다 주의 이름으로 오시는 이여 가장 높은 곳에서 호산나'라고 외쳤습니다. '호산나'라는 말은 '지금 나를 구원하십시오'라는 뜻입니다. 그러니까 지금 이스라엘 백성들은 다윗의 자손으로 오시는 왕, 그리고 주의 이름으로 오시는 왕께서 '지금 우리를 구원해 주십시오'라고 외치면서 왕의 자비를 구하고 있는 것입니다.

예수님이 나귀 새끼를 타고 예루살렘 성에 들어가실 때는 유월절을 앞두고 이스라엘 전국에서 많은 사람들이 예루살렘에 모여 있을 때였습니다. 이스라엘 남자들은 유월절이 되면 성전이 있는 예루살렘에 모여서 하나님의 성회에 참여해야 했습니다. 그것은 의무사항이었습니다. 그런데 예수님이 예루살렘 성에 들어가시던 때는 유월절 한 주 전이었고 그래서 당시 예루살렘에는 이미 많은 사람들이 전국에서 모여 있었습니다. 그때 예루살렘에 모여 있던 사람들은 이미 예수님께서 행하신 일들에 대한 소문을 많이 들었을 것입니다. 심지어 어떤 사람들은 예수님께서 행하시는 놀라운 기적을 목격하거나 직접 참여하기도 했을 것입니다. 어떤 사람은 예수님이 벳세다 들녘에서 보리떡 다섯 덩어리와 물고기 두 마리로 오천 명을 먹이실 때 그 자리에 있었을 것입니다. 어떤 사람은 예수님이 38년 된 병자를 고치시는 것을 보았을 것이고, 어떤 사람은 예수님이 날 때부터 보지 못하는 사람의 눈을 뜨게 해 주는 것을 보았을 것이고, 또 어떤 사람들은 예수님이 베다니 마을에서 죽은 나사로를 살리시는 모습을 보았을 것입니다. 그러니 그들에게 있어서 예수님은 특별한 분이었고, 이스라엘의 왕이 되어 자기들을 구원하기에 충분한 분이었습니다. 이제 예수님이 예루살렘에 입성하셔서 로마 제국을 무너뜨리고 무너진 다윗의 왕조를 다시 세우신다면 이스라엘은 다시 부강했던 옛 영광을 회복할 수 있을 것이었습니다. 이것이 그들의 기대였습니다.

하나님의 어부바

예수님의 제자들도 예수님이 곧 왕이 되실 줄 알았습니다. 예수님의 제자들은 예수님이 예루살렘에 가까이 가실수록 하나님의 나라가 당장에 임하시는 것으로 생각했습니다.

이에 대해서 누가복음 19:11은 이렇게 기록했습니다.

> "그들이 이 말씀을 듣고 있을 때에 비유를 더하여 말씀하시니 이는 자기가 예루살렘에 가까이 오셨고 그들은 하나님의 나라가 당장에 나타날 줄로 생각함이더라"

예수님을 따르는 사람들은 예수님의 예루살렘 입성을 예수님이 왕권을 얻어 하나님의 나라를 시작하는 것으로 생각했습니다. 실제로 많은 유대의 왕들이 예루살렘 성에 입성하여 자신의 왕권을 세웠습니다. 특히 다윗은 예루살렘에 입성하면서 비로소 온 이스라엘의 왕이 되었습니다. 다윗은 사울의 뒤를 이어 헤브론에서 왕이 되었지만 그곳에서 통치하던 칠 년 육 개월은 왕으로서의 통치가 유다에 제한되어 있었습니다. 그 후 예루살렘에 입성하여 통치한 33년이 온 이스라엘과 유다의 왕으로 통치한 기간이었습니다.

헤롯도 그렇습니다. 이스라엘의 고대사를 보면 예수님 당시 헤롯 대왕도 예루살렘을 확보함으로 자신의 통치권을 안정시킬 수 있었습니다. 그러니 사람들은 예수님도 예루살렘에 입성하심으로 비로소 왕이 되시고, 자신의 왕권을 행사하실 것이라고 생각한 것입니다. 예수님이 왕이 되셔서 통치하는 이스라엘, 그 이스라엘이 이스라엘 백성들이 생각하는 하나님의 나라였던 것입니다. 사람들은 지금 그런 기대를 가지고 예루살렘에 입성하는 예수님을 맞이하고 있는 것입니다. 그러나 예수님은 사람들이 기대하는 바대로 움직이시는 분이 아니십니다. 복음서에 보면 예수님은 항상 두 가지 원리로만 움직이셨습니다. 첫째, 예수님은 아버지께서 기뻐하시는 일에 움직이셨습니다. 둘째, 예수님은 성경에 예언되고 미리 약속된 말씀을 이루시는 일에 움직이셨습니다. 이 두 가지 원칙에 의해서만 예수님은 일하고 움직이셨습니다.

오늘 본문에서 예수님이 나귀 새끼를 타고 예루살렘에 입성하신 것도 마찬가지입니다. 예수님은 선지자를 통해 이미 예언된 말씀을 이루기 위해 나귀 새끼를 타고 예루살렘 성에 들어가셨습니다. 사실 예수님은 평소에 말이나 나귀를 타지 않으셨습니다. 예수님은 항상 걸어서 다니셨습니다. 갈릴리에서 예루살렘으로 오실 때에도 예수님은 걸어서 오셨습니다. 그런데 지금은 나귀 새끼를 타고 예루살렘에 입성하고 계십니다. 왜 그러셨을까요? 성경이 그것을 예언하고 있기 때문입니다.

스가랴 9:9절 말씀입니다.

"시온의 딸아 크게 기뻐할지어다 예루살렘의 딸아 즐거이 부를지어다 보라 네 왕이 네게 임하시나니 그는 공의로우시며 구원을 베푸시며 겸손하여서 나귀를 타시나니 나귀의 작은 것 곧 나귀 새끼니라"

오늘 본문 4절 말씀은 이렇게 기록합니다. "이는 선지자를 통하여 하신 말씀을 이루려 하심이라" 예수님이 선지자를 통하여 하신 말씀을 이루기 위해 나귀 새끼를 타셨다는 것입니다. 이때 선지자를 통하여 하신 말씀이 바로 스가랴 9:9절 말씀입니다.

예수님은 항상 그러셨습니다. 예수님은 항상 하나님의 말씀을 생각하셨고 그 말씀을 이루기 위해 움직이셨습니다. 그래서 예수님이 하시는 일은 대부분 사람들의 기대와는 달랐습니다. 사람들이 생각하는 방법과도 달랐습니다. 사람들이 예수님께 원한 것은 군마를 타고 위풍당당하게 예루살렘 성에 입성하는 모습이었습니다. 나귀가 아니었습니다. 말을 타고, 손에는 칼과 창을 들고, 큰 군대를 앞세워서 예루살렘으로 쳐들어가서, 위세등등하던 로마 군인들을 몰아내고 새로운 이스라엘 나라를 세워서 이스라엘의 평화를 이루어 주는 것, 그것이 이스라엘 백성들이 원하는 것이었습니다. 그것이야말로 세상의 전형적인 방법이기도 합니다.

제가 신학교에 다닐 때 연극을 했는데 그때 공연했던 대사 중에 잊혀지지 않는 말이 있습니다. '세상은 평화를 지키기 위해 군비를 확충하고 전쟁을 한다'는 대사입니다. 참 아이러니하지 않습니까? 전쟁이 없는 세상이 평화로운 세상입니다. 그런데 세상은 평화를 위한다는 명분으로 전쟁을 합니다. 그리고 전쟁에서 승리하기 위해 온갖 살상 무기들을 개발합니다. 이 얼마나 모순된 일입니까? 그런데 실지로 그렇습니다. 인류 역사상 존재했던 수많은 전쟁의

대의는 대부분이 평화였습니다.

1941년 12월 1일에 일본이 진주만을 공격하면서 태평양 전쟁이 시작되었습니다. 이 전쟁을 일본에서는 대동아전쟁이라고 합니다. 그 말의 의미는 서구 열강의 식민지배에 신음하고 있는 아시아 국가들을 자신들이 해방시켜 주기 위해 일으킨 전쟁이라는 것입니다. 다른 말로 일본은 아시아 국가들의 평화를 지켜주기 위해 서구 열강과 전쟁을 시작했다는 것입니다. 그러나 이 전쟁을 수행하기 위해 일본은 아시아 국가들을 잔혹하게 탄압하며 착취했습니다.

우리는 1910년 8월 29일을 경술국치일이라고 합니다. 경술년에 나라가 겪은 치욕스러운 날이라는 의미입니다. 이날 일본은 대한제국이 일본령이 되었음을 공식적으로 선포했습니다. 우리가 나라를 잃은 것입니다. 물론 이날 이전부터 대한제국은 이미 외교권과 행정권과 사법권과 경찰권을 순차적으로 박탈당했고, 군대도 해산되었습니다. 그러다 1910년 8월 29일에 공식적으로 나라를 잃은 것입니다. 그런데 일본이 이런 만행을 저지른 명분은 '동양 평화의 유지, 조선 왕실의 존엄 유지, 악정과 폐습의 개혁' 등이었습니다. 한마디로 조선의 평화를 위해 선진국인 일본이 조선을 점령한다는 것입니다. 그래서 일본은 조선의 점령을 조선 주민들을 위한 은혜로운 점령이라고까지 했습니다. 총과 대포로 무장하여 주권을 침탈한 일본이 조선의 평화를 이야기 한다는 것이 얼마나 이율배반적입니까?

일본만 그런 것이 아닙니다. 미국은 베트남 전쟁의 명분을 '남베트남 주민들의 자유와 보호'라고 했습니다. 베트남 주민들의 자유를 보호하고 그들의 평화를 보장하기 위해 전쟁을 수행한다는 것인데 그 전쟁에서 4백만 명이 넘는 베트남 사람들이 학살되었습니다. 도대체 베트남 주민들의 자유와 보호, 평화가 어디 있습니까? 그러니 평화를 베트남 전쟁의 명분으로 내세운 미국의 입장은 애초에 말이 되지 않는 것입니다.

우리나라 역사의 아픈 기억인 6.25 전쟁도 그렇습니다. 북한에서는 6.25를 '조국 해방 전쟁'이라고 부릅니다. 구체적으로 '미국과 남조선 괴뢰의 북침을 막고, 미제의 압제에 고통받는 남조선 인민을 해방시키기 위한 전쟁'이 6.25라는 것입니다. 여기서도 중요한 것이 남조선 인민들의 해방입니다. 미국과 부정한 정부로부터 남조선 인민들을 보호하고 그들의 평화를 보장한다는 것입니다. 이런 명분으로 시작된 6.25전쟁에서 무려 5백만 명 이상의 사람들이 죽었습니다. 그리고 전 국토는 파괴되었고 수많은 가족이 죽거나 헤어졌습니다. 도대체 전쟁으로 이룰 수 있는 평화가 어디에 있겠습니까?

예수님 당시에 '팍스 로마나'라는 말이 있었습니다. 팍스 로마나, 영어로는 Roman Peace, 로마적 평화라는 말입니다. 이 말은 로마 제국의 통치 아래 로마 제국에 속한 모든 나라들이 평화를 누렸다는 의미입니다. 대체로 기원전 27년에서 180년까지의 시기를 말합니다. 이 시기에 로마 제국은 팍스 로마나를 위해 수많은 국가를 억압하고 정복했습니다. 정복한 나라들을 무력으로 다스렸고 그들의 반란을 무자비하게 진압했습니다. 그 과정에 수많은 나라가 멸망했고 수많은 사람들이 죽었습니다. 팍스 로마나를 위해 죽었고, 팍스 로마나를 유지하기 위해 죽었습니다. 로마가 내세운 평화는 전쟁을 통해 이루고 전쟁을 통해 유지하는 것이었습니다. 그러니 팍스 로마나라는 말 뒤에는 수많은 억압과 착취와 고난과 불평등이 있었던 것입니다. 그것을 평화라고 할 수 있겠습니까? 그런데 이것이 세상의 방법입니다. 지금 예루살렘에 입성하는 예수님을 왕으로 영접하는 사람들은 모두 이런 기대를 하고 있는 것입니다. 예수님이 다윗과 솔로몬에 버금가는 힘 있는 왕이 되어서 로마 제국을 무너뜨리고, 이스라엘을 반대하는 나라들을 모두 정복해서, 이스라엘의 구원과 평화를 이루어 달라는 것입니다.

그러나 예수님께서는 사람들의 요구대로 움직이지 않으셨습니다. 예수님은 오직 하나님이 기뻐하시는 일과 성경에 예언된 말씀에 따라서만 움직이셨습니다. 예수님은 하나님의 말씀을 응하게 하기 위해서 나귀 새끼를 타셨습니다. 나귀는 강하지도 않고 민첩하지도 않습니다. 그래서 나귀는 전쟁을 수행하기에는 부적합합니다. 예수님은 강력한 군대를 거느리지도 않으셨고 하늘의 천군과 천사들을 호령하지도 않으셨습니다. 예수님은 그저 힘없는 제자들 몇 명하고만 동행하실 뿐이었습니다. 그 상태로는 전쟁을 할 수 없습니다. 그것은 이스라엘 백성들의 기대를 저버리는 일이었습니다.

예수님은 처음부터 무력으로 평화를 이루려 하지 않으셨습니다.

오히려 예수님은 십자가를 지심으로 인류의 평화를 이루셨습니다. 그것은 '팍스 크리스투스', 곧 그리스도의 평화였습니다. 팍스 로마나는 무력으로 갈등을 억눌러서 얻은 위장된 평화였지만, 팍스 크리스투스는 참된 화해를 통해 얻은 진정하고 영원한 평화였습니다.

예수님은 분명 왕으로 이 땅에 오셨습니다. 지난 2021년도에 우리가 매일같이 고백한 대로 예수님은 우리의 왕이십니다. 그러나 예수님은 사람들 위에 군림하지 않으셨습니다. 오히려 예수님은 사람들의 종이 되어 헌신하셨습니다. 예수님은 친히 제자들의 발을 씻겨 주셨고, 모든 사람들이 부정하다고 정죄하며 외면하고 피하는 나병 환자들을 만져 주셨고, 상처 입은 사마리아의 한 여인을 위로하고 구원하기 위해 일부러 사마리아 길을 통과하기도 하셨습니다. 예수님은 항상 그러셨습니다.

예수님은 왕이실 뿐 아니라 선지자이기도 하셨습니다. 예수님은 공생애 3년 내내 하나님의 말씀을 가르치고 전파하셨습니다. 그러나 예수님이 하나님의 말씀을 선포하기만 하신 것은 아닙니다. 예수님은 모든 순간 하나님의 말씀을 분별했고 그 말씀대로 살아가셨습니다. 예수님은 하나님의 말씀을 이루기 위해 나귀 새끼를 타셨고, 사람들에게 멸시와 조롱과 핍박을 당하셨고, 십자가에 못 박혀 죽으셨습니다. 선지자로서 하나님의 말씀을 선포하셨을 뿐 아니라 모든 순간 하나님의 말씀을 이루는 삶을 살았던 것입니다.

예수님은 또한 대제사장이십니다. 히브리서 3:1절은 "그러므로 함께 하늘의 부르심을 받은 거룩한 형제들아 우리가 믿는 도리의 사도이시며 대제사장이신 예수를 깊이 생각하라"고 합니다. 이어서 히브리서 4:14절은 "그러므로 우리에게 큰 대제사장이 계시니 승천하신 이 곧 하나님의 아들 예수시라 우리가 믿는 도리를 굳게 잡을지어다"라고 합니다. 예수님은 우리의 대제사장이십니다. 그러나 예수님은 대제사장으로 하나님께 제사를 드리셨을 뿐 아니라, 친히 자기의 몸을 제물로 드리기도 하셨습니다. 그래서 십자가 위에서 죽으셨습니다.

왕으로서, 선지자로서, 대제사장으로서 예수님께서 이렇게 행하신 것이 예수님께서 하나님의 말씀을 이루시는 방법이었습니다. 그 방법으로 예수님은 하나님과 우리를 화목하게 하셨고, 세상에 하나님의 평화를 이루어 놓으셨습니다. 그것이 바로 '팍스 크리스투스'입니다.

사랑하는 성도 여러분! 팍스 크리스투스는 당연한 것이 아닙니다. 예수님 당시의 종교 지도자들은 예수님과 전혀 다르게 행동했습니다. 당시 많은 종교 지도자들은 위선자들이었습니다. 그들은 말만 하고 행하지는 않았습니다. 그들은 마치 포도원에 가서 일하라는 아버지의 말에 '아버지 가겠나이다'(마 21:29)라고 대답하고 가지 않았던 큰아들과 같았습니다. 그들은 메시아를 기다린다고 자처했지만 막상 세례 요한이 메시아의 오심을 선포했을 때 믿지 않았고, 메시아로 오신 예수님은 배척하고 죽였습니다. 한 마디로 그들은 말만 요란한 자들이었습니다. 그들은 종교적인 행위에 익숙했지만 그 의미와 정신은 알지도 못했습니다. 당시 종교 지도자들은 철저히 십일조는 드렸지만 가난한 사람들의 권리를 보호하고 자비를 베풀며 신의를 지켜야 하는 십일조의 정신은 망각했습니다. 그들은 포도주가 하루살이 때문에 부정하게 되는 것은 조심하면서도 정작 크고 부정한 낙타는 삼켜버리는 이중성을 보였습니다. 서기관과 바리새인들은 정결 규례와 같은 외적인 것은 잘 지켰지만 마음의 정결은 지키지 않았습니다. 그래서 그들은 외식하는 자들이었고 예수님은 그들에게 화가 있을 것이라고 하셨습니다.

누가복음 12:48절에서 예수님은 "무릇 많이 받은 자에게는 많이 요구할 것이요 많이 맡은 자에게는 많이 달라 할 것이니라"(눅 12:48)고 하셨습니다. 사도 바울은 야고보서 3:1절에서 "내 형제들아 너희는 선생 된 우리가 더 큰 심판을 받을 줄 알고 선생이 많이 되지 말라"고 하기도 했습니다. 왜 선생이 더 많은 심판을 받을까요? 선생들은 항상 많을 말을 하기 때문입니다. 많은 말을 하면 그 말에 책임 있는 삶을 살아야 하는데 그렇지 못한 사람이 많기 때문입니다. 예수님 당시 종교 지도자들이 그런 사람들이었습니다. 그들은 많이 말하고 많이 가르치는 자들이었습니다. 그들은 이미 하나님께 많은 것을 받은 사람들이었습니다. 그러나 그들은 자신들이 가르치는 대로 행하지 않았습니다. 그러니 그들에게는 더 큰 심판이 있을 것입니다. 그러나 예수님은 그러지 않으셨습니다. 예수님은 말씀만 하신 것이 아니라 말씀하신 그대로 살아가셨습니다. 그래서 왕이신 예수님이 종이 되어 섬기신 것이고, 말씀을 가르치고 선포하는 선지자 예수님이 모든 순간 하나님의 말씀을 분별하며 그 말씀에 먼저 순종하는 삶을 살았던 것이며, 대제사장이신 예수님이 자신의 몸을 제물로 삼아 하나님께 제사드렸던 것입니다. 그렇게 예수님은 인류와, 오늘 우리들의 평화를 이루신 것입니다. 그것이 '팍스 크리스투스'인 것입니다.

사랑하는 성도 여러분! 성도란 어떤 사람들입니까? 성도란 예수님께서 가신 길을 따라가는 사람들입니다. 그래서 성도들은 예수님의 제자들이기도 합니다. 그렇다면 사랑하는 성도 여러분! 성도인 우리들은 어떻게 살아야 할까요? 특히 예수님의 고난과 죽음을 묵상하는 고난주간에 예수님의 길을 따르는 예수님의 제자인 우리들은 어떻게 살아야 할까요?

첫째, 왕이신 예수님이 종이 되어 섬기셨다면 애초에 그분의 종인 우리 성도들은 얼마나 더 낮은 자리에서 섬김을 실천해야 할까요? 그러므로 사랑하는 성도 여러분! 여러분 주위의 사람들을 섬기십시오. 여러분의 가족을 섬기시고, 친구와 이웃을 섬기시고, 무엇보다 사회에서 소외된 약자들을 섬기십시오. 그들을 섬기기 위해 여러분의 지갑을 여시고, 구정물에 여러분의 손을 담그십시오. 만일 다른 사람들이 여러분을 부리려 하고 여러분의 권리를 챙겨주지 않는다 하더라도 그 일로 인해 서운해 하지 말고 특별히 노여 위하지 마십시오. 종들은 그런 대우를 받는 것이 당연합니다.

둘째, 선지자이신 예수님, 더 나아가 태초부터 계셨던 말씀 그 자체이신 예수님께서 말씀을 지키며 행하는 삶에 최선을 다하셨다면 우리는 얼마나 더 하나님의 말씀을 묵상하며 그 말씀을 실천하면서 살아야 할까요? 하나님의 말씀은 명사가 아니라 동사입니다. 하나님의 말씀은 명제와 정의가 아니라 그렇게 살아야 할 강령입니다. 우리가 하나님의 말씀을 묵상하는 것은 깨닫기 위해서가 아니라 그렇게 살기 위해서입니다. 그러므로 사랑하는 성도 여러분! 포기하지 말고 하나님의 말씀대로 살아가십시오. 삶의 순간순간 하나님의 말씀을 기억하시고 그 말씀을 지켜 행하십시오. 그것이 옳습니다.

셋째, 대제사장이신 예수님이 자신의 몸을 제물로 드렸습니다. 그렇다면 우리는 얼마나 더 우리를 드려 헌신해야 할까요? 그러므로 사랑하는 성도 여러분! 헌신하는 삶을 사십시오. 손해 보지 않으려 아등바등하며 살지 마시고 기꺼이 손해 보는 삶을 사십시오. 헌신이라는 것 자체가 나를 드리는 것 아닙니까? 그러니 여러분이 가진 것을 하나님께 드리시고 그것을 필요로 하는 사람에게 흘려보내십시오. 세상은 그렇게 사는 것을 손해 보는 삶이라고 비웃고 조롱하겠지만 예수님의 길을 따르는 우리들에게는 그것이 당연한 삶입니다. 사랑하는 성도 여러분! 인색함이나 억지로 헌금하지 마십시오. 하나님은 즐겨 내는 자를 사랑하십니다. 누군가 도와주어야 할 순간에 주저하며 망설이지 마십시오. 예수님께서는 '옷 두 벌 있는 자는 옷 없는 자에게 나눠줄 것이요 먹을 것이 있는 자도 그렇게 할 것이니라'(눅 3:11)고 하셨습니다. 심지어 '너를 고발하여 속옷을 가지고자 하는 자에게 겉옷까지도 가지게 하라'(마 5:40)고 하셨고, '네게 구하는 자에게 주며 네게 꾸고자 하는 자에게 거절하지 말라'(마 5:42)고도 하셨습니다. 그러므로 우리는 그렇게 살아야 합니다. 세상에 손해보지 않는 헌신은 없습니다. 헌신 자체가 우리 입장에서는 손해입니다. 그러므로 손해 보는 것을 두려워하지 마십시오. 매일 자기 지갑의 돈만 세고, 매일 자기 통장의 잔액만 세지 마십시오. 그것을 헐어 필요한 사람들에게 흘려보내십시오. 하나님 앞에 온전한 십일조를 드리고 감사의 예물을 드리십시오. 그것이 우리가 고난주간을 보내며 예수님을 따라가는 삶을 살아가는 마땅한 모습입니다.

✦ 적용질문

> 팍스 로마나와 팍스 크리스투스는 어떤 차이가 있습니까? 예수님께서는 팍스 크리스투스를 위해 어떻게 하셨습니까? 그렇다면 오늘 우리 성도들은 어떤 삶으로 주변의 평화를 이룰 수 있을까요?

부활의 첫 번째 증인

본문: 마가복음16:9-11

오늘은 부활주일입니다. 오늘 이렇게 여러분과 함께 예배당에 모여서 부활주일 예배를 드리게 되니 반갑습니다. 지난해와 지지난해에는 부활주일 예배를 온라인으로 드렸습니다. 지지난해 부활주일 예배는 저희 가정과 전도사님 가정만 교회에서 예배를 드렸고 교우들은 모두 온라인으로 예배를 드렸습니다. 지난해에는 교회에서 최소한의 인원만 모여서 예배를 드렸고 나머지 교우들은 온라인으로 예배를 드렸습니다. 그런데 올해에는 이렇게 여러분 교우들과 함께 교회에 모여서 예배를 드리게 돼서 반갑습니다. 물론 오늘도 교우들이 모두 교회에 온 것은 아닙니다. 그래도 올해는 최대한 많은 교우들이 교회에 왔고 최소한의 교우들만 온라인으로 예배를 드리고 있습니다. 그래서 감사합니다. 2023년도 부활주일에는 우리 교우들과 교우들 가족까지 모두 교회에 모여서 예배를 드릴 수 있으면 좋겠습니다.

우리는 그동안 부활주일 예배를 위해 기도해 왔습니다. 지난 주중에 저에게 전화와 문자를 주신 분들이 많았습니다. 모두들 저에게 '아직 괜찮냐'고 물었습니다. 아직 코로나에 확진되지 않았느냐는 것입니다. 교우들이 저에게 그렇게 물은 것은 오늘 부활주일 예배를 정상적으로 인도할 수 있겠느냐는 것이었습니다. 다행히 지난 주간까지 저는 괜찮았고 오늘 이렇게 예배를 인도하고 있습니다.

　사실 긴장된 순간이 없었던 것은 아닙니다. 오늘 세례식이 있는데 그동안 오늘 세례 받을 분들과 그 가족들이 계속해서 코로나에 확진이 되었습니다. 그래서 주일 예배에 참석하지 못했고 세례자 교육도 정상적으로 진행하지 못했습니다. 이러다 세례는 받을 수 있을까 염려가 되었습니다. 그래도 다행히 지난 주간까지 모두 격리를 마쳤고 오늘 이렇게 모두 예배에 참여해서 세례를 받습니다. 참 감사합니다. 어제까지 코로나에 확진된 분이 있어서 안타깝지만 그래도 오늘 정상적인 부활주일 예배를 드리게 돼서 다행입니다. 여러분 모두 수고 많으셨습니다. 지난 사순절 내내 저를 위해 기도해 주셔서 고맙습니다. 오늘 말씀 보시겠습니다.

　예수님은 그동안 수차례에 걸쳐 자신이 받을 고난과 죽음에 대해 말씀하셨습니다. 그리고 그 고난과 죽음이 점점 구체화됩니다. 대제사장과 서기관들은 예수님을 잡아 죽이기 위한 방도를 구했고, 예수님의 제자 중 한 사람인 가룟 유다는 대제사장들에게 가서 돈을 받고 예수님을 팔았습니다. 베드로는 예수님을 모른다고 세 번 부인하며 저주했고, 예수님을 따르던 한 청년은 예수님이 잡히시던 날 새벽에 벗은 몸으로 도망갔습니다. 마침내 예수님이 십자가를 지셨을 때 그 주변에는 예수님을 야유하고 조롱하는 사람들이 가득했습니다. 유대의 종교 지도자들은 거짓으로 예수님을 고소했습니다. 그들은 예수님이 사형을 받아야 한다고 했습니다. 왜냐하면 예수님은 스스로를 하나님의 아들이라고 하면서 신성을 모독했기 때문입니다. 유대의 종교법에 의하면 하나님을 모독한 자는 죽여야 했습니다. 그러나 대제사장의 무리들은 예수님을 빌라도의 법정에 세울 때 신성모독의 죄로 세우지 않았습니다. 왜냐하면 신성모독은 유대인의 종교에 관한 것으로 로마 정부에서 크게 관여할 일이 아니었기 때문입니다. 유대인인 예수가 유대인들의 신을 모독했다는 이유로 로마의 법이 예수님을 죽이지는 않을 것입니다. 그래서 유대의 종교 지도자들은 예수님을 빌라도의 법정에 세울 때 정치적인 문제를 지적했습니다. 예수님이 스스로를 유대인의 왕으로 자처했다는 것입니다. 당시 유대인의 왕은 로마 정부에서 세우게 되어 있었습니다. 이스라엘이 로마에 지배되어 있었기 때문입니다. 그런데 만일 스스로가 유대의 왕임을 자처하는 자가 있다면 그는 로마에 반역하는 자고, 그런 사람은 당연히 로마의 법정에서 사형에 처할 수 있었습니다. 그래서 대제사장과 유대의 종교 지도자들은 예수님을 정치적인 문제로 로마의 법정에 고소한 것입니다. 유대의 지도자들은 이미 진실에는 관심이 없습니다. 그들은 오로지 예수님을 죽이는 일에만 관심이 있습니다. 그들은 예수님을 죽이기 위해 불법도 서슴지 않고, 거짓도 마다하지 않았습니다. 그렇게 예수님은 서서히 죽음에 가까워지셨습니다.

　유대인들로부터 재판을 넘겨받은 빌라도와 헤롯은 예수님에게 죽일 죄가 없다는 것을 알았습니다. 그러나 그들은 예수님의 무죄를 선고하지 않았습니다. 그들은 무리들의 눈치를 살폈습니다. 예수님에 대해 어떻게 판결하는 것이 자신들에게 득이 될지를 계산했습니다.

재판은 그렇게 진행이 되었습니다. 그런 와중에도 예수님은 아무런 변명도 하지 않으셨습니다. 물론 예수님은 유대의 종교 지도자들이 고발하는 내용에 반박하실 수 있었습니다. '네가 유대인의 왕이냐'는 빌라도의 질문에 해명하실 수 있었고, 헤롯의 여러 질문에도 대답하실 수 있었습니다. 그러나 예수님은 그러지 않으셨습니다. 왜냐하면 예수님이 빌라도의 법정에 서신 것은 그곳에서 자신의 무죄를 밝히시는 것이 아니라 끝까지 십자가를 지고 하나님의 뜻을 이루는 것이 목적이었기 때문입니다. 그래서 예수님은 스스로 십자가를 향해 가셨고, 사람들의 억울한 고소에 침묵하심으로 스스로가 죽음의 길을 선택하셨습니다. 그렇게 예수님은 십자가를 지셨습니다. 예수님은 해골이라는 곳에 끌려가서 그곳에서 십자가에 못 박히셨습니다. 그런 예수님을 보면서 어떤 이들은 조롱했고, 어떤 이들은 가슴을 치며 울었습니다.

예수님이 십자가를 지고 골고다 언덕길을 오르실 때 울면서 예수님을 따르는 무리들이 있었습니다. 예수님은 그들을 향해 "나를 위하여 울지 말고 너희와 너희 자녀를 위하여 울라"(눅 23:28)고 하셨습니다. 사실 누가 누구를 위해 울겠습니까? 우리가 예수님을 위해 울겠습니까? 아니면 예수님이 우리를 위해 울겠습니까?

하나님의 어부바

여러분, 십자가를 감상의 도구로 사용하지 마십시오. 우리는 십자가를 지고 고통당하시는 예수님이 불쌍하고 안타까워서 우는 것이 아니라, 예수님이 십자가를 지셔야 할 만큼 죄악 된 우리 죄로 인해 울어야 합니다. 예수님의 죽음은 부활의 영광으로 이어질 것입니다. 그러나 예수님을 조롱하며 여전히 죄 가운데 사는 사람들은 하나님의 심판으로 끝을 보게 될 것입니다. 그러니 우리는 예수님을 위해서 울 것이 아니라 우리와 우리 자녀들을 위해서 울어야 하는 것입니다. 그런 의미에서 예수님의 십자가는 우리가 울면서 동정할 것이 아니라 우리도 함께 져야할 것입니다.

십자가에 달리신 예수님은 자신을 조롱하는 자들을 위해 기도해 주셨습니다. "아버지 저들을 사하여 주옵소서 자기들이 하는 것을 알지 못함이니이다"(눅 23:34) 그리고 예수님은 죽으셨습니다. 사람들은 예수님께 십자가에서 내려와 보라고 조롱했지만 예수님은 끝내 십자가에서 내려오지 않으셨습니다. 그리고 십자가 위에서 죽으셨습니다. 사람들은 예수님에게 네가 십자가에서 내려오면 우리가 너를 믿어주겠다고 했습니다. 그러나 예수님은 끝까지 십자가에서 내려오지 않으셨습니다. 예수님은 십자가 위에 여섯 시간 동안 매달려 계셨고 그 위에서 죽으셨습니다. 그리고 우리를 구원해 주셨습니다.

사랑하는 성도 여러분! 구원은 싸구려가 아닙니다. 예전에 어떤 분이 구원은 십 원만도 못하다고 농담하는 것을 들었습니다. 아닙니다. 구원은 그렇게 싸구려가 아닙니다. 구원은 예수님이 죽으신 대가로 우리에게 주어진 하나님의 절대 은혜입니다. 우리의 구원을 위해 하나님의 독생자가 죽으셨습니다. 우리의 심판을 대신해서 하나님의 독생자가 심판을 받으셨습니다. 우리의 구원은 그렇게 이루어졌습니다. 하나님이 우리를 그렇게 사랑하신 것이고, 하나님이 우리의 구원을 그렇게 간절히 원하신 것입니다. 그러니 구원은 얼마나 귀하고 귀한 은혜입니까? 구원은 하찮지 않습니다. 구원은 사람들이 조롱하며 이야기할 농담거리가 아닙니다. 그러므로 사랑하는 성도 여러분! 여러분의 구원을 하나님께 감사하십시오. 우리를 구원하신 하나님을 인정하시고 그 하나님 앞에 머리를 숙이십시오. 우리가 그렇게 하는 것이 당연합니다.

아무튼 예수님이 죽으셨습니다. 그리고 안식 후 첫날이 되었습니다. 그날은 주일이었고 예수님이 죽으신지 삼 일째 되는 날이었습니다. 막달라 마리아라는 여자가 아직 어두울 때에 예수님의 무덤을 찾았습니다. 그런데 예수님의 무덤이 비어 있었습니다. 요한복음 20장에 보면 그때 막달라 마리아는 예수님의 시신을 도둑맞았다고 생각했습니다. 그래서 제자들에게 달려가 '사람들이 주님을 무덤에서 가져다가 어디에 두었는지 모르겠다'(요 20:2)고 했습니다. 그 후 마리아는 무덤 밖에 서서 울고 있었습니다. 그때 부활하신 예수님이 마리아에게 나타나셨습니다. 그리고 마리아를 부활의 첫

하나님의 어부바

증인으로 세워주셨습니다.

예수님은 마리아를 제자들에게 보내셨습니다. 그리고 예수님이 부활하신 소식을 제자들에게 전하게 하셨습니다. 막달라 마리아가 예수님의 부활을 전하는 첫 번째 증인이 된 것입니다. 그런데 사실 막달라 마리아는 어떤 일에 증인이 될 만한 사람이 아닙니다. 특히 법적으로 그렇습니다. 당시 여자는 법정에서 증인의 자격이 없었기 때문입니다. 게다가 막달라 마리아는 일곱 귀신에 사로잡혔던 여자입니다. 오늘 본문 9절은 막달라 마리아를 '예수님께서 전에 일곱 귀신을 쫓아내 주신 자'라고 했습니다. 또 누가복음 8:1-3절은 막달라 마리아가 어떤 여자였는지 이렇게 기록합니다. "그 후에 예수께서 각 성과 마을에 두루 다니시며 하나님의 나라를 선포하시며 그 복음을 전하실새 열두 제자가 함께 하였고 또한 악귀를 쫓아내심과 병 고침을 받은 어떤 여자들 곧 일곱 귀신이 나간 자 막달라인이라 하는 마리아와 헤롯의 청지기 구사의 아내 요안나와 수산나와 다른 여러 여자가 함께 하여 자기들의 소유로 그들을 섬기더라"

막달라 마리아는 일곱 귀신이 들렸던 여자였습니다. 그런데 예수님이 막달라 마리아에게서 귀신을 쫓아 주셨습니다. 그 후 막달라 마리아는 요안나와 수산나 등 다른 여자들과 함께 예수님을 따랐습니다. 오늘 예수님의 부활을 첫 번째로 전하는 증인이 된 막달라 마리아가 바로 그 마리아입니다.

오늘 우리에게 막달라 마리아의 이야기는 굉장히 은혜롭습니다. 그러나 사실 막달라 마리아는 부활의 첫 번째 증인으로 적당하지 않습니다. 왜 하필 여자가 첫 번째 증인이 되어야 합니까? 여자의 증언은 법적 효력도 없는데 말입니다. 게다가 왜 하필 일곱 귀신이나 들렸던 여자가 예수님 부활의 첫 번째 증인이 되어야 합니까? 누가 그 여자의 말을 믿겠습니까? 귀신 들렸던 여자가 와서 죽었던 자가 살았다고 하면 사람들은 죽었던 자가 살았다는 말을 믿겠습니까? 아니면 죽은 사람이 살았다고 하는 그 여자를 미친 사람 취급하겠습니까? 원래부터 귀신 들렸던 이 여자가 잘못됐다고 생각하지 않겠습니까? 그러니 막달라 마리아는 예수님이 부활하신 소식을 전하는 첫 번째 증인으로 합당하지 않습니다. 우리들 생각에는 그렇습니다. 그런데 예수님은 막달라 마리아를 부활의 첫 증인으로 세우셨습니다. 그리고 막달라 마리아로부터 시작된 예수님 부활의 소식은 그 후 2천 년이 지난 오늘까지 수많은 사람들에 의해서 증언되고 있습니다.

사랑하는 성도 여러분! 예수님은 왜 하필 막달라 마리아를 부활의 첫 증인으로 세우셨을까요? 우리는 그 이유를 정확히 알 수 없습니다. 그런데 생각해보면 막달라 마리아는 예수님이 십자가 위에서 죽으시는 마지막 순간까지 예수님의 곁을 지켰고, 그 후 가장 먼저 예수님의 무덤을 찾았던 사람입니다. 그러니 막달라 마리아가 부활의 첫 증인이 된 것은 어쩌면 가장 자연스러운 일이었을 것입니다.

그러므로 사랑하는 성도 여러분! 예수님과 가까이 하십시오. 그 사람이 복 있는 사람입니다. 예수님과 오랜 시간 함께하십시오. 그 사람도 복 있는 사람입니다. 우리가 항상 기도의 자리를 지키고 예배의 자리를 지키면서 예수님과 동행하다 보면 우리도 어느 순간 하나님의 영광스런 일에 동참하는 복된 사람이 될 것입니다.

하나님이 우리를 축복하시고 우리를 영광스럽게 하시는 일에 우리가 어떤 사람인지는 그다지 중요하지 않습니다. 사실 따지고 보면 우리는 다 죄인입니다. 그래서 세상에는 두 종류의 사람만 있다고 합니다. '이미 용서받은 죄인'과 '아직 용서받지 못한 죄인'입니다. 이게 사람의 전부입니다. 결국 모두가 다 죄인이라는 것입니다. 세상에서 날고 기어도 죄인이고, 세상에서 실패하고 낙오되었어도 죄인입니다. 하나님이 보시기에는 그렇습니다. 하나님 보시기에는 일곱 귀신 들렸던 마리아나 주를 위해 죽겠다고 큰소리치는 베드로나 다를 게 없었을 것입니다. 그래서 하나님은 예수님이 죽으시는 순간까지 그 곁을 지키고, 가정 먼저 예수님의 무덤을 찾았던 마리아를 부활의 첫 번째 증인으로 세우셨을 것입니다. 그리고 그로부터 시작해서 지난 2천 년간 예수님의 부활 소식을 전하고 계신 것입니다.

오늘은 부활주일입니다. 우리에게 부활주일은 어떤 의미입니까? 사실 초대교회 성도들은 매 주일을 부활의 날로 보냈습니다. 그래서 초대교회 성도들은 주일을 little Easter, 작은 부활절이라고 불렀습니다. 초대교회 성도들은 주일마다 모여서 예수님의 부활을 기억했고, 예수님의 부활 소식을 전했습니다. 누군가가 예수님의 부활 소식을 전하면 그 소식을 들은 누군가가 또 다른 사람에게 예수님의 부활 소식을 전했습니다. 그렇게 예수님의 부활 소식은 2천 년간 전해졌고, 오늘 우리들에게까지 그 소식이 전해졌습니다. 부활하신 예수님을 직접 보고 예수님의 부활을 믿은 사람이 몇 사람이나 되겠습니까? 기껏해야 5백여 명 정도입니다. 나머지는 모두 누군가가 전해주는 말을 들으면서 믿음이 생긴 것입니다. 그래서 우리가 예수님의 부활 소식을 전하는 것이 중요한 것입니다. 그런 의미에서 사도 바울은 로마서 10:17절에서 '믿음은 들음에서 나는 것'이라고 한 것 아니겠습니까? 누군가가 그리스도의 말씀을 전해줄 때 누군가는 그 말씀을 듣고 믿음이 생기는 것입니다.

그러므로 사랑하는 성도 여러분! 하나님의 말씀을 잘 들으십시오. 그리고 하나님의 말씀을 잘 전하십시오. 그러면 우리가 전하는 말로 인해서 많은 사람들이 예수님의 부활을 믿게 될 것입니다. 여러분이 여러분 남편과 아내에게 계속해서 복음을 전하면 여러분의 남편과 아내가 예수님을 믿게 될 것입니다. 여러분이 여러분의 부모나 자녀들에게 계속해서 복음을 전하면 여러분의 부모나 자녀들이 복음을 믿게 될 것입니다. 여러분이 여러분 주위의 사람들에게 예수님의 부활 소식을 계속해서 전하면 그들이 마침내 예수님의 부활을 믿게 될 것입니다. 지난 2천 년 동안 복음은 그렇게 전해져 왔습니다. 그렇게 복음은 종교를 아편이라고 생각하는 공산주의 국가에도 들어갔고, 하나님이 아닌 다른 신을 믿고 섬기는 사람들에게도 들어갔습니다. 그리고 그들을 구원했습니다. 그러므로 사랑하는 성도 여러분! 여러분 주위의 사람들에게 예수님의 부활 소식을 전하십시오. 복음에 대해 이야기해 주십시오. 그럴 때 여러분 주위에 믿는 사람들이 넘쳐나게 될 것입니다.

✚ 적용질문

막달라 마리아가 예수님의 부활 소식을 전하는 첫 번째 증인이 될 수 있었던 이유는 무엇일까요? 오늘날은 어떤 사람이 복음의 증인이 될 수 있을까요?

너희는 세상의 소금이니

본문: 마태복음 5:13-16

✦

중국 우한시에서 시작된 신종 코로나 바이러스가 확산되고 있습니다. 어제 기준으로 신종 코로나 바이러스에 감염된 확진 환자가 중국에서만 11,791명이고 이중 259명이 죽었다고 합니다. 우리나라에서도 벌써 확진 환자가 12명이 넘었고, 이후 얼마나 더 많은 사람에게 바이러스가 발병할지 모를 일입니다. 중국과 우리나라뿐 아니라 동남아시아와 유럽에서도 신종 코로나 바이러스 확진자들이 나와서 전 세계가 긴장하고 있습니다. 급기야 세계보건기구인 WHO에서 이 문제에 적극 개입하고 있는 실정입니다.

이런 상황들에 대해서 많은 사람들이 불안해하고 있습니다. 지금 각종 SNS에는 터무니없는 가짜 뉴스가 퍼지고 있습니다. 결과적으로 잘 수습이 되기는 했지만 우한시에서 귀국하는 우리 국민들이 격리되어 머무를 장소와 관련해서 지역 주민들과의 갈등도 있었습니다. 중국이나 우리 정부에 대해 비방하는 글도 적지 않습니다.

이런 상황에서 우리 성도들은 어떻게 처신하고 행동해야 할까요? 예수님께서는 우리 믿는 성도들이 세상의 소금이고 빛이라고 하셨는데, 요즘과 같은 상황에서 우리가 어떻게 처신하는 것이 세상에서 빛과 소금된 삶을 살아가는 것일까요?

첫째, 무엇보다 우리 개개인이 각자의 위생에 신경을 써야 합니다. 정확한 의료 정보에 따르면 꼼꼼하게 자주 손을 씻는 것이 감염을 방지할 수 있는 가장 좋은 방법이라고 합니다. 밖에서 집으로 돌아왔을 때는 물론이고 외출 중에도 기회가 될 때마다 30초 이상 꼼꼼하게 손을 씻는 것이 중요하다고 합니다. 사람이 많은 공공장소에 갈 때는 되도록 마스크를 써야 합니다. 기침이 나올 때는 손수건을 입에 대고 해야 합니다. 손수건이 없을 때, 또는 갑자기 기침이 나올 때는 손으로 입을 가리지 말고 옷소매로 입을 가리고 기침을 해야 합니다. 우리가 다 아는 내용들입니다. 그런데 우리가 아는 이런 기본적인 것들을 잘 지키는 것이 중요합니다. 우리가 이렇게 개인위생에 힘쓰면서 자기 자리에서 최선을 다해 일상을 살아가는 것이 현 상황에 적합한 성도들의 삶의 자세입니다. 현 상황에 대해 너무 불안해하지 말고, 지켜야 할 것을 지키면서, 성실하게 일상의 삶을 살아가십시오. 그것이 세상에서 소금이고 빛인 우리들이 오늘을 살아가야 하는 첫 번째 모습입니다.

둘째, 확인되지 않은 정보에 미혹되지도 말고, 확인되지 않은 정보를 전달하지도 말아야 합니다. 최근 카톡이나 페이스북, 유튜브 등 SNS에 확인되지 않은 가짜 뉴스가 퍼지고 있습니다. 실지로 며칠 전에는 방역복을 입은 두 사람이 도망치는 감염 확진자를 잡으려고 쫓아가는 동영상이 돌기도 했는데 이는 어느 유튜버가 의도적으로 연출한 거짓이었습니다. 당시 많은 사람들이 이 영상을 보고 불안해 했는데 이는 단지 자신의 유튜브 조회수를 높이려는 자작극이었다고 합니다. 참 어처구니가 없는 일입니다. 이밖에도 가짜뉴스가 많습니다.

그렇지 않아도 어려운 때에 왜 터무니없는 가짜뉴스가 돌아다니는 것일까요? 가짜뉴스를 통해서 이득을 보는 사람들이 있기 때문입니다. 어쩌면 이런저런 모습으로 우리 사회가 더 혼란해지기를 바라고, 그로 인해 반사이득을 얻으려는 사람들이 있을지도 모릅니다. 정치를 하는 사람들이 그런 사람일 수도 있고, 아니면 이런저런 개인의 이익을 위해 가짜 뉴스를 퍼트리는 사람도 있을 것입니다. 이는 아주 위험하고 못된 생각들입니다. 이런 생각을 하고 이런 일을 하는 사람들은 참 나쁜 사람들입니다. 지금은 여당이든 야당이든, 좌익이든 우익이든, 기독교든 불교든 효과적으로 신종 바이러스를 퇴치하고, 우리 사회가 속히 안정을 되찾을 수 있도록 힘을 모아야 하는 것 아니겠습니까?

그러므로 사랑하는 성도 여러분! 근거 없는 가짜뉴스에 미혹되지 마십시오. 더욱이 근거 없는 가짜 뉴스를 전파하지도 마십시오. 이런 일들은 옳지 않습니다.

셋째, 하나님의 뜻을 개인이 쉽게 단정하지 말아야 합니다. 이번 신종 바이러스를 두고 각종 SNS에 하나님의 심판을 운운하는 글들이 있습니다. 특히 중국 당국이 선교사들을 추방하며 기독교를 박해한 것에 대해 하나님이 벌을 내리셔서 이번 신종 코로나 바이러스가 창궐한 것이라는 그럴듯한 해석이 있습니다. 우리 기독교의 입장에서 보면 중국이 기독교를 박해하는 것이 안타까운 것은 사실입니다. 그러나 그렇다고 해서 이번 신종 바이러스 문제를 단순히 하나님의 책망과 연결하는 것은 무리가 있습니다.

우리는 가스펠 프로젝트 5단계를 공부하면서 고난을 대하는 두 가지 자세에 대해 이야기했습니다. 먼저 모든 고난이 죄에 대한 하나님의 진노의 결과는 아니라는 것이었습니다. 예수님은 고난의 종으로 오셔서, 저주받은 고난을 당하시다, 십자가 위에서 가장 처절하게 죽으셨습니다. 그러나 그렇다고 해서 예수님이 죄인은 아닙니다. 예수님은 아무 죄가 없으셨지만 더할 수 없는 고난을 평생 당하셨습니다. 주의 길을 예비했던 세례요한도 그렇고, 위대한 선지자였던 이사야나 예레미야도 그랬습니다. 그들은 모두 하나님 앞에 신실한 사람들이었지만 평생 고난의 짐을 벗지 못했습니다. 그러므로 모든 고난이 죄의 결과는 아닙니다. 물론 어떤 고난은 분명히 죄의 결과입니다. 요나는 하나님께 불순종하다 바다 밑 산의 뿌리까지 떨어졌습니다. 요엘 시대에 있었던 메뚜기 재앙도 분명 이스라엘의 죄에 대한 하나님의 심판이었습니다. 그러므로 우리에게는 고난에 대해 두 가지 자세가 있어야 한다고 했습니다.

먼저 다른 사람의 고난에 대해 쉽게 판단하지 말아야 합니다. 어떤 사람이 고난을 당할 때 '당신이 고난을 당하는 것은 주일 예배에 빠져서 그렇다'거나, '십일조를 드리지 않아서 그렇다'는 말을 함부로 하지 말라는 것입니다. 왜냐하면 모든 고난이 죄에 대한 하나님의 심판은 아니기 때문입니다.

반면에 자기 자신이 당하는 고난에 대해서는 '혹시 내가 하나님 앞에 잘못한 것은 없는지' 돌아보는 기회로 삼아야 합니다. 왜냐하면 어떤 고난은 분명 죄에 대한 하나님의 심판이기 때문입니다.

사랑하는 성도 여러분! 어떤 고난이 죄에 대한 하나님의 심판인 것은 분명합니다. 그러나 모든 고난이 죄에 대한 하나님의 심판은 아닙니다. 그런데 우리는 누군가 당하는 고난에 대해서 너무 쉽게 정죄를 했습니다. 우리는 세월호가 침몰한 것을 죄에 대한 하나님의 심판이라고 쉽게 말했습니다. 화산이 터지고 지진이 나면 그것도 하나님의 심판이라고 했습니다. 그것은 우리가 사랑으로 말한 것이 아니었습니다.

지난주일 사랑에 대해 설교하면서 '사랑은 자랑하지 않는 것'이라고 했습니다. '사랑은 교만하지 않는 것'이라고도 했습니다. 이 말은 우리가 어떤 행동을 하거나 무슨 말을 할 때 그 말과 행동이 상대방에게 어떤 느낌을 줄지 배려하지 않는 것은 사랑이 아니라는 말이었습니다. 세월호가 죄의 결과라고 단정하는 순간 세월호 피해자와 그 가족들은 이 땅에서 설 자리를 잃게 되는 것입니다. 그러므로 우리는 세월호가 침몰한 것이 하나님의 심판이라는 것과 같은 무서운 말을 함부로 하지 말아야 하는 것입니다.

하나님의 어부바

어제 어느 분이 자신의 SNS에 이런 글을 올렸습니다.

"예수님은 죄인을 불러 회개하게 하기 위해 우리에게 오셨다(눅 5:32). 그런데 요즘은 예수님을 믿는다고 하면서 죄인을 정죄하는 맛으로 사는 분들이 너무 많다. 얼마나 아이러니한가?"

사랑하는 성도 여러분! 사람들을 쉽게 정죄하지 마십시오. 이번 신종 코로나 바이러스의 확산을 놓고도 마찬가지입니다. 그것이 기독교를 박해한 중국에 대한 하나님의 심판인지 아닌지 우리는 모릅니다. 그러므로 쉽게 하나님의 심판을 운운하지 마십시오. 그것은 성도로서 옳은 모습이 아닙니다. 어떤 어려운 일이 벌어졌을 때 그에 관하여 비방하고 비난하며 부정적으로 단정하는 것은 그리스도인의 태도가 아닙니다. 역사적으로 보더라도 어떤 개별 사건, 특히 부정적인 사건을 하나님의 뜻이라고 해석하면서 남을 정죄하는 것은 언제나 기독교 선교를 가로막는 큰 장애물이었습니다.

그러면 우리는 적극적으로 무엇을 해야 할까요?

넷째, 우리는 무엇보다 먼저 기도해야 합니다. 우리가 기도할 때 하나님께서 응답하신다는 것을 우리는 믿습니다. 지지난 수요일 날 요한계시록을 통해서 살펴본 대로 하나님 앞에 하찮은 기도는 없습니다. 하나님께서는 우리의 기도를 금향로에 담아 하나님 보좌 앞에 있는 금제단에서 받으십니다. 그리고 그 향로에 불을 담아 그것을 다시 땅에 쏟으십니다. 이게 무슨 말이었습니까? 하나님께서 우리 기도를 귀하게 받으시고, 우리 기도를 통해서 땅의 일을 이루어 가신다는 것 아니었습니까? 하나님은 우리 기도를 그렇게 귀하게 여기십니다. 그래서 우리가 땅에서 기도하면 하나님께서는 하늘에서 들으시고 우리 기도에 응답하시는 것입니다. 그러므로 오늘 우리 교회와 성도들은 현재의 어려운 상황 앞에서 기도해야 합니다. 특히 신종 코로나 바이러스로 인해서 힘겨운 시간을 보내고 있는 사람들을 위해 기도해야 합니다. 예를 들어 감염 확진자와 의심 환자들을 위해 기도해야 하고, 바이러스 방역에 눈코 뜰 새 없는 방역 당국을 위해 기도해야 하고, 위정자들을 위해 기도해야 합니다. 중국 우한시에 갇혀서 아무것도 할 수 없는 우한시 시민들을 위해서 기도해야 하고, 세계보건기구인 WHO를 위해서도 기도해야 합니다. 특히 우리나라의 방역 관계자들과 의료계에 계신 분들을 위해 기도하면서 그분들을 격려하고 그분들의 수고에 감사를 드려야 합니다.

역대하 7:13-14절에서 하나님은 솔로몬에게 이렇게 말씀하셨습니다. 솔로몬이 하나님의 성전을 완공한 후에 그 성전을 하나님께 봉헌하여 드릴 때 하나님이 솔로몬에게 하시는 말씀입니다. "혹 내가 하늘을 닫고 비를 내리지 아니하거나 혹 메뚜기들에게 토산을 먹게 하거나 혹 전염병이 내 백성 가운데에 유행하게 할 때에 내 이름으로 일컫는 내 백성이 그들의 악한 길에서 떠나 스스로 낮추고 기도하여 내 얼굴을 찾으면 내가 하늘에서 듣고 그들의 죄를 사하고 그들의 땅을 고칠지라"

혹 백성 가운데 전염병이 유행하더라도, 성도들이 하나님의 성전에 올라와 기도하면, 하나님께서 그 땅을 고쳐주실 것이라는 말씀입니다. 얼마나 놀라운 말씀입니까? 오늘 우리에게 얼마나 필요한 말씀입니까? 그러므로 신종 코로나 바이러스라는 무서운 전염병이 창궐한 이때 우리 성도들이 해야 할 가장 큰 일은 이 일을 놓고 하나님께 기도하는 것입니다.

이상 네 가지가 신종 코로나 바이러스로 인해 두려워 떨고 있는 이 세상에서 우리 성도들이 가져야 할 삶의 자세입니다.

예수 그리스도께서는 그분의 산상설교에서 우리가 세상의 소금이요 빛이라고 말씀하셨습니다. 우리는 세상에 평화를 만드는 사람들이라고도 하셨습니다. 그래서 우리는 모두 피스메이커(Peacemaker)들입니다. 그러므로 교회와 우리 성도들은 우리가 속한 사회와 사람들이 어려운 일을 당했을 때 그 일을 해결하는 존재가 되어 주어야 합니다. 어려움을 당하는 사람들을 위로하고 그들에게 힘이 되어 주어야 합니다. 어려운 일이 발생하면 누구나 예민해지고 날카로워집니다. 그래서 조그만 일에도 충돌합니다. 불안과 두려움 때문에 자기방어 본능이 발동하면서 남을 비방하기도 합니다. 그리고 다른 사람을 공격합니다. 그러나 하나님의 섭리와 사랑을 믿는 우리 성도들은 오늘과 같은 상황에서 다르게 살아야 합니다. 하나님의 자비와 사랑을 신뢰하는 믿음의 기도, 차분하고 안정된 정서로 다른 사람을 위로하고 격려하며 평화와 소망을 만들어가는 태도, 현재의 상황에서 배우고 깨달아야 할 것이 무엇인지를 묵상하면서 미래지향적으로 문제를 해결해 가는 마음, 국민의 한 사람으로서 개인위생에 힘쓰며 협력하는 자세, 이런 것들이 오늘 성도인 우리가 살아가야 할 빛과 소금의 모습입니다.

하나님의 자비와 사랑의 능력, 방역 당국 및 애쓰시는 분들의 수고, 그리고 국민 모두의 협력으로 이번 신종 코로나 바이러스 감염증은 성공적으로 방역되고 퇴치될 것입니다. 이를 위해 지금이야말로 우리들의 기도가 필요한 때입니다.

✽ 적용질문

고난을 대하는 성도의 두 가지 자세는 무엇입니까? 내가 당하는 고난과 상대방이 당하는 고난에 대해 우리는 각각 어떤 마음을 가져야 할까요?

잎사귀 외에 아무것도 없더라

본문: 마가복음 11:12-14

신실하게 목회하시는 어느 목사님이 이런 고백을 했습니다.

어느 날 교인 한 분이 과일 상자를 들고 와서 "기도해 주셔서 어려운 문제가 잘 해결되었습니다"라며 감사하더랍니다. 그런데 사실 목사님은 그 교인을 위해 기도하지 않았습니다. 그 교인이 무슨 기도를 부탁했는지조차 까맣게 잊어버리고 있었습니다. 목사님은 교인의 감사 인사를 받으며 너무 당황스럽고 미안했습니다. 그래서 그 교인에게 솔직히 고백했습니다. "권사님, 저 솔직히 권사님을 위해 기도하지 않았습니다. 너무 미안합니다. 그러니 이 과일 상자도 받을 수 없습니다. 그냥 가져가세요." 그러자 권사님도 당황하며 말했습니다. "그래도 한 번이라도 기도해 주셨을 것 아니예요." 목사님이 다시 말했습니다. "한 번도 기도하지 않았습니다. 너무 죄송합니다." 그러자 권사님은 안절부절못하면서 말했습니다. "몰라요. 그래도 기도해 주셨을 거예요." 그러고는 목사님이 다른 말을 할 겨를도 없이 돌아갔습니다.

사실 이런 일들이 우리들에게 참 많습니다. 아마 목사나 장로, 권사님들에게는 더 많을 것입니다. 우리는 누군가를 위해 기도해 주겠다고 쉽게 약속하지만 실지로 기도하지 않습니다. 심지어는 기도하지 않았으면서 힘껏 기도해준 것처럼 행세하기도 합니다. 말은 풍성한데 열매는 없는 것입니다.

기도만 그렇겠습니까? 우리는 이런저런 다짐도 많이 하고 고백도 많이 합니다. 그러나 뒤돌아서면 우리가 다짐했던 것도 고백했던 것도 다 잊어버리고 살아갑니다. 말은 풍성하지만 역시 삶의 열매는 없는 것입니다.

오늘 본문으로 마가복음 11:12-14절 말씀을 읽었습니다.

베다니에서 예루살렘으로 가시던 예수님이 시장하셨습니다. 그때 마침 멀리 무화과나무가 보였습니다. 그 나무는 멀리서도 눈에 띌 만큼 잎이 풍성하고 보기에 좋았습니다. 예수님은 혹시 열매가 있을까 싶어 무화과나무로 가셨습니다. 그런데 가서 보니 그 나무는 잎사귀만 풍성하고 열매는 없었습니다. 예수님은 그 자리에서 열매 없는 무화과나무를 저주하셨고, 마가복음 11:20절에 보면 그 무화과나무는 뿌리째 말라서 죽었습니다. 그런데 오늘 읽은 13절 말씀에 보면 이때는 무화과의 때가 아니라고 합니다. 그러니까 무화과나무에 무화과 열매가 없었던 것은 그때가 무화과 열매가 열리는 철이 아니었기 때문입니다.

무화과 열매는 보통 6월 이후에 열린다고 합니다. 그런데 지금은 유월절을 바로 앞둔 때입니다. 유월절은 유대력으로 니산월 14일 밤부터 드리는 절기입니다. 유대의 니산월은 오늘날 3, 4월에 해당합니다. 그러니까 지금 무화과나무에 열매가 없는 것은 어찌 보면 당연한 일입니다. 그런데 예수님은 굳이 무화과 열매를 찾으셨고, 열매를 맺지 못한 무화과나무를 저주하셨습니다. 언뜻 말이 되지 않는 행동입니다. 그래서 어떤 사람들은 오늘 본문을 해석하면서 '예수님의 행동은 분별없고 불쾌감을 불러일으키는 행위'라고 하기도 했습니다. 또 어떤 사람은 '예수님은 무화과나무를 저주하신 적이 없는데 제자들이 착각해서 그렇게 기록했다'고 하기도 했습니다. 그러나 유월절 때에 무화과나무의 열매를 찾으신 예수님의 행동은 당시 사람들이 보기에는 특별히 이상한 것이 아니었습니다. 그래서 오늘 본문에 보면 예수님의 제자들 중 어느 누구도 예수님께 이의를 제기하지 않았습니다. 만일 예수님의 말씀이 터무니없는 것이었다면 거기에 이의를 제기하는 사람이 있었을 것입니다.

보통 무화과나무는 열매를 봄에 한 번 가을에 한 번 두 번 맺는다고 합니다. 그 중 봄에 맺히는 열매를 '파게,' 혹은 '타크시'라고 합니다. 봄에 열리는 무화과 열매는 작고 맛이 떨어지지만 가난한 사람이나 나그네들의 시장기를 어느 정도는 해결해 줄 수 있습니다. 특히 봄에 열리는 열매를 보면 가을에 열리는 열매를 짐작할 수 있습니다. 가을에 열리는 열매는 '테베나'라고 하는데 이 열매가 진짜 무화과 열매입니다.

오늘 본문에서 예수님이 기대하신 무화과 열매는 봄에 열리는 열매였고, 13절에서 무화과의 때가 아니었다는 말은 가을 열매를 맺을 때가 아니었다는 말입니다. 그런데 이 무화과나무는 잎만 풍성했지 봄에 맺을 열매를 하나도 맺지 못했습니다. 그러니 가을이 되도 맺을 열매가 없을 것입니다. 예수님께서는 그 나무를 저주하셨습니다. 우리가 읽은 개역개정 성경에는 저주했다는 말이 직접적으로 나오지 않지만 공동번역에 보면 오늘 14절 말씀을 이렇게 기록했습니다.

"예수께서는 그 나무를 향하여 '이제부터 너는 영원히 열매를 맺지 못하여 아무도 너에게서 열매를 따 먹지 못할 것이다' 하고 저주하셨다. 제자들도 이 말씀을 들었다."

예수님께서 열매 없이 잎만 풍성한 무화과나무를 저주하셨습니다. 그리고 그 나무는 뿌리째 말라서 아무 사람도 그 나무에서 열매를 따먹을 수 없게 되었습니다.

성경에서 무화과나무와 포도나무는 주로 이스라엘을 상징합니다. 그러니까 오늘 본문에서 열매 없이 잎만 풍성한 무화과나무는 이스라엘의 어떤 상태를 말하는 것이기도 합니다. 오늘 우리는 그 부분에 대해서 깊이 이야기하지는 않을 것입니다. 아무튼 오늘 본문에서 열매 없이 잎만 풍성했던 무화과나무는 말 그대로 무화과나무의 이야기만은 아닙니다.

돌아보면 우리도 열매 없이 잎만 풍성하게 살아갈 때가 많습니다. 설교 서두에 말했지만 기도해 주겠다고 말만 하고 실상은 기도해 주지 않는 경우도 그렇습니다. 그런데 사랑하는 성도 여러분! 우리가 맺어야 할 열매가 무엇일까요? 오늘 교회와 성도들은 어떤 열매를 맺어야 하는 것일까요?

우리는 흔히 교회의 부흥을 열매라고 생각합니다. 매주 교회에 모이는 성도들의 수가 늘어나고, 몇 년 간격으로 더 크고 높은 교회 건물을 짓는 것을 열매라고 생각합니다. 자녀들이 좋은 대학에 들어가면 그것은 기도의 열매고, 병든 사람이 낫는 것은 믿음의 열매라고 생각합니다. 그러는 사이 교회는 점점 더 커졌고, 무려 60만 명이 모이는 교회도 생겼습니다. 그리고 대부분의 교회와 성도들은 그런 교회를 부러워합니다. 그러면서 그렇게 성장하지 못하는 자기들 모습을 부끄러워합니다. 왜냐하면 그런 것들이 곧 믿음의 열매들이라고 생각했기 때문입니다. 그러나 사실 그런 것은 열매가 아닙니다. 오히려 그런 것은 무성한 잎입니다.

예수님 당시에도 크고 높은 성전이 있었습니다. BC 20년부터 짓기 시작한 이 성전은 AD 64년에 완공되었습니다. 무려 84년 동안이나 지어진 성전입니다. 그러니 그 성전의 규모와 화려함이 어땠겠습니까? 실지로 예수님 당시에는 '성전의 건축양식을 보지 못한 사람은 화려한 건축물을 보지 못한 셈이다'라는 말이 있을 정도였다고 합니다. 유대인들은 그만큼 자기들의 성전에 자부심을 느끼며 자랑스러워 한 것입니다. 예수님의 제자들도 그 성전에 감탄했습니다. 그러나 예수님께서는 그 성전을 향해 '돌 하나도 돌 위에

남지 않고 다 무너뜨려질 것이다'라고 예언하셨습니다. 실지로 예루살렘 성전은 AD 70년에 로마 장군 티투스에 의해서 다 불타고 무너졌습니다. 그 크고 화려한 하나님의 성전이 열매가 아니었던 것입니다. 그러면 무엇이 열매일까요?

누가복음 3:7절 이하에 이런 말씀이 있습니다.

> "요한이 세례 받으러 나아오는 무리에게 이르되 독사의 자식들아 누가 너희에게 일러 장차 올 진노를 피하라 하더냐 그러므로 회개에 합당한 열매를 맺고 속으로 아브라함이 우리 조상이라 말하지 말라 내가 너희에게 이르노니 하나님이 능히 이 돌들로도 아브라함의 자손이 되게 하시리라 이미 도끼가 나무 뿌리에 놓였으니 좋은 열매 맺지 아니하는 나무마다 찍혀 불에 던져지리라 무리가 물어 이르되 그러면 우리가 무엇을 하리이까 대답하여 이르되 옷 두 벌 있는 자는 옷 없는 자에게 나눠 줄 것이요 먹을 것이 있는 자도 그렇게 할 것이니라 하고 세리들도 세례를 받고자 하여 와서 이르되 선생이여 우리는 무엇을 하리이까 하매 이르되 부과된 것 외에는 거두지 말라 하고 군인들도 물어 이르되 우리는 무엇을 하리이까 하매 이르되 사람에게서 강탈하지 말며 거짓으로 고발하지 말고 받는 급료를 족한 줄로 알라 하니라" (누가복음 3:7-14)

세례 요한은 자신들은 아브라함의 자손이라는 자부심만 가지고

하나님의 어부바

회개의 열매는 맺지 못하는 이스라엘을 향해 독사의 자식들이라고 했습니다. 그들에게는 장차 하나님의 진노가 올 것이라고도 했습니다. 그들이 자부심을 가지고 있는 아브라함의 자손이라는 타이틀은 하나님이 돌들로도 만들 수 있는 것이라고 했습니다. 그러니 이스라엘이 아브라함의 자손이라는 것은 그들의 열매가 아니었습니다. 그것은 그들의 잎사귀였습니다. 그러면서 세례 요한은 이스라엘이 맺어야 할 열매에 대해서 말하는데 그것이 참 보잘 것 없는 것들입니다.

예를 들어 이런 것들입니다. 옷 두 벌 있는 사람은 옷 없는 사람에게 한 벌 옷을 나누어 주는 것입니다. 먹을 음식이 있는 사람은 먹을 음식이 없는 사람과 자기 음식을 나누어 먹는 것입니다. 세금을 걷는 사람은 거둬야 할 세금 이상을 걷지 않는 것입니다. 힘이 있는 군인들은 자기 힘을 이용해서 다른 사람의 것을 강탈하지 않는 것입니다. 또한 누군가를 거짓으로 고발하지도 않고, 자기가 받는 급료에 만족하며 사는 것입니다. 이런 것들이 세례 요한이 말하는 열매들입니다. 이런 열매들이 이스라엘은 아브라함의 자손들이라는 자부심보다 훨씬 더 소중한 것들이라는 것입니다.

사랑하는 성도 여러분! 우리가 오래전부터 성도가 되어서, 얼마나 열심히 예배를 드리고, 얼마나 오래 기도를 하고, 얼마나 많이 성경을 읽고, 얼마나 힘써서 전도를 하는가 하는 것들은 우리의 열매가 아닙니다. 그것들은 모두 무성한 잎입니다. 물론 그런 것들이 중요하지 않다는 것은 아닙니다. 그런 종교적인 것들을 통해서 우리 삶에 구체적인 열매들이 맺어져야 한다는 것입니다.

어느 분이 '자신은 믿음 좋은 사람을 만나는 것이 너무 부담스럽다'고 했습니다. 왜냐하면 믿음 좋은 사람과는 도무지 말이 통하지 않기 때문이라는 것입니다. 믿음 좋은 사람들을 만나보면 믿음이라는 명목 아래 무슨 일이든 자기 마음대로 한다는 것입니다. 다른 사람들과 타협하지도 않고, 다른 사람들의 처지와 형편을 잘 이해하지도 않는다는 것입니다. 그저 자기 할 말만 하면서 자기 마음대로 한다는 것입니다. 그러면서 그것이 하나님의 뜻이라고 한다는 것입니다. 그래서 자기는 믿음 좋은 사람을 만나는 것이 항상 부담스럽다는 것입니다. 그분이 생각하는 믿음 좋은 사람은 '다른 사람을 배려하지 않는 고집불통'의 사람입니다. 여러분도 뭔가 익숙하게 떠오르는 모습이 있지 않으십니까? 왜 이렇게 되었을까요? 우리의 열매가 우리의 삶 속에서 나타나지 않았기 때문입니다.

마태복음 25:31-46절에 이런 말씀도 있습니다. 좀 긴 말씀이지만 읽어보겠습니다.

"인자가 자기 영광으로 모든 천사와 함께 올 때에 자기 영광의 보좌에 앉으리니 모든 민족을 그 앞에 모으고 각각 구분하기를 목자가 양과 염소를 구분하는 것 같이 하여 양은 그 오른편에 염소는 왼편에 두리라 그때에 임금이 그 오른편에 있는 자들에게 이르시되 내 아버지께 복 받을 자들이여 나아와 창세로부터 너희를 위하여 예비된 나라를 상속받으라 내가 주릴 때에 너희가 먹을 것을 주었고 목마를 때에 마시게 하였고 나그네 되었을 때에 영접하였고 헐벗었을 때에 옷을 입혔고 병들었을 때에 돌보았고 옥에 갇혔을 때에 와서 보았느니라 이에 의인들이 대답하여 이르되 주여 우리가 어느 때에 주께서 주리신 것을 보고 음식을 대접하였으며 목마르신 것을 보고 마시게 하였나이까 어느 때에 나그네 되신 것을 보고 영접하였으며 헐벗으신 것을 보고 옷 입혔나이까 어느 때에 병드신 것이나 옥에 갇히신 것을 보고 가서 뵈었나이까 하리니 임금이 대답하여 이르시되 내가 진실로 너희에게 이르노니 너희가 여기 내 형제 중에 지극히 작은 자 하나에게 한 것이 곧 내게 한 것이니라 하시고 또 왼편에 있는 자들에게 이르시되 저주를 받은 자들아 나를 떠나 마귀와 그 사자들을 위하여 예비된 영원한 불에 들어가라 내가 주릴 때에 너희가 먹을 것을 주지 아니하였고 목마를 때에 마시게 하지 아니하였고 나그네 되었을 때에 영접하지 아니하였고 헐벗었을 때에 옷 입히지 아니하였고 병들었을 때와 옥에 갇혔을 때에 돌보지 아니하였느니라 하시니 그들도 대답하여 이르되 주여 우리가 어느 때에 주께서 주리신 것이나 목마르신 것이나 나그네 되신 것이나 헐벗으신 것이나 병드신 것이나 옥에 갇히신 것을 보고 공양하지 아니하더이까 이에 임금이 대답하여 이르시되 내가 진실로 너희에게 이르노니 이 지극히 작은 자 하나에게 하지 아니한 것이 곧 내게 하지 아니한 것이니라 하시리니 그들은 영벌에, 의인들은 영생에 들어가리라 하시니라"

마지막 심판에 관한 예수님의 가르침입니다. 마지막 날 예수님이 영광의 보좌에 앉으셔서 세상을 심판하십니다. 임금이신 예수님께서 오른편에 있는 사람들에게 말씀하십니다. "내 아버지께 복 받을 자들이여 나와서 창세로부터 너희를 위하여 예비된 나라를 상속받으라" 그런데 마지막 날 예수님께서 이들에게 하나님의 나라를 허락하시는 이유가 무엇입니까? 그들은 주님께서 주리실 때에 먹을 것을 주었고, 목마를 때에 마시게 했고, 나그네 되었을 때에 영접하였고, 헐벗었을 때 옷을 입혔고, 병들었을 때 돌아보았고, 옥에 갇혔을 때 와서 돌봐 주었기 때문입니다. 그런데 막상 당사자들은 예수님의 말씀을 이해하지 못했습니다. 그래서 자기들이 언제 예수님께 그렇게 했느냐고 물었습니다. 그러자 예수님이 뭐라고 대답하십니까? 마태복음 25:40절 말씀입니다.

"임금이 대답하여 이르시되 내가 진실로 너희에게 이르노니 너희가 여기 내 형제 중에 지극히 작은 자 하나에게 한 것이 곧 내게 한 것이니라"

계속해서 예수님이 왼편에 있는 자들에게 말씀하십니다. 저주를 받은 자들아 나를 떠나 마귀와 그 사자들을 위하여 예비 된 영원

하나님의 어부바

한 불에 들어가라. 왜냐하면 그들은 주님께서 주리실 때에 먹을 것을 주지 않았고, 목마를 때에 마시게 하지 않았고, 나그네 되었을 때에 영접하지 않았고, 헐벗었을 때 옷을 입히지 않았고, 병들었을 때 돌아보지 않았고, 옥에 갇혔을 때 와서 돌봐 주지 않았기 때문입니다. 악인들도 예수님의 말씀을 이해하지 못했습니다. 그래서 자기들이 언제 주님을 그렇게 박대했느냐고 물었습니다. 그러자 예수님이 대답하십니다. 마태복음 25:45절 말씀입니다.

"이에 임금이 대답하여 이르시되 내가 진실로 너희에게 이르노니 이 지극히 작은 자 하나에게 하지 아니한 것이 곧 내게 하지 아니한 것이니라"

예수님께서는 지극히 작은 자를 영접하며 돌봐준 사람들은 영생에 들어가고, 지극히 작은 자를 외면하면서 돌아보지 않은 사람들은 영벌에 들어갈 것이라고 하셨습니다. 이것이 종말에 될 일들입니다.

사랑하는 성도 여러분! 그러므로 우리가 맺어야 할 열매가 어떤 것들입니까? 지극히 작은 자들에게 함부로 하지 않는 것입니다. 지극히 작은 자들을 잘 돌보아 주는 것입니다. 그리고 그들과 함께 살아가는 것입니다. 왜냐하면 그들 속에 주님이 계시기 때문입니다. 주리고 목마른 사람, 헐벗고 병든 사람, 집이 없어 거리를 헤매는 사람, 이런저런 이유로 감옥에 갇힌 사람, 이런 사람들은 얼마나 보잘 것 없는 사람들입니까? 여러분은 평소 이런 사람들에게 관심을 가져본 적이 있으십니까? 적극적으로 이런 사람들의 필요를 채워줘 본 적이 있으십니까? 그렇게 하는 것이 우리가 맺어야 할 열매입니다.

코로라19가 한참 유행하면서 사람들을 격리할 곳이 부족했을 때, 어떤 교회들은 문을 열고 그들을 받아들였습니다. 코로나19에 감염되었을지도 모른다는 염려 때문에 모두가 기피하는 사람들을 교회가 받아들인 것입니다. 그것이 열매입니다. 하나님을 예배하기 위해 거룩하게 구별해놓고, 한 주간 내내 문을 꽁꽁 잠가 놓는 크고 화려한 예배당이 열매가 아닙니다. 그것은 잎사귀입니다.

지난 4월 30일에 검단 지역의 교회들이 모여서 헌혈을 했습니다. 그날 60여 교회에서 많은 성도들이 참여했습니다. 4시까지 헌혈을 끝내야 전국 통계를 낼 수 있다는데 4시 이후까지 사람들이 찾아왔고, 결국 헌혈을 하지 못하고 돌아간 사람들도 많았습니다. 그런데 그날 헌혈에 동참한 검단 지역의 교회들은 대부분 작은 교회들이었습니다. 검단에도 큰 교회들이 있지만 어찌된 일인지 큰 교회들은 이번 헌혈에 참여하지 않았습니다. 아마도 개 교회별로 헌혈행사를 했었던 것 같습니다. 아무튼 작은 교회 성도들이 삼삼오오 모여서 헌혈을 했습니다. 그 장면을 CBS에서 취재를 했는데 취재 영상을 보니 이런 문구가 있었습니다.

'큰 상처를 낫게 하는 가장 작은 상처'

헌혈을 하기 위해서 팔뚝에 주사바늘을 꽂으면 작은 상처가 납니다. 그런데 그 작은 상처가 큰 상처를 고칩니다. 이런 것이 우리가 맺어야 할 열매입니다. 큰 예배당에 수천 명, 수만 명이 모이는 것이 열매가 아닙니다. 기도만 하면 병든 사람이 일어나고, 기도만 하면 사업이 성공하고, 기도만 하면 돈벼락이 떨어지는 것이 열매가 아닙니다. 옷이 두 벌 있는 사람은 옷 없는 사람에게 한 벌을 나누어주고, 먹을 것이 있는 사람은 먹을 것이 없는 사람과 나누어먹는 것이 열매입니다. 누군가를 힘으로 억누르지 않고, 뇌물을 주면서 부당한 이익을 꾀하지 않고, 자기의 소득에 자족하면서 하루하루를 살아가는 것, 그것이 열매입니다. 우리가 사는 곳은 악한 영이 지배한 세상이지만, 그러나 우리는 하나님 나라의 법칙대로 순종하면서 사는 것이 우리가 맺어야 할 열매입니다. 세상에서 알아주지 않는 별 볼일 없는 사람들, 먹을 것이 없고, 마실 것이 없고, 입을 것이 없고, 병들고 감옥에 갇힌 사람들, 그들을 찾아가 그들의 필요를 채워주며, 그들과 우리가 가진 작은 것이라도 나누어 가지는 것, 그것이 우리가 맺어야 할 열매입니다.

사랑하는 성도 여러분! 예수님께서는 열매 없이 잎사귀만 무성한 무화과나무를 저주하셨습니다. 자신들이 아브라함의 자손들이라고 자랑하면서 형식적인 율법과 성전 의식만 붙잡고 있는 이스라엘을 책망하신 것입니다. 그러면 오늘 우리는 어떨까요? 우리에게는 열매가 있습니까? 우리도 혹시 잎사귀만 무성한 나무는 아닐까요?

사랑하는 성도 여러분! 감동적인 신앙고백만 하려 하지 마시고 여러분의 일상을 예수님처럼 살아가십시오. 여러분의 용돈을 조금 덜어서 어려운 사람을 도와주시고, 주위 사람들에게 따뜻하게 말해 주십시오. 힘든 사람들에게 손 내밀어 주시고, 약한 사람들을 위해 봉사해 주십시오. 여러분이 매일 하나님을 예배하는 예배당 바닥을 쓸고, 누구나 하기 싫은 화장실도 좀 치워보십시오. 이런 일들은 폼 나고 멋있는 일은 아니지만 우리가 맺을 수 있는 열매들입니다. 우리가 매일 이렇게 별 볼일 없는 열매를 맺어나가는 것이 우리의 신앙입니다. 우리 모두 이런 신앙의 경주를 마지막 순간까지 완주합시다.

✹ 적용질문

> 지금까지 신앙의 열매라고 생각했던 것은 무엇입니까? 그것은 정말 열매였을까요? 오늘 내가 맺어야 할 열매는 어떤 것이 있을까요?

하나님의 어부바

죽어서 사는 산 무리

본문: 고린도후서 4:5

---✦---

한 주간 잘 지내셨습니까? 지난주일 오후에 사회적 거리두기가 2단계에서 1단계로 하향 조정되었습니다. 사회적 거리두기가 하향 조정 되면서 교회의 대면예배가 허용되었습니다. 다만 수도권에서는 아직 예배실 좌석 수의 30% 이내에서만 대면예배가 허용되었고, 기타 소규모 모임이나 행사, 식사 등은 계속해서 금지가 됩니다. 아무튼 사회적 거리두기가 완화되면서 오늘부터는 좀 더 유연하게 예배를 드릴 수 있게 되어서 감사합니다. 우리 모두 힘을 내서 하나님을 더욱 온전하게 예배드립시다. 교회에 오실 수 있는 분은 최선을 다해서 교회에 나오시고, 혹시 교회에 오실 수 없는 분들은 여러분이 있는 곳에서 최선을 다해 하나님을 예배하십시오. 하나님은 예배의 형식뿐 아니라 예배하는 우리의 중심을 보시며 기뻐하실 것입니다.

지난달 새벽에 고린도후서 말씀을 묵상하면서 교회와 성도의 정체성에 대한 이야기를 했었습니다. 고린도후서에서 사도 바울은 사도로서의 자기 정체성에 대한 이야기를 많이 했습니다. 바울은 자신이 사도라는 사실에 대해 무한한 긍지와 자부심을 가지고 있었습니다. 그러나 인간적으로 볼 때 사도라는 직분이 그렇게 매력적인 것은 아닙니다. 사도의 직분에는 그리스도께서 하시던 일을 이어간다는 영광도 있었지만, 그 일을 감당하기 위한 극심한 고난과 핍박도 있었습니다. 사도 바울 역시 말로 다 할 수 없는 고난을 많이 받았습니다.

고린도후서 1:8-9절에서 바울은 자신이 당한 고난에 대해 이렇게 말 합니다.

"형제들아 우리가 아시아에서 당한 고난을 너희가 모르기를 원하지 아니하노니 힘에 겹도록 심한 고난을 당하여 살 소망까지 끊어지고 우리는 우리 자신이 사형 선고를 받은 줄 알았으니 이는 우리로 자기를 의지하지 말고 오직 죽은 자를 다시 살리시는 하나님만 의지하게 하심이라"

바울은 사도로서의 일을 감당하다가 힘에 겹도록 심한 고난을 당했습니다. 어떤 때는 고난이 너무 심해 살 소망이 끊어진 것 같았고 자신이 마치 사형 선고를 받은 것처럼 힘이 들던 때도 있었습니다. 게다가 바울을 반대하는 어떤 사람들은 바울이 이렇게 많은 고난을 받는 것 자체가 바울이 사도가 아님을 증명하는 것이라고 했습니다. 그러니 사도 바울은 육체적으로 뿐만 아니라 정신적으로나 영적으로도 심한 고난을 받은 것이고, 교회 밖에서 뿐 아니라 교회 안에서도 모욕적인 비난과 고통을 당했던 것입니다. 그러나 바울은 이런 고난으로 인해서 낙심하지 않았습니다.

고린도후서 4장에서 사도 바울은 '자신이 당하는 고난으로 인해서 낙심하지 않는다'는 말을 반복해서 사용합니다. 고린도후서 4:1절 말씀입니다. "그러므로 우리가 이 직분을 받아 긍휼하심을 입은 대로 낙심하지 아니하고" 이어서 16절에서는 이렇게 말합니다. "그러므로 우리가 낙심하지 아니하노니 우리의 겉 사람은 낡아지나 우리의 속사람은 날로 새로워지도다"

바울이 사도로서 받는 고난에 대해 낙심하지 않은 것은 사도로서 받는 고난은 잠시 받는 것이고 그 후에는 지극히 크고 영원한 영광이 주어질 것임을 알았기 때문입니다. 또한 그리스도의 사도로서 고난을 받는 것은 그리스도를 위하여 종이 된 자로서 마땅히 겪어야 할 일이라고 생각했기 때문입니다. 사도 바울은 그렇게 고난 중에서도 사도로서의 직책에 충실했고 자기가 사도라는 사실을 입증하기 위해 최선을 다했습니다.

그렇다면 사도란 무엇일까요? 사도란 어떤 일을 하는 사람일까요?

오늘 본문인 고린도후서 4:5에서 사도 바울은 이렇게 말합니다.

"우리는 우리를 전파하는 것이 아니라 오직 그리스도 예수의 주 되신 것과 또 예수를 위하여 우리가 너희의 종 된 것을 전파함이라"

바울이 생각하는 사도란 어떤 사람입니까? 바울이 생각하는 사도란 교회의 높은 직책이 아닙니다. 바울이 생각하는 사도란 자기의 생각과 뜻을 전하는 사람도 아닙니다. 바울이 생각하는 사도란 '세상의 종이 되어서, 예수님이 주와 그리스도가 되셨다는 사실을 전하는 사람'입니다. 그리고 '그 일을 위해서 기꺼이 고난을 감당하는 사람'이 사도입니다. 이것이 바울이 가지고 있는 사도로서의 정체성이고, 그런 의미에서 자기는 사도라는 것입니다.

바울은 사도를 하나님의 종일 뿐 아니라 교회와 성도들, 더 나아가서 세상에서 세상을 섬기는 종이라고 표현합니다. 그런 의미에서 자신은 '세상의 종이 되어서 예수를 전하는 사도'라는 것입니다. 이것이 사도로서 바울의 정체성이고, 바울은 이런 정체성을 가지고 있었기 때문에 극심한 고난 속에서도 낙심하지 않을 수 있었던 것입니다.

사도는 바울이 마지막입니다. 예수님의 열두 제자에 이어서 바울이 마지막 사도입니다. 그러므로 우리는 사도가 될 수 없습니다. 그러나 우리는 교회고 성도들입니다. 사도라는 말과 성도라는 말은 같은 정체성을 가지는 말입니다. 교회도 마찬가지입니다. 그렇다면 교회란 무엇일까요? 그리고 성도란 무엇일까요?

교회와 성도는 '세상의 종이 되어서, 세상을 향해 예수가 주와 그리스도가 되셨음을 전하는 사람들'입니다. 그리고 그 일을 위해서 기꺼이 고난도 감당하는 자들입니다. 그러므로 교회와 성도들은 세상이 때리면 맞고 죽이겠다고 협박하면 죽이라고 목을 내놓는 사람들입니다. 교회와 성도들은 세상이 겉옷을 빼앗아 가려 하면 속옷까지 내어주고, 세상이 오른쪽 뺨을 치면 왼쪽 뺨도 때릴 수 있게 내어주는 사람들입니다. 세상이 5리를 동행해 달라고 요구하면 5리가 아니라 10리까지 동행해 주는 사람들이 교회고 성도들입니다. 그렇게 함으로 예수님을 말이 아니라 행함으로 전하는 사람들입니다. 또한 교회와 성도는 세상에 권리를 주장하는 자들이 아닙니다. 교회와 성도는 세상을 향해 우리를 차별하지 말라고 핏대를 세우며 싸우는 사람들도 아닙니다. 오히려 세상이 교회와 성도를 차별하고 핍박하면 묵묵히 그 차별과 핍박을 감당하는 곳이 교회고 성도들입니다. 그렇게 복음을 전하고, 그렇게 예수님이 우리의 주와 그리스도이심을 전하는 것입니다. 이것이 우리가 가지고 있는 교회로서의 정체성이고 성도로서의 정체성입니다. 지난 2천년간 교회는 이런 정체성을 가지고 역사 속에 존재해 왔습니다.

물론 한때 교회와 성도가 세상의 권리고 특권이던 때도 있었습니다. 당시에는 교회가 각 나라의 왕을 세웠고 교회의 재산이 나라의 재산보다도 많았습니다. 교회의 눈 밖에 나는 사람들은 지위고하를 막론하고 종교재판을 받았고, 그 결과에 따라 가장 잔인한 방법으로 죽임을 당했습니다. 당시는 교회가 권력이었고, 교회가 물질이었고, 교회가 세상의 모든 것이었습니다. 교회는 날로 부흥했고, 교회의 첨탑은 하늘 높은 줄 모르고 높아졌습니다. 당시 건축된 교회들은 수백 년이 지난 지금까지도 가장 아름다운 건축물로 여겨지고 있습니다. 얼마나 좋습니까? 이런 모습이야말로 우리가 얼마나 원하는 모습들입니까? 그래서 지금도 어떤 사람들은 교회가 당시의 영광을 회복해야 한다고 말하기도 합니다. 그러나 교회사에서는 그 당시를 교회의 암흑기라고 합니다. 교회는 부흥했지만 교회가 가장 타락했던 시대라고 말합니다.

교회가 권력과 손을 잡으면 타락하게 되어 있습니다. 교회가 돈을 쓰지 않고 모아만 두면 교회에 모여진 돈은 썩어서 냄새가 나게 되어 있습니다. 교회가 세상의 기득권이 되는 순간 교회는 하나님의 나라에서 멀어지는 것입니다.

제가 아주 좋아하는 말이 있습니다. '죽어서 사는 산 무리'라는 말입니다. 지금 모 대학교 총장으로 있는 김○○ 총장이 제 모교회에서 전도사로 있었는데 어느 해인가 제 모교회 학생부 수련회 주제가 '죽어서 사는 산 무리'였습니다. 당시 김○○ 전도사님이 정한 주제입니다. 저는 이 주제를 보는 순간 교회가 무엇이고 성도들이 어떤 사람인지 모든 것을 보는 것 같았습니다. 교회와 성도들에 대해 이렇게 정확하게 표현할 수 있는 말은 없을 것입니다. 그래서 저는 교회와 성도들을 한마디로 표현하라고 하면 이 말을 택할 것입니다. '죽어서 사는 산 무리!' 교회와 성도들은 죽어서 사는 무리입니다. 다른 말로 교회와 성도들은 죽어야지만 살 수 있는 사람들입니다.

예수님은 십자가 위에서 죽으셨습니다. 그 결과 인류가 살았으니다. 그리고 예수님 자신도 살았습니다. 그게 하나님이 세상을 사랑하는 방법이었습니다. 하나님은 독생자 예수 그리스도를 십자가 위에 죽이심으로 세상을 향한 사랑을 이루셨습니다. 그리고 각자 자기의 십자가를 지고 예수님이 가셨던 길을 따라가는 교회와 성도들에게도 그 일을 맡기셨습니다.

사랑하는 성도 여러분! 우리가 누구입니까? 교회와 성도는 어떤 사람들입니까? 우리는 죽어서 사는 사람들입니다. 교회와 성도는 죽어서 사는 사람들입니다. 우리는 살기 위해 죽는 사람들이고, 살리기 위해 죽는 사람들입니다. 다른 말로 하면 우리는 죽지 않으면 살지 못하는 사람들이고, 죽지 않으면 아무도 살리지 못하는 사람들입니다. 그게 교회고 성도들입니다. 그게 교회로서, 성도로서 우리가 가지고 있는 정체성입니다.

고린도후서 4:8-9절에 다음과 같은 말씀이 있습니다.

"우리가 사방으로 욱여쌈을 당하여도 싸이지 아니하며 답답한 일을 당하여도 낙심하지 아니하며 박해를 받아도 버린바 되지 아니하며 거꾸러뜨림을 당하여도 망하지 아니하고"

우리는 이런 사람들입니다. 우리는 넓은 길, 편한 길을 가는 사람들이 아닙니다. 우리는 좁은 길, 험하고 힘든 길을 가면서 그 불편함과 고통을 감당하는 사람들입니다. 우리는 사방으로 욱여쌈을 당하고, 매일 답답한 일을 당하고, 박해 받고 거꾸러지는 길을 가는 사람들입니다. 그게 성도고 교회입니다. 우리는 꽃길을 가는 사람들이 아닙니다. 우리는 넓고 편한 길을 가는 사람들이 아닙니다. 우리는 손해 보지 않고 차별받지 않는 길을 가는 사람들이 아닙니다. 우리는 오히려 억울한 일을 당하고, 차별받고 손해 보는 길을 가는 사람들입니다. 그래서 우리는 교회고 성도입니다.

그러므로 사랑하는 성도 여러분! 세상의 비난과 차별에 대해 너무 서운해 하지 마십시오. 그리고 거기에 대해 너무 격렬하게 항의하지도 마십시오. 세상이 비난하면 그냥 그 비난을 받으시고, 세상이 조롱하면 그냥 그 조롱을 받으십시오. 그리고 세상이 교회와 성도를 차별하면 그냥 그 차별을 감당하십시오. 그렇게 그리스도의 마음을 품고, 그리스도의 성품으로 살아가십시오. 그것이 성도로서 우리가 살아야 할 삶의 모습입니다. 그리고 그것이 우리가 세상에 복음을 전하는 방법입니다.

말씀을 맺겠습니다.

교회와 성도로서 우리는 어떻게 죽을 수 있을까요? 교회와 성도로서 우리는 어떻게 세상의 종이 되어서 예수님이 주와 그리스도가 되셨다는 사실을 전할 수 있을까요? 교회와 성도로서 우리는 세상에서 어떤 고난을 감당할 수 있을까요?

쉽게 짜증 내지 마십시오. 모든 일이 내 뜻대로 되지 않는다고 해서 쉽게 짜증 내지 마십시오. 가족들이, 혹은 직장 동료가, 혹은 교회 성도들이 내 뜻과 같지 않다고 해서 짜증 내지 마십시오. 짜증은 내가 팔팔하게 살아있기 때문에 나는 것입니다. 종이 주인에게 짜증을 부릴 수는 없습니다. 이미 죽은 사람은 어떤 경우에도 짜증낼 수 없습니다. 그러므로 교회와 성도인 여러분은 쉽게 짜증 내지 마십시오.

누군가로부터 너무 대접 받으려 하지도 마십시오. 우리는 대접하고 섬기는 사람들이지, 누군가의 섬김과 대접을 받는 사람들이 아닙니다. 누군가가 나를 알아주지 않는다고 해서 서운해 하지 마십시오. 누군가가 나를 높여주지 않는다고 해서 노여워하지도 마십시오. 그게 당연합니다. 예수님은 주와 선생이 되셨지만 가장 낮은 자세로 제자들의 발을 씻겨 주셨습니다. 그리고 '너희도 그렇게 행하라'고 하셨습니다. 교회와 성도인 우리들은 발을 씻겨주는 사람들입니다. 우리는 세상에서 대접받는 사람들이 아닙니다. 그러므로 주위 사람들이 나를 알아주지 않는다고 해서 너무 속상해 하지 마십시오. 여러분이 먼저 주변 사람들을 높여주고, 전심으로 그분들을 섬겨 주십시오. 가장 낮은 자세로 엎드려 상대방의 발을 씻겨 주십시오. 그게 교회고, 그게 성도입니다.

세상의 차별과 부당한 대우에 대해서도 너무 흥분하지 마십시오. 교회가 가장 타락했던 중세를 제외하면 교회는 항상 차별받고 부당한 대우를 받는 곳이었습니다. 성도라는 이유로 재산을 몰수당했고, 성도라는 이유로 사는 곳에서 쫓겨났고, 성도라는 이유로 감옥에 갇히고 죽기도 하였습니다. 그래도 성도들은 그런 대우를 마다하지 않으면서 교회와 성도로서의 자존심을 지켰습니다. 그러므로 오늘날 교회가 여러 가지로 차별을 받는다고 해서 너무 흥분하지 마십시오. 우리의 잃어버린 권리를 찾자며 무력과 폭력을 행사하지도 마십시오. 오히려 더욱 낮은 자세로 무릎을 꿇고 하나님의 자비를 구하십시오. 그게 성도로서, 그리고 교회로서 우리가 할 수 있는 최선입니다.

✴ 적용질문

> 교회(성도)는 죽어야 살고, 죽어야 살리는 곳이라는 말은 어떤 의미입니까? 오늘날 교회(성도)는 무엇을 위해 싸우고 있을까요? 교회와 성도로서 오늘 내가 죽어야 할 모습은 무엇일까요?

동굴이 아니라 터널입니다

본문: 신명기 8:2-4

✦

한 주가 참 빠르게 지났습니다. 지난 한 주간은 아침저녁으로 예배드린 것 말고는 별로 한 일이 없습니다. 그런데 한 주가 지났고 벌써 주일입니다. 여러분은 요즘 어떻게 지내십니까? 잘 지내십니까? 저는 얼마 전에 제가 참 힘든 시간을 보내고 있다는 생각이 문득 들었습니다. 지금 대부분 사람들이 힘들게 보내겠지만 저도 쉽지 않은 시간을 보내고 있습니다.

우선 상황이 그렇습니다. 연초부터 시작된 코로나19가 아직도 계속되고 있습니다. 지난 1년 동안 교회는 여러 가지 제약을 많이 받았습니다. 가장 힘들었던 것은 자유롭게 예배를 드릴 수 없었다는 것입니다. 교회에 모여 예배드리는 것 자체가 금지되기도 했었고, 교회에 모이더라도 20명 이내로 모여야 한다는 제약이 있었습니다. 20명 이내로 모이더라도 이것저것 방역 수칙을 꼼꼼히 지켜야 했습니다. 예배 후에는 같이 식사도 할 수 없었고, 인사하고 돌아가기 바빴습니다. 교회에서 모이던 이런저런 소그룹 모임은 전격적으로 중단이 되었습니다. 올해에는 부활주일 예배도 온라인으로 드렸습니다. 제일 안타까운 것은 부활주일에 하려던 세례식을 연기했다는 것입니다. 올해에는 성찬식도 못했습니다. 저는 이런 사실들이 참 힘이 들었습니다.

저는 요즘 한 주간 내내 거의 교회에만 있습니다. 그래도 교회에 오고 가는 사람은 거의 없습니다. 항상 교회에 혼자 있습니다. 심방을 갈 수도 없고, 누군가와 마음 편히 만날 수도 없습니다. 지난 1년 동안 이런 상황이 몹시 힘들었습니다.

올 초부터 우리는 온라인 예배를 드리고 있습니다. 온라인으로 새벽예배를 드리고, 온라인으로 수요예배를 드립니다. 주일 예배도 온라인 예배를 병행하고 있습니다. 큰 교회에 비하면 우리가 드리는 온라인 예배의 수준은 형편없지만 그것을 준비하는 입장에서는 여간 부담스러운 게 아닙니다. 온라인 예배의 거의 대부분을 제가 준비하고 제가 진행합니다. 제가 진행도 하고 엔지니어링도 하는 것입니다. 음향과 조명 세팅도 제가 하고, 심지어 화면 전환도 제가 합니다. 그러면서 예배 인도도 합니다. 우리는 모든 온라인 예배를 실시간으로 드리는데 그러다보니 모든 설교를 원고로 만들어야 합니다. 그런데 새벽예배, 수요예배, 주일예배 설교를 모두 원고로 만드는 일은 쉽지 않습니다. 그 일을 1년 내내 하다 보니 제가 좀 지친 것 같습니다.

요즘 제 아내는 참 바쁩니다. 사실 우리 부부는 얼굴 볼 시간도 없습니다. 제 아내는 올해 장학사 시험에 합격했습니다. 그런데 시험을 준비하는 동안에는 공부하느라고 바빴고, 시험에 합격해서 장학사가 된 지금은 일이 많아서 바쁩니다. 제 아내는 보통 새벽 6시 30분에 출근해서 밤 11시 전에는 거의 귀가하지 못합니다. 이런저

하나님의 어부바

런 일이 밀리면 12시를 넘기기도 예사입니다. 낮에는 출장 다니고, 밤에는 행정적인 일을 처리합니다. 그렇다고 야근 수당이 있는 것도 아니라고 합니다. 그러니 제 아내는 또 얼마나 피곤하고 힘들겠습니까? 그러다보니 제 아내와는 말 한마디 나눌 시간도 없습니다. 저도 마음에 있는 것을 이야기 할 사람이 필요한데 1년 내내 그런 시간을 가지지 못했습니다. 그러다보니 제가 지친 것 같습니다.

교회에는 요즘 아픈 사람들이 많습니다. 최○○ 장로님이 항암치료 중입니다. 최○○ 장로님 사위가 될 서○ 형제는 이번 주 화요일에 갑상선 제거 수술을 할 예정입니다. 결혼을 앞두고 얼마나 놀랐겠습니까? 조○○ 권사님은 패혈증으로 중환자실에 계십니다. 제 모친이신 고○○ 권사님은 병원에 입원 중입니다. 계속해서 허리가 많이 아프다고 하십니다. 천○○ 성도의 친정 오빠가 미국에서 목회를 하시는데 코로나19에 감염이 되었다고 합니다. 그래서 현재 미각과 후각을 느끼지 못하고 목과 코에 감각도 없는 상태라고 합니다. 밤에는 고통이 심해서 잠을 이루지 못한다고 합니다. 지난 금요일에는 주일학교 안○○ 어린이가 심한 장염으로 입원을 했습니다. 드러내고 말을 하지는 않지만 이○○ 장로님, 이△△ 장로님, 이○○ 집사님도 몸이 좋지 않습니다. 아마 제가 모르는 사이에 건강이 좋지 않으신 분들도 있을 것입니다. 상황이 이렇다 보니 목사인 제가 기도하지 않아서 그런 것 같아 죄송합니다. 그래서 힘이 듭니다.

코로나19가 발병한 이후 저는 거의 모든 시간을 교회에서 보냈습니다. 웬만한 모임에는 나가지도 않았습니다. 교회에 있으면서 제가 할 수 있는 방역에 최선을 다했습니다. 혹시라도 제가 코로나 19에 감염이 돼서 다른 사람을 감염시키고, 그나마 유지하던 예배조차 드리지 못하게 될까봐 조심하고 또 조심했습니다. 남들은 코로나 중에도 여기저기 여행도 다니고 휴가도 가고 했지만 저는 아무 데도 가지 않았고 휴가도 보내지 않았습니다. 얼마 전에 제가 참여하는 독서 모임 야유회에 다녀온 것이 전부입니다. 그런데 그렇게 교회에만 있다가 제 마음이 좀 다운이 된 것 같습니다.

아무튼 이런 이유들로 제가 좀 힘들어진 것 같습니다. 그런데 돌아보면 지난 한 해가 힘들기만 했던 것은 아닙니다. 저는 오늘 예배를 준비하면서 우리가 하나님께 감사할 일이 무엇이 있는지 적어보았습니다. 그랬더니 생각보다 감사한 일들이 많았습니다.

먼저 지난 사순절 기간 동안 성도들이 모두 사순절 가정예배를 드렸습니다. 그때 저는 여러분이 40일 동안 매일 가정에서 예배드릴 수 있도록 예배의 진행 상황을 매일 녹음해서 교회 밴드에 올렸습니다. 그러면 여러분이 그 파일을 다운받아서 여러분 가정에서 매일 예배를 드렸습니다. 여러분이 대표기도를 녹음해서 보내주셨고, 우리 아이들도 그렇게 예배에 참여했습니다. 저는 그 시간이 얼마나 좋았는지 모릅니다. 만일 코로나가 발병하지 않고 올해도 예년처럼 사순절을 보냈다면 우리는 아마도 이런 예배를 생각조차 하지 못했을 것입니다.

하나님의 어부바

지난 여름에는 21일간 온라인 특별 새벽예배도 드렸습니다. 우리가 Zoom이라는 애플리케이션으로 예배를 드리기 시작한 게 그때부터입니다. 우리는 '21일 온라인 특별 새벽예배'를 시작하면서 각자 기도의 제목을 정해서 기도하자고 했습니다. 그리고 하나님이 그 기도에 응답해 주시면 하나님이 우리 예배에 함께하고 계시며, 하나님이 우리 기도를 듣고 계신 것을 확신하자고 했습니다. 그런데 그 기간에 여러분들이 많은 기도의 응답을 받았습니다. 저에게도 응답이 있었습니다. 그때 저는 '21일 온라인 새벽예배' 기간에 새로운 두 가정을 보내달라고 기도했습니다. 그때 당시에 이 기도는 말이 안 되는 기도였습니다. 왜냐하면 코로나19로 인해서 기존 성도들도 교회에 모이기 힘든 때였고, 설상가상으로 사람들에게 교회에 대한 인식이 최악이던 때였기 때문입니다. 그 당시 기도를 한다면 있는 성도들이 흩어지지 말게 해 달라는 기도를 해야 했습니다. 그런데 저는 21일 안에 우리 교회에 두 가정을 새로 보내달라고 기도한 것입니다. 그런데 그 기도를 드린 첫 주일에 최○○ 장로님 큰딸인 최○○ 자매, 그리고 그녀와 결혼할 서○ 형제가 교회에 왔습니다. 저는 깜짝 놀랐습니다. 그리고 그 다음 주일에 박○○ 성도와 딸 손○○가 왔습니다. 하나님이 제 기도를 완벽하게 응답해 주신 것입니다. 그래서 그때 이후 저는 예배드릴 때마다 생각합니다. '하나님이 우리가 드리는 예배에 함께 하신다.' '하나님이 우리의 기도를 듣고 계신다.'

그로부터 시간이 조금 지난 후 두 가정이 우리 교회에 온 것이 정말로 하나님이 기도에 응답하신 것인지 궁금해졌습니다. 그래서 어느 날 새벽에 이렇게 기도를 했습니다. '하나님, 기드온도 두 번 기도했는데 저도 한 번 더 기도하겠습니다. 지난 특별 새벽예배 기간에 교회에 오신 분들이 하나님의 기도 응답이라면, 이번 주일에 한 가정만 더 보내주십시오. 그러면 제가 하나님이 우리 예배에 함께하시며, 우리 기도를 듣고 계시다는 사실을 정말 확신하겠습니다.' 어떻게 됐을까요? 그 주간 주일에 천○○ 자매가 교회에 왔습니다. 놀랍지 않습니까? 새로운 분들이 교회에 온 것도 놀랍지만, 하나님이 연약하고 보잘것없는 우리 예배에 함께하고 계시고, 우리가 드리는 모든 기도를 듣고 계시다는 사실을 이렇듯 분명하게 보여주신다는 것이 놀랍고 감사합니다.

우리가 매일 온라인 새벽예배를 드리고 있는 것도 감사합니다. 코로나19가 확산되면서 우리는 새벽 모임을 모이지 못했습니다. 처음에는 방역에 협조하느라 모이지 못했고, 나중에는 새벽에 다시 교회에 오는 것이 힘에 겨웠습니다. 그래서 온라인 특별 새벽예배를 드리기 시작했고, 그때부터 지금까지 매일 새벽에 온라인 예배를 드리고 있습니다. 그런데 이 시간이 참 좋습니다. 물론 여러분이 새벽에 대단한 은혜를 기대하고 나오면 실망할 수 있습니다. 사실 그 시간에 별거는 없습니다. 매일 하는 저의 설교도 그저 그렇고, 우리의 기도도 그저 그렇습니다. 그런데 저는 그 시간이 참 좋습니다. 여러분과 함께 매일 새벽을 하나님께 예배하며 시작할 수 있어서 감사합니다. 물론 매일 새벽예배 설교를 준비하기가 저에게

하나님의 어부바

는 쉬운 일이 아닙니다. 특히 매일 새벽예배 설교를 원고로 작성하는 일은 생각보다 시간도 많이 걸리고 부담도 큽니다. 그래도 저는 그 시간이 좋습니다. 그래서 정말 열심히 그 시간을 준비합니다. 지난번에 독서모임 야유회를 가서도 자고 있는 목사님들 다 깨워서 함께 온라인 새벽예배를 진행했습니다. 설교를 잘하는지 못하는지, 예배를 잘드리는지 못드리는지 보다, 우리가 매일 함께 하나님을 예배하고, 하나님의 말씀을 묵상하며 하루를 시작할 수 있다는 사실이 감사합니다.

특히 지난 주일부터는 '2020 다니엘 기도회'로 매일 밤마다 예배 드리고 있습니다. 여러분은 이 예배를 어떤 마음으로 드리고 있는지 모르지만 저는 이 예배가 너무 좋습니다. 말씀도 좋고 기도도 좋습니다. 저는 이번에 다니엘 기도회에 참여하면서 정말 어렵게 사는 사람들도 많고, 그럼에도 불구하고 하나님의 은혜와 능력 속에서 사는 사람도 많다는 생각을 많이 했습니다. 우리도 힘들게 살지만 어떤 사람에 비하면 우리는 힘든 게 아니고, 우리도 병들었지만 어떤 사람에 비하면 우리는 아픈 것도 아니고, 우리도 경제적으로 어렵지만 어떤 사람에 비하면 우리는 오히려 부자들입니다. 그런데 어떤 사람들은 우리보다 힘들게 살지만 우리보다 더 감사하며 살아가고 있습니다. 어떤 사람은 우리보다 더 중한 병에 걸렸지만 우리보다 더 간절히 하나님께 기도하고 예배합니다. 어떤 사람은 우리보다 경제적으로 더 어렵지만 우리보다 더 하나님을 주인으로 삼고 하나님이 인도하시는 삶을 살아갑니다. 우리보다 나을 것도 없는 사람들이 우리보다 하나님 앞에 더 크게 쓰임 받고 있고, 어떤 이들은 우리가 그토록 얻고자 하는 것들을 주님의 일을 위해 아낌없이 버리고 포기하며 살아갑니다. 우리보다 어린 아이들이 중한 병에 걸렸고, 평생 주님 앞에 삶을 드린 선교사님도 선교지에서 병이 들었습니다. 그럼에도 불구하고 그들은 하나님을 포기하지 않고, 하나님 앞에 나와 간절히 기도하며 예배합니다. 그들에게는 너무 바빠서 예배할 수 없다는 말도 없고, 너무 아프고 힘들어서 기도할 수 없다는 말도 없고, 요즘 마음이 우울하고 컨디션이 떨어져서 교회에 올 수 없다는 말도 없습니다. 그들은 어떡하든 교회에 나오기를 원하고, 한 번이라도 더 하나님께 예배하기를 원하며 살아갑니다. 그리고 그런 사람들을 통해서 하나님이 기적을 베푸시고, 많은 사람들과 나눌 수 있는 은혜를 주십니다. 저는 요즘 매일 밤 다니엘 기도회에 참여하면서 이런 은혜를 누리고 있습니다. 그러면서 우리가 얼마나 부요하고 하나님이 우리의 필요를 얼마나 넉넉하게 '이미' 베푸셨는지 확인하고 있습니다. 그래서 감사합니다. 여러분은 그렇지 않습니까?

그러고 보니 2020년 한 해 동안 너무 힘들고 지쳤다고 생각했는데 사실은 올 한 해에 하나님의 은혜가 우리에게 더욱더 풍성했습니다. 코로나19로 인해서 예배가 핍박받았다고 했지만 사실 올해는 우리가 다른 어느 때보다도 하나님을 많이 예배했습니다. 교회에서도 예배했고, 집에서도 예배했습니다. 이렇게 모여서도 예배했

하나님의 어부바

고, 흩어져서 온라인으로도 예배했습니다. 주일에도 예배했고 평일에도 예배했습니다. 새벽에도 예배했고 밤에도 예배했습니다. 우리가 이렇게 풍성하게 예배드렸던 적이 있습니까? 우리가 이렇게 간절하게 예배드렸던 적이 있습니까? 그러고 보니 지난 한 해는 우리에게 풍성한 해였고 모든 것에 부족함이 없었던 해였습니다. 그래서 참 감사하고, 오늘 드리는 예배가 정말 감사합니다.

가나안에 들어가기 전에 이스라엘은 길고 긴 광야의 길을 걸어야 했습니다. 60만 명의 사람이 무려 40년 동안이나 광야의 길을 걸었습니다. 광야는 사람이 살 수 없는 곳입니다. 그런 광야에서 이스라엘은 40년을 살았습니다. 광야에서 태어났고 광야에서 죽었습니다. 고단한 광야의 삶은 끝이 없어 보였습니다. 이스라엘은 광야에서 지내는 40년 동안 매일 죽을 것 같은 삶을 살았을 것입니다. 당장 먹을 양식도 없었고 마실 물도 없었습니다. 오죽하면 하늘에서 만나가 내리고 반석에서 샘물을 터트려야 했겠습니까? 그런 기적이 아니면 살 수 없었던 것입니다. 그러나 이스라엘의 광야 40년은 하나님의 은혜와 함께하는 시간이었습니다. 오늘 본문 4절에서 모세는 이렇게 말합니다.

"이 사십 년 동안에 네 의복이 해어지지 아니하였고 네 발이 부르트지 아니하였느니라"

동굴이 아니라 터널입니다

놀랍지 않습니까? 이스라엘은 광야를 지나는 40년 동안 매 순간 죽을 것 같았고 아무것도 가지지 못한 것 같았는데, 그 40년 동안 하나님은 이스라엘을 부족함 없이 돌보셨습니다. 그 40년 동안 이스라엘의 입은 의복이 해어지지 않았고 그들의 발이 부르트지 않았습니다. 그리고 60만이나 되는 이스라엘이 마침내는 요단강을 건너서 가나안 땅에 들어갔습니다. 마침내 광야를 통과한 것입니다.

저는 요즘 이런 생각을 해봤습니다. '우리는 지금 동굴에 있나? 아니면 터널에 있나?' 여러분, 동굴과 터널의 차이를 아십니까? 동굴은 들어갈수록 끝이 없습니다. 동굴은 들어가는 입구만 있지 나가는 출구가 없습니다. 그러나 터널은 입구가 있고 출구도 있습니다. 아무리 긴 터널도 쉬지 않고 가다 보면 출구가 나오게 되어 있습니다. 그래서 터널입니다. 사랑하는 성도 여러분! 우리는 지금 동굴에 있습니까? 아니면 터널에 있습니까? 우리는 지금 동굴 속으로 더 깊이 들어가고 있는 것입니까? 아니면 터널의 끝을 향해 나아가고 있는 것입니까?

어느 위대한 왕이 반지 세공사를 불러 자신을 위한 반지를 하나 만들라고 했습니다. 반지를 만들되 반지에 좋은 글을 새겨달라고 했습니다. 그 글은 '내가 큰 전쟁에서 이겨 환호할 때도 교만하지 않게 하고, 내가 큰 고통과 절망에 빠져 낙심할 때도 좌절하지 않게 할 내용이어야 한다'고 했습니다. 세공사는 왕을 위한 반지를

하나님의 어부바

만들었습니다. 그런데 그 반지에 새겨 넣을 글이 문제였습니다. 고민하던 세공사는 당시 가장 지혜롭다는 사람을 찾아가 도움을 구했습니다. 그러자 지혜로운 자가 이렇게 말했습니다. "이 또한 지나가리라." 왕이 전쟁에 이겨 환호할 때가 있겠지만 그 순간은 지나갈 것이니 교만하지 말 것이고, 왕이 큰 고통을 당해 절망할 때도 있겠지만 그 순간도 지나갈 것이니 낙심하지 말라는 내용이었습니다. 세공사는 그 말을 왕의 반지에 새겼고 왕은 그 반지를 끼었습니다. 그리고 '이 또한 지나가리라'는 말을 항상 마음에 새기고 살았습니다.

사랑하는 성도 여러분! 혹시 힘들고 지친 시간을 보내고 계시지는 않습니까? 그렇다 하더라도 너무 절망하지 마십시오. 이 또한 지나갈 것입니다. 우리는 동굴로 들어가고 있는 것이 아니라 터널을 통과하고 있습니다. 그러므로 지금의 어려운 시간들은 곧 지나갈 것입니다.

오늘 본문 2절은 이렇게 기록합니다.

> "네 하나님 여호와께서 이 사십 년 동안에 네게 광야 길을 걷게 하신 것을 기억하라 이는 너를 낮추시며 너를 시험하사 네 마음이 어떠한지 그 명령을 지키는지 지키지 않는지 알려 하심이라"

하나님이 이스라엘을 광야 길로 걷게 하신 것은 그들이 광야에서도 하나님을 신뢰하며 하나님의 명령을 지키는지 시험하려 하심이었습니다. 3절 말씀은 이렇게 기록합니다.

> "너를 낮추시며 너를 주리게 하시며 너도 알지 못하며 네 조상들도 알지 못하던 만나를 네게 먹이신 것은 사람이 떡으로만 사는 것이 아니요 여호와의 입에서 나오는 모든 말씀으로 사는 줄을 네가 알게 하려 하심이니라"

하나님께서 이스라엘을 광야 길로 걷게 하시고, 그들을 주리고 목마르게 하신 것은 그들이 주리고 목마른 상황에서도 하나님의 말씀을 붙잡고 사는지 알고자 하심이었다는 말씀입니다.

이스라엘에게 있어서 광야는 동굴이 아니었습니다. 이스라엘에게 있어서 광야는 터널이었습니다. 이스라엘은 터널과 같은 광야를 지나면서 터널 속에서도 하나님의 말씀에 순종하면서 하나님의 말씀대로 살아가야만 했습니다. 그것이 하나님이 원하시는 바였습니다.

사랑하는 성도 여러분! 코로나19로 인해서, 또는 건강을 잃어서, 또는 경제적으로 너무 힘들어서, 또는 가족이나 친척 등 가까운 사람들이 어려움을 당해서, 또는 이런저런 일들로 인해서 오늘 극심한 고난에 빠져있지는 않으십니까? 그럴지라도 분명히 아십시오. 우리는 동굴이 아닌 터널에 있습니다. 그러므로 우리가 멈추지 않고 계속해서 걷기만 하면 곧 출구가 나올 것입니다. 오늘 당하는 어려움이 우리에게 계속될 것 같지만 '이 또한 지나갈 일들'일 뿐입니다. 1년이고 10년이고 시간이 지나 오늘을 돌아보면 죽을 것 같았던 오늘도 하나님은 우리의 옷이 해어지지 않게 하시고, 우리의 발이 부르트지 않게 하셨다는 사실을 알게 될 것입니다. 그러므로 감사하십시오. 지난 1년 동안 우리를 그렇게 인도하신 하나님께 감사하고, 앞으로 남은 모든 시간도 우리를 그렇게 인도하실 하나님께 감사하십시오. 돌아보면 우리에게는 감사할 일들이 충분히 많이 있습니다.

✚ 적용질문

동굴과 터널의 차이는 무엇입니까? 우리는 지금 동굴에 있습니까? 아니면 터널에 있습니까? '이 또한 지나갈 것'이라는 교훈은 우리에게 어떤 의미가 있습니까?

일어나 함께 갑시다

본문: 아가 2:10

---✦---

오늘이 2020년도 마지막 주일입니다. 매년 이맘때면 시간의 빠름을 실감하지만 올해는 특별히 1년이 어떻게 지났는지 모를 만큼 빠르게 지나갔습니다. 연초부터 코로나19로 긴장했었는데 1년 내내 그 긴장과 불안함을 안고 살았습니다. 코로나 확진자가 계속해서 늘었고 지금은 매일 천 명 이상의 확진자가 나오고 있습니다. 그러니 알게 모르게 우리 주변에도 확진자가 있었을 수 있고, 확진자와 밀착 접촉한 사람도 있었을 것입니다. 상황이 이렇다보니 올 한해는 교회에 모여 예배드리는 일 자체가 어려웠습니다. 정부에서는 연일 사회적 거리두기를 실시했고 교회에 성도들이 모여서 예배드리는 것을 제한했습니다. 그러다보니 올해는 부활주일 예배도 온라인으로 드렸고 지난 주간에 성탄절 예배도 온라인으로 드렸습니다. 우리가 매년 함께하던 성탄절 만찬이나 발표회 등은 엄두도 내지 못했습니다. 올해는 소그룹 모임도 못했고 가스펠 프로젝트도 진행하지 못했습니다. 예배 후 교우들과 함께 밥을 먹는 시간도 가지지 못했고 가끔 교우들과 즐기던 반나절 나들이도 못 나갔습니다. 그리고 보면 올해에는 별로 한 것이 없습니다. 그런데도 시간이 빠르게 지나갔다고 느껴지니 신기한 일입니다.

하나님의 어부바

지난 주간 설교를 준비하며 여러분과 함께했던 시간들이 많이 생각났습니다. 생각해보면 저는 여러분과 오랜 시간을 함께했고 그동안 많은 일들도 있었습니다. 저는 여러분들이 자녀를 임신하고 출산하는 것을 보았고, 그 자녀들이 사춘기를 보내고 어른이 되어가는 과정을 지금 보고 있습니다.

의자 위에서 몸도 가누지 못하던 송○○ 형제가 군대를 가더니 벌써 제대해서 학교에 복학을 했습니다. 안○○ 집사님과 이○○ 집사님이 연애 할 때 제가 연애 코치를 했었는데 두 사람이 결혼해서 지금은 네 아이의 부모가 되었습니다. 우리 유○○이 어렸을 적에 이○○이 자꾸 때려서 은근 속이 상했었는데 지금은 이○○이가 우리 교회에서 가장 매너 있고 듬직한 청년이 되었습니다. 예배 시간에 맞춰 교회에 오기 위해서 손주를 들춰 업고 육교를 뛰어다니던 윤○○ 권사님은 이제는 손주의 등에 업혀야 할 만큼 나이를 많이 드셨습니다.

제가 20여 년 목회 하면서 고마운 분들이 많은데 저는 특히 서○○ 집사님 남편인 이○○ 선생에게 고마운 게 있습니다. 이○○ 선생이 지금은 교회에 나오지 않아서 제가 미안한 마음이 큰데, 이○○ 선생은 저를 차량 운행의 부담에서 건져주신 분입니다. 목회 초창기에 저는 주일 예배 10분 전까지 교회 차량을 운행했었습니다. 거리가 먼 것도 아니고, 많은 사람이 교회 차량을 이용하는 것도 아닌데, 그래도 교회 차량을 운행해야 한다고 해서 제가 예배 10분 전까지 차량 운행을 했습니다. 저는 그게 참 힘들었습니다. 차량 운행이 힘든 것이 아니라 예배 시작 10분 전까지 차량을 운행하는 것이 힘들었습니다. 어느 날은 주차할 곳을 찾지 못해 헤매다가 예배 시간을 지나친 적도 있습니다. 저는 그런 부분들이 아주 많이 힘들었습니다. 그런데 그때 이○○ 선생이 자원해서 차량 운행을 하겠다고 해 주었습니다. 그때 이○○ 선생의 모습은 제게는 백마 탄 왕자의 모습이었고, 날개 달린 천사의 모습이었습니다. 저는 그 일이 20여 년이 지난 지금까지도 고맙습니다.

이런 일들을 하나씩 이야기하기 시작하면 아마 끝도 없을 것입니다.

지난해 가스펠 프로젝트에서 호세아와 고멜에 대한 이야기를 공부했습니다. 그러면서 호세아와 고멜의 이야기는 하나님과 우리의 이야기라고 했습니다. 거룩해야 할 호세아 선지자가 끝없이 음란한 고멜을 포기하지 않고 사랑하는 것은, 거룩하신 하나님께서 자격 없는 우리를 끝까지 사랑하시는 것과 같다고 했습니다.

이와 비슷한 이야기가 또 있습니다. 바로 솔로몬과 술람미 여인의 사랑 이야기입니다. 호세아와 고멜의 사랑이 도망가는 사람을 추적하는 사랑이라면, 솔로몬과 술람미 여인의 사랑은 비록 두 사람 사이에 크고 작은 갈등이 있기는 하지만 그래도 두 사람이 온전히 하나가 되어서 나누는 사랑의 이야기입니다. 그런데 솔로몬과 술람미 여인 간의 사랑 이야기도 사실은 하나님과 우리 사이에 이루어지는 사랑의 이야기입니다.

술람미 여인과 솔로몬의 사랑 이야기를 기록한 성경이 아가서인데, 아가서에서 솔로몬은 술람미 여인에게 이렇게 말 합니다.

"나의 사랑, 내 어여쁜 자야 일어나서 함께 가자" (아가 2:10)

사랑하는 성도 여러분! 사랑이 무엇일까요? 물론 상황에 따라서 사랑에 대한 정의는 달라질 수 있겠지만, 저는 사랑은 '함께하는 것'이라고 생각합니다. 특별히 어렵고 힘든 시절에도 함께 하는 것이 사랑이라고 생각합니다. 그런 의미에서 우리가 한우리교회라는 공간에 모여서 참으로 오랜 시간을 함께하고 있는 것은 우리가 그만큼 오래 사랑하고 있는 것이라고 생각 합니다.

제가 박○○ 집사님을 만나서 함께한 지 거의 40여 년이 됩니다. 박○○ 집사님이 초등학교에 다닐 때 제가 주일학교 교사였습니다. 그 뒤로 박○○ 집사님과 지금까지 함께 하고 있고, 박○○ 집사님 좋다고 결혼한 박○○ 집사님과도 함께하고 있고, 또 두 사람이 낳은 ○○이와 ○○이 하고도 함께하고 있습니다. 저는 지금까지 40여 년 동안 박○○ 집사님을 사랑한다고 한 번도 말해본 적이 없습니다. 그러나 우리가 40여 년을 함께 살고 있다는 것은 우리가 그렇게 오래 사랑하고 있다는 것 아니겠습니까? 제가 박○○ 집사님과 40년을 함께 살고 있다는 것은, 제 아내나 제 아이들보다도 훨씬 더 오랜 시간을 박○○ 집사님과 함께 살고 있다는 이야기입니다.

사랑하는 성도 여러분! 사랑이 뭘까요? 사랑은 함께하는 것입니다. 사랑은 기쁜 일을 함께 하는 것이고, 어렵고 힘든 일도 함께하는 것입니다. 속상할 때도 함께하는 것이 사랑이고, 서운할 때도 함께하는 것이 사랑입니다. 그렇게 함께하며 서로에게 힘이 되는 게 사랑입니다. 힘들고 지쳐서 쓰러졌을 때 그 곁에 함께 있어주는 것이 사랑입니다. 큰비가 와서 온몸이 흠뻑 젖었을 때 그 옆에서 함께 비바람을 견뎌 주는 게 사랑입니다.

그러므로 우리가 함께 한 지난 시간들은 우리가 그렇게 함께 사랑한 시간들입니다. 저는 우리 교우들과 그렇게 함께하면서 보냈으면 좋겠습니다. 요즘은 무엇이든 혼자 하는 것이 유행인 시대입니다. 밥도 혼자 먹고, 영화도 혼자 보고, 여행도 혼자 갑니다. 교회도 혼자 나와서, 혼자 예배를 드리고 갑니다. 그것도 좋습니다. 그러나 혼자서는 사랑을 나눌 수 없고, 사랑을 나누지 못하면 우리 삶에 힘이 날 수 없습니다. 그러니 우리는 더욱 어울려 함께 살아갑시다. 더 자주 만나 밥을 먹고, 여러 공연도 보고, 가능하다면 여행도 가고, 그리고 무엇보다 함께 모여서 예배를 드립시다. 그렇게 함께하는 사랑이 충만하게 합시다. 그럴 때 주께서도 우리와 함께하시며 우리를 사랑해 주실 것입니다. 우리가 함께할 수 있는 사람이 있다는 것이 얼마나 감사합니까? 그러므로 교회에서 혼자 지내지 마십시오. 조금 어색해도 이 사람 저 사람과 어울려 함께 하

하나님의 어부바

십시오. 함께 하면서 사는 것을 이야기하고, 함께 하면서 서로를 도와주십시오. 주께서도 우리와 함께 하십니다.

제가 시를 한 편 소개하겠습니다. 박두진 시인이 지은 「당신의 사랑 앞에」라는 시입니다.

당신의 사랑 앞에

박두진

아무 때나 어디에서나,
앉은채로
우러러 뵈올 때
거기에 계시고,

누운 채로 하늘을 보다가,
잠이 들은
꿈 속에서도
거기에 계시었네,

내가 겪은 쓰라린 일,
죽고 싶게
슬퍼질 때도

당신이 같이 울어 주시고,

나 다만
내가 나를
내가 몰라
어디로 가야할지
스스로 언제나 아득했네

　박두진 시인이 말한 '당신'은 아마도 '하나님'을 말하는 것 같습니다. 시인의 말대로 하나님은 '아무 때나 어디에서나 앉은 채로 우러러볼 때 거기 계시는 분'이십니다. '누운 채로 하늘을 보다가 잠이 들은 꿈속'에서도 하나님은 계십니다. '살아가며 쓰라린 일을 겪고, 죽고 싶을 만큼 슬픈 일을 당할 때' 하나님은 우리와 같이 울어 주시는 분이십니다. '우리가 어디로 가야할지 몰라 아득할 때'에도 하나님은 우리와 함께하십니다. 그렇게 교회도 여러분과 함께하고, 목사인 저와 성도들도 여러분과 함께 합니다. 그러므로 우리는 서로가 함께하며 힘을 내서 강하고 담대하고 살아갑시다.

　2020년도를 시작하면서 우리는 '주님과 더불어 함께'하고, '교회와 더불어 함께'하고, '이웃과 더불어 함께'하자고 했습니다. 그런데 돌아보면 올해만큼 함께하기 힘들었던 때가 없었던 것 같습니다. 올해는 교우들끼리 함께하며 밥 한 끼 먹는 일이 쉽지 않았습니다.

교회와 함께하기는커녕 교회로부터 철저히 격리된 채 한 해를 보내야만 했습니다. 주님과 함께하자고 했지만 우리가 하나님을 예배하는 일조차 쉽지 않았습니다. 그러니 우리가 어떻게 더불어 함께 할 수 있었겠습니까? 오히려 지난 한 해는 교회와 격리되었고, 하나님을 예배하는 예배와 격리되었고, 이웃과도 철저히 격리되어서 살았습니다. 그래서 많은 사람들이 혼자라는 우울감에 시달리기도 했습니다. 그래서 지난 2020년을 생각하면 힘들고, 아쉽고, 안타깝고, 우울한 생각들이 많이 듭니다. 그러나 지난 주간 설교를 준비하는 내내 제 마음에 든 생각은 '그래도 지난 한 해 하나님이 우리와 함께하셨고, 그래서 우리는 하나님과 친밀하게 동행하는 한 해를 지나왔다'는 것이었습니다.

〈모래 위 발자국〉이라는 노래가 있습니다. 오래전부터 전해오던 이야기에 최원순이라는 사람이 곡을 붙여서 만든 노래입니다. 그 노래의 가사는 이렇습니다.

"지난 꿈속에 나는 주님과 모래 위를 거닐고 있었죠. 주님과 함께 걷는 마음은 너무나 행복했어요. 그러나 문득 나의 두 눈엔 이상한 것이 보였던 거예요. 나의 영혼이 가장 아플 때에 발자국은 한 사람 것이었어요. 나를 떠나지 않겠다 하시던 주님이 나를 잊으시다니… 나는 괴롭고 의아한 마음에 이렇게 원망했네. 오 주님, 주님께서는 내가 너와 함께하리니 너는 정녕 나를 따르라고 말씀하셨잖아요. 오 사랑하는 나의 아들아 내가 왜 너를 버리겠느냐. 네가 보았던 그 발자국은 너를 업은 나의 것이었노라"

어느 사람이 꿈을 꾸었습니다. 꿈속에 모래 위에 난 두 발자국을 보았는데 하나는 자기의 발자국이었고 다른 하나는 자신과 함께 동행하시는 주님의 발자국이었습니다. 주님과 함께 걷는 시간이 너무 행복했습니다. 그런데 어느 순간 발자국 하나가 사라졌습니다. 그때는 자기가 가장 힘든 시간을 보낼 때였습니다. 그 사람은 실망했습니다. 평안할 때는 자신과 함께 하시던 주님이 정작 자신이 힘들고 어려울 때는 자신을 떠나신 것 같았기 때문입니다. 그래서 그 사람은 주님께 원망했습니다.

"주님께서는 내가 너와 함께하리니 너는 정녕 나를 따르라고 하셨는데, 내가 정말로 힘든 순간에 주님께서는 왜 나를 떠나셨습니까?"

그때 주님께서 말씀하셨습니다.

"사랑하는 나의 아들아 나는 너를 버리지 않았다. 네가 보았던 그 발자국은 나의 발자국이다. 그 시간에 나는 너를 업고 있었다."

사랑하는 성도 여러분! 우리가 힘들게 보냈던 지난 한 해는 주님께서 우리를 업고 가신 기간이었음을 아십니까?

지난 주간 저는 이런 말씀을 묵상했습니다.

하나님의 어부바

"네 하나님 여호와께서 이 사십 년 동안에 네게 광야 길을 걷게
하신 것을 기억하라 … 이 사십 년 동안에 네 의복이 해어지지 아
니하였고 네 발이 부르트지 아니하였느니라"(신 8:2, 4)

하나님은 이스라엘이 광야 길을 걷는 40년 동안 그들을 업고 다
니셨습니다. 그래서 광야 길을 걸으면서도 그들의 의복이 해어지
지 않았고, 그들의 발이 부르트지 않았습니다.
이런 말씀도 묵상했습니다.

"사무엘이 돌을 취하여 미스바와 센 사이에 세워 이르되 여호와
께서 여기까지 우리를 도우셨다 하고 그 이름을 에벤에셀이라 하니
라"(삼상 7:12)

이스라엘이 블레셋과 전쟁할 때 하나님은 이스라엘을 업어 주셨
습니다. 그래서 그 전쟁에서 이스라엘은 크게 이겼고, 그 승리를
확인한 곳이 바로 에벤에셀이었습니다. 그래서 에벤에셀은 '하나님
께서 여기까지 우리를 도우셨다'는 신앙의 고백입니다. 제가 언젠
가 이 부분을 설교하면서 우리의 에벤에셀은 바로 우리가 지금 있
는 이곳이라고 했습니다. 우리가 지금 있는 이곳은 하나님이 우리
를 도우시며 이끌어주신 결과입니다. 하나님이 우리를 선하게 인도
하셔서 오늘 우리가 이곳에 있는 것입니다. 그래서 오늘 우리가 있
는 이곳이 우리의 '에벤에셀'입니다.

지난 한 해도 그렇습니다. 우리는 지난 1년 내내 어렵고 힘들었지만, 하나님은 쉬지도 않고 졸지도 않으시며 우리를 인도해 주셨습니다. 우리가 너무 지치고 힘들어 할 때는 아예 우리를 업어 주셨습니다. 그렇게 하나님은 우리와 동행해 주셨고, 그 결과 우리가 오늘 이곳에 있는 것입니다. 그래서 오늘 우리가 있는 지금 이곳이 우리의 '에벤에셀'입니다. 그렇지 않습니까?

사랑하는 성도 여러분! 지난 한 해 수고 많으셨습니다. 코로나라는 생전 겪어보지 못한 전염병을 견디느라 수고 많으셨습니다. 그놈의 코로나 때문에 우리는 하나님과 동행하지 못한 것 같았고, 교회와 동행하지 못한 것 같았고, 이웃과 동행하지 못한 것 같았지만, 사실 우리는 다른 어느 때보다도 지난 한 해 하나님과 동행하고, 교회와 동행하고, 이웃과 동행했습니다. 왜냐하면 하나님이 아예 우리를 업고서 지난 한 해를 보냈기 때문입니다. 그래서 2020년도의 마지막 주일 예배를 드리는 오늘 마음이 참 기쁘고 은혜롭습니다. 여러분은 그렇지 않으십니까?

하나님은 언제나 우리와 동행하십니다. 그래서 그분의 이름이 '임마누엘'이십니다. 하나님은 올 한해 그러셨던 것처럼 내년에도, 후년에도, 그리고 우리의 남은 평생 동안 우리와 동행하실 것입니다. 우리를 향해 '일어나 함께 가자'고 하실 것입니다.

그러므로 사랑하는 성도 여러분! 힘을 내십시오. 마음을 강하게 하고 담대히 하십시오. 하나님이 함께하십니다. 하나님이 권능의

하나님의 어부바

오른손으로 우리를 붙들어 주십니다.

✱ 적용질문

지금까지 살아오며 가장 힘들었던 순간은 언제입니까? 그때 하나님은
어디에 계셨을까요? 그때 하나님이 우리와 함께하셨던 흔적이 있습니
까? 어떤 흔적이 있습니까?

예수님이 우리의 가족입니다

본문: 창세기 45:9-15

✳

어렸을 때 동네에 4남매가 사는 가족이 있었습니다. 아들이 셋이고 딸이 하나인데 모두 같은 초등학교를 다녔습니다. 이 남매들은 학교에서도 동네에서도 천하무적이었습니다. 어디에서 누가 하나 맞기라도 하면 4남매가 벌떼 같이 달라붙어서 싸우고는 했습니다. 그러니 아무도 이 남매들을 건드리지 못했습니다. 저는 그게 참 부러웠습니다.

제가 살던 곳 윗동네에도 소문난 가족이 있었는데 그 집은 7남매 가족이었습니다. 남자가 셋, 여자가 넷이었습니다. 그러니 이 집은 더욱 강력한 집이었습니다. 그 집의 형제들은 그야말로 아무도 건드리지 못했습니다.

그런데 4남매 가족과 7남매 가족의 덕을 가장 많이 본 사람은 바로 저였습니다. 4남매 가족 중 셋째가 저와 친구였습니다. 그 집의 외동딸이었습니다. 아직까지 이름도 생각이 납니다. 나머지 형제들도 저와 잘 지냈습니다. 그 당시 그 집에는 TV가 있었고 동네 대부분 집에는 TV가 없었습니다. 우리 집에도 TV가 없었습니다. 그래서 TV가 있는 친구들 집에 가서 조금씩 TV를 보았는데 밥 먹는 시간이 되면 모두 자기 집으로 돌아가야 했습니다. 그런데 그

하나님의 어부바

집에서 잠드는 시간까지 TV를 함께 볼 수 있는 사람이 있었습니다. 그건 대단한 특권이었는데 그 사람이 바로 저였습니다. 저는 그렇게 그 집 남매와 친하게 잘 지냈습니다.

7남매 가족도 저와는 아주 잘 지냈습니다. 그 집의 막내가 저와 교회 친구였기 때문입니다. 당시 교회에는 삼총사라 불리는 말썽쟁이들이 있었는데 그중에 한 명이 7남매의 막내였고 또 한명이 저였습니다. 게다가 그 친구의 아버지는 교회의 목사님이었고 저는 교회에 제일 열심히 출석하는 주일학교 학생이었습니다. 그러니 교회의 7남매가 모두 저의 선생님이기도 하고 형이기도 했습니다.

그렇게 저는 4남매와 7남매의 보호를 아주 든든히 받았습니다. 그래서 어디에서도 꿀리지 않고 지낼 수 있었습니다.

누군가와 가족이 된다는 것, 그리고 누군가와 가족 같은 관계가 된다는 것은 굉장히 의미가 있는 일입니다. 어렵고 힘들 때 제일 먼저 찾아와 도와주는 사람은 바로 가족입니다.

저희는 가족과 친척이 별로 없습니다. 그런데 처가에는 가족이 참 많습니다. 제가 1999년 3월에 결혼을 하고 그 해 5월에 목사 안수를 받았습니다. 그런데 제가 목사 안수를 받는 날 처가 식구들이 아주 많이 오셨습니다. 제 일에 그렇게 많은 가족이 동원되기는 그때가 처음이었습니다. 저는 그날이 참 인상적이었고 지금도 그날이 기억이 납니다.

가족이란 게 그렇습니다. 좋은 일이든 나쁜 일이든 함께 하는 게 가족입니다. 내가 건강하고 잘나갈 때도 같이 하지만, 내가 모든 기력이 다하여서 죽음을 맞이하는 마지막 순간까지 함께 해 주는 사람도 가족입니다.

우리 교회 김○○ 권사님이 돌아가실 때 권사님의 가족 30여 명이 모였습니다. 가족 30여 명이 모여서 같이 밤을 새면서 위로하기도 하고, 같이 울기도 했습니다. 그 모습도 참 인상적이었습니다. 김○○ 권사님은 참 조그마한 분이셨는데 어떻게 저렇게 많은 가족을 두었을까 내심 부러웠습니다.

가족이 그렇습니다. 마지막 길 한 발자국까지 같이 하는 것이 가족입니다. 내 부끄러운 부분을 감싸주는 사람도 가족이고, 내 연약함을 나무라지 않고 힘을 주는 사람도 바로 가족입니다. 그래서 만일 우리에게 대단히 뛰어난 가족이 있다면 그 가족의 힘이 곧 나의 힘이 되기도 하는 것입니다.

올해 매일 성경 읽기를 시작하고 오늘까지 창세기 말씀을 다 읽었습니다. 내일부터 15일간은 출애굽기 말씀을 읽을 것입니다. 저는 요즘 창세기를 아주 재미있게 읽었습니다. 특히 야곱이 실수하고 넘어지기를 반복하는 모습을 보면서 마치 우리의 연약함을 보는 것 같아 위로가 됐습니다. 어제는 야곱이 요셉을 만나고, 야곱의 가족 70명이 애굽 땅에서 살게 되는 장면을 읽었습니다.

애굽의 총리가 요셉이라는 사실이 알려지기 전에 야곱의 열 한 아들들은 큰 곤경에 처했습니다. 야곱의 열 한 아들은 가나안에

하나님의 어부바

있는 가족들이 먹고 살 양식을 구하기 위해 애굽에 왔습니다. 그런데 졸지에 애굽 총리의 은잔을 훔친 도둑이라는 누명을 쓰고 애굽에서 종이 되어야 할 처지가 된 것입니다. 만일 그렇게 된다면 자신들은 가족들이 있는 가나안 땅으로 돌아가지 못할 것이고, 그렇다면 가나안 땅에 있는 가족들도 양식이 없어 큰 곤경에 처하게 될 것입니다.

자기들이 애굽 총리의 은잔을 훔친 것은 아니지만 자기들의 곡식 자루에서 애굽 총리의 은잔이 나왔으니 자신들은 도둑이 아니라고 말해봤자 소용이 없었습니다. 그때 야곱의 넷째 아들인 유다가 나서서 자기들의 처지를 하소연 합니다. 먼저 자신들의 처지가 이렇게 된 것은 하나님께서 자신들의 죄악을 찾아 내셨기 때문이라고 합니다. 그리고 자신들에게는 연로한 아버지가 계시고 아버지에게는 사랑하는 아내에게서 노년에 얻은 아들이 있는데, 그 아들의 형은 죽었고 아내도 죽어서 이제 아버지에게 남은 것은 노년에 낳은 아들뿐이라고 합니다. 지금 유다는 야곱이 사랑하는 라헬에게서 낳은 요셉과 베냐민을 이야기하고 있는 것입니다.

유다는 지금 요셉이 죽었다고 생각하면서 이야기하고 있습니다. 그런데 만일 베냐민마저 가나안에 계신 아버지께로 돌아가지 못한다면 자기들 아버지는 죽을 것이라고 합니다. 그러니 자신이 애굽에 남아 종이 될 테니 자기 동생 베냐민은 아버지께 돌려보내 달라고 애원을 합니다. 그리고 오늘 본문 말씀입니다.

사실 애굽의 총리는 유다가 죽었다고 생각한 요셉이었습니다. 요섭은 형 유다의 이야기를 듣고 감정이 복받쳤습니다. 요셉은 형제의 정을 억제하지 못했습니다. 그래서 큰 소리로 울면서 자신이 바로 요셉임을 이야기했습니다.

오늘 본문 1-2절 말씀입니다.

"요셉이 시종하는 자들 앞에서 그 정을 억제하지 못하여 소리 질러 모든 사람을 자기에게서 물러가라 하고 그 형제들에게 자기를 알리니 그때에 그와 함께 한 다른 사람이 없었더라 요셉이 큰 소리로 우니 애굽 사람에게 들리며 바로의 궁중에 들리더라"

요셉은 조용히 흐느껴 운 것이 아니라 대성통곡을 했습니다. 처음에 형들은 애굽의 총리가 요셉이라는 사실을 받아들이지 못했지만 요셉이 베냐민으로부터 시작해서 자신들을 이름을 부르면서 일일이 안고 입 맞추고 우니 그제야 자기들의 동생 요셉을 알아보았습니다.

요셉은 형들에게 속히 가나안으로 가서 아버지와 가족들을 모두 모시고 애굽으로 오라고 했습니다. 그러면 자신이 아버지와 형제들과 그들에게 딸린 모든 가족들을 부족함 없이 돌보겠다고 했습니다. 지금까지 2년 동안 큰 흉년이 있었지만 앞으로 5년이나 더 흉년이 있을 것이라는 것도 이야기 했습니다. 그러나 형들은 염려하지 말라고 합니다. 자신이 모든 가족들을 부족함 없이 채워주며 돌보겠다고 합니다. 이렇게 든든한 가족이 어디 있겠습니까?

하나님의 어부바

한편 요셉의 형제들이 애굽에 왔다는 소식을 바로왕도 듣게 되었습니다. 그러자 바로왕은 요셉의 형제들에게 큰 상을 내렸습니다.

창세기 45:21-23절 말씀을 보면 이렇게 기록합니다.

> "이스라엘의 아들들이 그대로 할새 요셉이 바로의 명령대로 그들에게 수레를 주고 길 양식을 주며 또 그들에게 다 각기 옷 한 벌씩을 주되 베냐민에게는 은 삼백과 옷 다섯 벌을 주고 그가 또 이와 같이 그 아버지에게 보내되 수나귀 열 필에 애굽의 아름다운 물품을 실리고 암나귀 열 필에는 아버지에게 길에서 드릴 곡식과 떡과 양식을 실리고"

애굽 왕 바로는 요셉의 형제들에게 좋은 옷과 양식을 넉넉히 주고, 애굽의 아름다운 물품들도 주고, 수나귀와 암나귀도 주고, 수레까지 주었습니다. 온 땅에 흉년이 들어 굶어 죽는 사람들이 넘쳐나는 때에 요셉의 형들에게 모든 필요한 것과 먹을 양식을 넘치도록 준 것입니다. 이제 요셉의 형제들은 모두 안전해졌습니다. 요셉의 아버지와 조카들과 형수들도 모두 안전해졌습니다. 왜냐하면 그들이 실력이 있거나 선한 사람들이어서가 아니라 그들이 모두 요셉의 가족들이었기 때문입니다. 애굽의 총리가 자신들의 동생이고 시동생이고 삼촌이고 아들이었기 때문입니다.

참 부러운 장면 아닙니까? 저는 지난 주간에 이 부분을 읽으면서 이런 상상을 해봤습니다. 야곱의 아들들이 가나안에 있는 집으로 돌아옵니다. 그들은 잔뜩 상기된 표정입니다. 그들이 아버지에게 죽었다고 생각했던 요셉이 살아있다는 소식을 전합니다. 게다가 요셉은 지금 천하를 호령하는 애굽의 총리가 되어 있습니다. 그 요셉이 가족들을 빨리 만나고 싶어 합니다. 야곱도 가나안 땅에 더 이상 머물러 있을 이유가 없습니다. 그는 서둘러 자기 재산을 정리합니다. 그리고 모든 가족을 불러 모아서 애굽으로 떠납니다. 야곱이 애굽으로 떠난다는 소식을 듣고 이웃 사람들이 찾아옵니다. 그리고 어찌된 일인지 물어봅니다. 야곱은 요셉의 이야기를 전해줍니다. 요셉이 아직도 살아있었다는 것과, 그 요셉이 지금 애굽의 총리가 되었다는 이야기를 자랑하면서 전합니다. 요셉이 자기 식구들을 모두 초대해서 가족 모두 요셉이 있는 애굽으로 이사를 간다고 합니다.

이런 말을 들을 때 사람들은 얼마나 부러웠을까요? 자기들은 지금 당장 먹을 양식도 없습니다. 자기들도 애굽에 가기는 가야 하는데 자신들이 애굽에 가는 것은 애굽에 있는 양식을 사기 위해서입니다. 애굽에서 양식을 사기 위해서 이미 자신들이 가지고 있는 재산을 다 팔았을지도 모릅니다. 그런데 지금 야곱과 그의 가족들은 양식을 사러 애굽에 가는 것이 아니라 애굽의 총리인 가족을 만나기 위해서 애굽에 가는 것입니다. 얼마나 부러웠을까요? 자신들과 함께 살던 사람들이 애굽의 총리인 요셉의 가족이라는 사실이 얼마나 부러웠을까요?

여러분에게는 혹시 이런 부러움이 없으십니까? 저에게는 이런 부러움이 있었습니다. 제가 서두에 말한 4형제 가족은 매년 여름마다 바닷가로 휴가를 갔습니다. 지금은 여름휴가가 당연하지만 그때에는 흔치 않은 일이었습니다. 특히 온 가족이 함께 바캉스를 간다는 것은 정말 드문 일이었습니다. 그런데 그 집은 매년 여름마다 그렇게 휴가를 갔습니다. 휴가를 다녀와서는 한동안 엄청 자랑을 합니다. 그것도 부러웠습니다. 매년 휴가를 갈 때쯤 되면 꼭 저에게도 같이 가자고 합니다. 그냥 몸만 오라고 합니다. 그런데 마음은 같이 가고 싶지만 같이 갈 수는 없었습니다. 왜냐하면 아무리 친해도 저는 그들의 가족이 아니었기 때문입니다. 부럽지만 어쩔 수 없었습니다. 여러분은 혹시 이런 일이 없으셨습니까?

집안에 제대로 된 가족이 한 사람만 있어도 나머지 가족이 다 일어설 수 있는데 여러분 집안에서는 항상 여러분이 제일 잘나가지 않습니까? 그래서 여러분 집안은 매일 여러분이 돌보아야만 하지 않습니까? 그 일이 얼마나 힘이 드십니까? 그래서 가끔 잘 나가는 가족을 둔 사람들이 부럽지 않으십니까?

그러나 사랑하는 성도 여러분! 우리는 이런 사실을 부러워할 필요가 없습니다. 왜냐하면 우리는 요셉보다 훨씬 대단한 사람의 가족들이기 때문입니다.

마태복음 12:49-50절에서 예수님이 이렇게 말씀하셨습니다.

"손을 내밀어 제자들을 가리켜 이르시되 나의 어머니와 나의 동생들을 보라 누구든지 하늘에 계신 내 아버지의 뜻대로 하는 자가 내 형제요 자매요 어머니이니라 하시더라"

어느 날 예수님의 어머니와 동생들이 예수님을 찾아 왔습니다. 그때 예수님이 하신 말씀입니다. 예수님과 한 뱃속에서 태어난 사람만 예수님의 형제가 아니라, 하늘에 계신 아버지의 뜻대로 행하는 사람이 예수님의 형제고 자매고 어머니라는 것입니다. 이 말이 무슨 말입니까? 우리가 바로 예수님의 형제고 자매고 가족이라는 것입니다. 그렇다면 우리에게는 정말 대단한 가족이 있는 것입니다. 바로 예수님이 우리의 가족이시기 때문입니다. 이보다 더 대단한 가족이 어디 있겠습니까? 요셉이 자기 가족의 모든 필요를 다 채워 줬던 것처럼 예수님께서도 우리의 필요를 다 채워 주시는 우리의 가족이십니다. 빌립보서 4:19절에서는 "나의 하나님이 그리스도 예수 안에서 영광 가운데 그 풍성한 대로 너희 모든 쓸 것을 채우시리라"고 했습니다. 우리의 가족이신 예수님께서 그 풍성한 대로 우리의 모든 쓸 것을 다 채우시겠다는 것입니다. 예수님이 왜 그렇게 하십니까? 우리가 모두 예수님의 가족이기 때문입니다. 참 자랑스럽고 흥분되는 일 아닙니까?

우리는 모두 예수님의 가족들입니다. 그래서 우리 성도들끼리도 다 가족입니다. 우리가 매일 같은 집에서 같이 먹고, 같이 자고, 같

하나님의 어부바

이 생활하는 그런 가족은 아니지만, 우리는 모두 예수님의 피로 생명을 나눠가진 새 가족들입니다.

지난 주간에 중등부 최○○ 학생이 아버지에게 조혈모 세포 이식을 했습니다. 아버지와 아들이 서로 피를 나눠 가진 것입니다. 왠지 가슴 뿌듯한 감동 아닙니까? 그런데 예수님께서도 우리에게 피를 나눠 주셨습니다. 우리는 모두 죄의 결과로 죽을 사람들인데 우리들 속에 예수님의 피를 흘려보내 주셨고, 그 피로 우리 모두가 살게 되었습니다. 그래서 우리는 예수님과 피를 나누고, 생명을 나눈 사람들입니다. 그래서 우리는 모두 예수님과 한 가족입니다. 얼마나 대단한 일입니까?

그러므로 사랑하는 성도 여러분! 모든 일에 당당합시다. 우리가 지금 7년 대흉년을 지나는 것 같은 어려움 속에 있을 수 있지만, 예수님이 우리 가족이십니다. 예수님이 우리의 형제이십니다. 그러므로 당당합시다. 우리가 살아가며 어려운 일을 당할 수 있지만 그러한 것이 우리를 어찌하지 못합니다. 왜냐하면 우리는 예수님의 가족이기 때문입니다. 만일 우리가 어디서 해코지라도 당한다면 우리 가족이신 예수님께서 오셔서 처리해 주실 것입니다.

✱ 적용질문

예수님이 나의 가족이라는 사실은 나에게 어떤 자랑과 긍지를 줍니까? 그것을 사람들에게 어떻게 말할 수 있겠습니까?

복음에 합당하게 생활하라

본문: 빌립보서 1:27-30

---✦---

매일 성경읽기로 어제까지 사무엘상 말씀을 다 읽었습니다. 오늘부터는 사무엘하 말씀을 읽습니다. 어제 길라잡이 영상 마무리 멘트에서 이야기했지만 지난 주간 내내 사무엘상 말씀을 읽으면서 사울왕이 참 안됐다는 생각을 많이 했습니다.

사울왕은 이스라엘에서 가장 약한 지파인 베냐민 지파 출신의 왕입니다. 베냐민 지파는 에브라임 지파와 유다 지파 사이에 끼어 있는 지파입니다. 베냐민 지파는 좋게 말하면 강력한 에브라임 지파와 유다 지파 사이에서 완충 역할을 했고, 나쁘게 말하면 강력한 에브라임 지파와 유다 지파 사이에서 눈치를 보느라 스스로는 아무것도 할 수 없었습니다. 사울왕은 그런 베냐민 지파 사람이었습니다. 그러니 사울은 이스라엘의 왕이 되었지만 독자적인 세력을 이루기까지 많은 어려움이 있었을 것입니다. 특히 에브라임 지파와 경쟁하던 유다 지파에서 다윗이 등장한 이후로는 사울왕의 처지가 더욱 힘들었을 것입니다. 그 당시 사울의 처지를 '여호와의 영이 떠나 번뇌'했다고 했는데 어떤 사람들은 그것을 사울의 정신분열이라고 말하기도 합니다. 유다 지파인 다윗의 등장이 사울왕에게는 정신분열을 일으킬 만큼 크게 신경이 쓰였을 것이라는 것

하나님의 어부바

입니다. 게다가 백성들이 '다윗이 죽인 자는 만만이요 사울이 죽인 자는 천천'이라고 노래하니 사울 입장에서는 유다 지파인 다윗을 견제하지 않을 수 없었을 것입니다. 그래서 사울왕은 모든 전쟁에서 자신의 가치와 능력을 입증하려고 했습니다. 자신이 비록 베냐민 지파지만 이스라엘의 왕으로서 손색이 없다는 것을 사람들 앞에서 증명해 보이려고 했습니다. 그러다보니 조바심 내며 무리한 방법으로 전쟁을 했고, 하나님의 뜻을 어기면서까지 자신의 업적을 내세우려 했던 것입니다. 사울왕이 블레셋과의 전쟁에서 사무엘을 기다리지 못하고 자신이 번제를 드린 것이라거나, 아말렉과의 전쟁에서 하나님의 말씀을 어기면서까지 아각왕을 살려주고, 양과 소의 좋은 것을 남겨둔 것은 모두 사울왕의 이런 조바심에서 비롯된 것들입니다. 사울왕 입장에서는 전쟁의 성과를 이스라엘 백성들에게 보여줌으로 이스라엘 왕으로서의 자신의 가치를 입증해야 했던 것입니다. 그러니 사울은 이스라엘의 왕으로 있었던 40년 동안 에브라임과 유다 등 이스라엘의 다른 지파들과 이스라엘 백성들의 마음을 얻기 위해서 동분서주 뛰어다녔던 것입니다.

사무엘상 15장에서 사울은 아말렉과의 전쟁에서 크게 이깁니다. 그러나 사울왕은 그 전쟁에서 하나님 말씀에 순종하지 않았고, 그래서 하나님은 사울을 버리십니다. 사무엘 선지자는 전쟁에서 이기고 크게 들떠있는 사울을 향해 "왕이 여호와의 말씀을 버렸으므로 여호와께서 왕을 버려 이스라엘 왕이 되지 못하게 하셨음이니이다"(삼상 15:26)라고 합니다. 얼마나 충격적인 말입니까? 이런 말을 들었으니 사울왕은 하나님 앞에 엎드려 회개하며 용서를 구해야 하지 않습니까? 그런데 사울왕에게는 하나님께 회개하는 것보다 더 급한 일이 있었습니다. 그것은 바로 이스라엘 백성들에게 여전히 왕으로 인정받는 것이었습니다. 그래서 사울왕은 사무엘 선지자에게 하나님이 자신을 버렸다는 소리를 듣고서도 이렇게 말합니다.

사무엘상 15:30절 말씀입니다.

> "사울이 이르되 내가 범죄하였을지라도 이제 청하옵나니 내 백성의 장로들 앞과 이스라엘 앞에서 나를 높이사 나와 함께 돌아가서 내가 당신의 하나님 여호와께 경배하게 하소서 하더라"

지금 사울에게 중요한 것은 하나님의 인정이 아닙니다. 이스라엘 장로들과 백성들의 인정입니다. 그래서 설사 하나님이 자신을 버렸다 하더라도 사울왕은 사무엘 선지자와 함께 백성들 앞에서 하나님께 제사드리고자 했던 것입니다. 백성들 앞에서 자신이 얼마나 큰 승리를 거둔 왕인지 인정받고 싶었던 것입니다.

사울왕은 이스라엘의 왕으로 있었던 40년 동안 오직 이런 동기로 움직였습니다. 사람들에게 인정받고, 사람들에게 자신의 가치를 입증하고자 사울왕은 동분서주 뛰어다니며 분주하게 살았습니다.

우리가 어제 읽은 말씀에서 사울왕은 신접한 자를 찾아갑니다.

　　　　　　　　　　　　　　하나님의 어부바

왜냐하면 하나님이 더 이상 자신에게 아무런 말씀도 하지 않으셨기 때문입니다. 이번 블레셋과의 전쟁은 여러모로 이스라엘에 불리했습니다. 블레셋과의 전쟁을 앞두고 사울왕은 크게 두려웠습니다. 그래서 하나님께 물었지만 하나님은 아무런 말씀도 하지 않으셨습니다. 꿈으로도 말씀하지 않으셨고, 우림으로도 말씀하지 않으셨고, 선지자를 통해서도 말씀하지 않으셨습니다. 아말렉과의 전쟁 이후 하나님의 영은 이미 사울을 떠났습니다(삼상 16:14). 그래도 사울왕은 그 사실을 실감하지 못하고 있었습니다. 여호와의 영이 떠나셨다고 해서 특별히 달라진 것이 없었기 때문입니다. 자신은 여전히 이스라엘의 왕이었고, 자신에게는 여전히 이스라엘을 움직일 힘이 있었기 때문입니다. 그러니 하나님의 영이 떠나셨어도 아쉽지 않았고, 또 그 사실이 실감나지 않았던 것입니다. 그런데 블레셋과의 전쟁을 앞두고 하나님의 이름을 불렀지만 하나님은 사울왕에게 아무런 말씀도 하지 않으셨습니다. 그제서야 사울왕은 하나님이 자신을 떠났다는 사실을 실감했고 그것이 얼마나 두려운 일인지를 뼈저리게 느끼며 두려워했습니다. 그래도 사울왕은 이스라엘을 위해서 싸워야 했습니다. 그래서 사울왕은 신접한 자를 찾아갑니다. 그리고 사무엘의 영혼을 불러내고, 그에게 하나님의 말씀을 들으려고 합니다. 물론 이때 신접한 자가 불러낸 영혼은 사무엘이 아닙니다. 그것은 거짓의 영입니다. 아무튼 그날 사울은 자신과 아들들이 블레셋과의 전쟁에서 죽을 것이라는 소리를 듣습니다. 얼마나 두렵고 절망적인 소리입니까? 그런데 그래도 사울왕은 전쟁에 나가야 했습니다. 전쟁에 나가서 자신이 여전히 이스라엘의 왕이라는 사실을 백성들에게 입증해야 했습니다. 자신의 가치를 사람들에게 보여줘야 했습니다.

저는 이 부분을 읽으면서 사람에게 인정받기 위해 죽는 순간까지 동분서주 뛰어다니는 사울왕의 모습이 무척 안타깝게 다가왔고, 그 모습이 마치 우리의 모습을 보는 것 같아 깊은 연민의 마음이 들었습니다.

오늘 1부 예배에서 기도하신 집사님이 '허무하고 허탄한 것을 쫓아다니는 우리의 삶'에 대해서 기도했습니다. 저는 사울왕이 그런 것 같았습니다. 이스라엘의 왕으로 사람들에게 인정받는다는 것, 어쩌면 그것은 허무하고 허탄한 것일 수 있는데 그것을 위해 죽는 순간까지 동분서주 뛰어다녔던 사울왕의 모습이 너무 안됐다는 생각이 들었습니다. 이런 사울왕의 모습은 얼마나 잘못된 것입니까? 이스라엘의 왕으로서 사울에게 필요한 것은 사람들의 인정이 아닙니다. 하나님의 인정입니다. 하나님의 나라 이스라엘의 왕으로서 사울에게 요구되는 것은 사람들에게 인정받기 위해 밤낮없이 뛰어다니는 것이 아니라, 하나님의 말씀을 따르고 순종하면서 하나님으로부터 인정받는 것이었습니다. 그런데 이 일에 있어서 사울왕은 실패한 것입니다.

사랑하는 성도 여러분! 하나님의 영이 떠난 이스라엘의 왕, 하나님의 영이 떠난 사울왕의 모습이 어떤지 아십니까? 그는 여전히

하나님의 어부바

왕의 옷을 입고 있지만, 그는 블레셋과의 전쟁에서 세 아들과 함께 죽습니다. 블레셋 사람들은 사울왕과 그 아들들의 목을 모두 베었습니다. 그리고 그 몸을 벧산 성벽에 못 박았습니다. 이게 하나님이 떠나시는지도 모른채 사람들의 인정을 받으려 하고, 사람들에게 자신의 가치를 입증하기 위해 동분서주 뛰어다녔던 사울왕의 모습입니다.

저는 어제 사울왕에 대한 이야기를 마무리로 읽으면서 왜 갑자기 사울왕에 대한 연민이 생겼는지를 고민했습니다. 우리는 왜 사울왕에 대해 연민하는 것일까요? 우리는 왜 사울왕을 동정하는 것일까요? 왜냐하면 우리가 사울왕처럼 살고 있기 때문입니다.

사랑하는 성도 여러분! 여러분은 지금 무엇을 위해서 사십니까? 여러분은 지금 무엇을 위해서 동분서주하며 바쁘게 뛰어다니십니까? 우리도 세상에 우리의 가치를 입증하고, 사람들로부터 우리의 가치를 인정받기 위해서 그렇게 열심히 뛰어다니고 있는 것은 아닙니까? 자신의 가치를 입증하는 일이 너무나 중요해서 하나님 앞에 설 시간조차 없이 살고 있는 것은 아닙니까? 여러분이 마지막으로 하나님 앞에 간절하고 진지하게 기도한 때는 언제입니까? 여러분이 마지막으로 하나님의 세미한 음성을 듣고 그 말씀대로 따랐던 때는 언제입니까? 여러분이 마지막으로 하나님께 헌신하면서 하나님과 함께했던 때는 언제입니까? 우리는 사는 게 바쁘고 분주해서 하나님은 잊어버리고 있는 것 아닙니까? 하나님이 정말 여러분의 삶 속에 함께 하고 계십니까?

어제 길라잡이 영상에서 제가 이런 말을 했습니다. 제가 그대로 읽어보겠습니다.

"우리가 오늘 기도하지 않고, 오늘 하나님을 찾지 않고, 오늘 하나님을 예배하지 않는다고 해서 당장 우리들에게 어떤 일이 일어나는 것은 아닙니다. 우리의 믿음이 급격히 추락해서 우리가 갑자기 불신자가 되는 것도 아닙니다. 그러나 그런 시간들이 쌓이고 쌓이는 것은 문제가 있습니다. 그런 시간들이 쌓이다 보면 우리도 모르는 사이에 우리는 하나님과 관계없는 사람이 되어 있을 것입니다. 입술로는 매일 하나님을 부르지만 마음에는 하나님이 계시지 않아 공허한 삶을 살게 될 것입니다. 반대로 우리가 오늘도 기도하고, 오늘도 하나님을 찾고, 오늘도 하나님을 예배했다고 해서 우리 삶에 엄청난 일들이 일어나는 것은 아닙니다. 우리 믿음이 갑자기 대단해지는 것도 아닙니다. 그러나 우리가 그렇게 하나님과 함께하는 시간이 쌓이다 보면 우리는 우리도 모르는 사이에 '주가 우리 안에 계시고, 우리가 주 안에 있는 삶'을 살게 될 것입니다. 하나님은 우리에게 항상 말씀하실 것이고, 우리는 무엇을 어떻게 해야 할지 하나님 안에서 분별할 수 있게 될 것입니다. 그래서 우리가 매일 하나님과 함께 하는 것이 중요한 것입니다."

우리가 하루 이틀, 심지어 한 달 두 달 기도하지 않고 하나님을

하나님의 어부바

찾지 않아도 우리들에게 별다른 일이 일어나지 않습니다. 그래서 우리는 안심합니다. 기도하나 기도하지 않으나 사는 형편도 비슷합니다. 그러니 굳이 힘들여 기도하지 않습니다. 그런데 여러분! 그런 시간이 쌓이다 보면 어느 순간 우리가 하나님과 관계없는 자가 되어 있을 것입니다. 하나님이 우리를 떠나시는 것입니다. 그때에는 우리가 아무리 다급하게 하나님의 이름을 불러도 하나님이 응답하지 않으십니다. 꿈으로도, 우림으로도, 선지자를 통해서도 우리에게 아무런 말씀도 하지 않으십니다. 얼마나 참담한 모습입니까? 하나님께 구별된 성도들이 하나님과 관계없는 사람이 되는 것입니다. 매일 하나님을 전하며 설교하는 목사가 하나님과 관계없는 사람이 되는 것입니다. 사울왕이 그랬습니다.

사울은 하나님의 나라 이스라엘의 왕이었습니다. 그러나 그는 하나님과 관계없는 사람이었습니다. 사람들로부터는 인정을 받았을지 모릅니다. 그러나 하나님은 그를 외면하셨습니다.

여러분! 사울왕에게 필요한 것은 사람들에게 자신의 가치를 증명하는 것이 아닙니다. 하나님 앞에 자신이 얼마나 성실한 왕인지를 증명하는 것입니다. 이런 부분에 있어서 사울은 실패했고, 그래서 사울의 삶은 실패한 삶입니다. 우리가 사울을 연민할 수는 있지만, 그는 하나님 앞에 실패한 인생입니다. 그래서 더 안타깝습니다. 그리고 우리도 그와 똑같은 길을 가게 될까 두렵습니다.

오늘 빌립보서 1:27절 말씀을 읽었습니다.

"오직 너희는 그리스도의 복음에 합당하게 생활하라"

사도 바울은 빌립보교회 성도들을 향해 복음에 합당하게 생활하라고 합니다. 교회에는 안팎으로 대적하는 자들이 있고, 그들로 인한 여러 핍박이 있겠지만, 그래도 너희는 똘똘 뭉쳐서 복음에 합당하게 생활하라고 합니다. 여기서 '생활하라'는 말은 '시민으로 살라,' 혹은 '시민으로서의 의무를 다하라'는 것입니다.

빌립보 지방은 로마의 식민지였습니다. 특히 빌립보 지방에는 로마의 퇴역한 군인들이 많이 이주해서 살았고, 그래서 빌립보 지방에 사는 사람들 중 상당수가 로마의 시민권을 가지고 있었습니다. 당시 로마의 시민권을 가지고 있다는 것은 대단한 자부심이었습니다. 당시 로마 시민권자들에게는 많은 특권이 있었는데, 이들은 관리에 임명되거나 투표할 권리가 있었고, 고문이나 구금을 함부로 당하지 않을 수 있었습니다. 이 밖에도 고소와 항소 등 재판의 권리도 있었고, 각종 오락과 서커스를 무료로 관람하거나, 심지어 공짜로 빵을 배급 받을 수 있는 권리도 있었습니다. 그러나 로마 시민으로서의 자부심은 이런 권리를 누리는 것에 있지 않았습니다. 로마 시민으로서의 자부심은 자신들의 의무를 이행하는 데서 나왔습니다.

로마 시민권자들에게는 병역과 납세 등 각종 의무가 있었는데

하나님의 어부바

대부분의 로마 시민권자들은 이런 의무를 감당하는데 주저하지 않았습니다. 그들은 아주 당당하게 로마 시민으로서의 의무를 감당했습니다. 오늘날도 병역을 기피한다거나 세금을 포탈하는 행위는 파렴치범으로 지탄을 받지만, 당시 로마의 시민권자들도 로마 시민으로서 병역이나 납세 등의 의무를 기피하는 것을 더없는 수치로 여겼습니다.

시오노 나나미가 쓴 '로마인 이야기'라는 책이 있습니다. 그 책을 보면 로마인들을 '그리스인보다는 지식이 부족하고, 켈트족이나 게르만족보다는 체력이 부족하고, 에투루이안보다는 기술이 부족하고, 카르타고인보다는 경제력이 부족하다'고 소개합니다. 그렇게 부족한 로마 사람들이 세계를 지배할 수 있었던 것은 로마인들이 법과 제도를 지키는 원칙에 충실한 삶을 살았기 때문이라고 합니다.

당시 로마의 시민권자들은 로마 시민으로서 의무를 지키며 살아가는 것을 긍지로 여겼습니다. 그러니까 로마 시민권자들이 가진 자부심은 그들이 누리는 온갖 특권과 특혜에서 나오는 것이 아니라, 오직 로마의 시민권자들만이 지킬 수 있는 의무를 이행하는 데서 나오는 것이었던 것입니다.

빌립보 지방에 사는 로마의 시민권자들도 마찬가지였습니다. 빌립보 지방에 사는 로마의 시민권자들은 빌립보 지방에 살지만 로마의 시민으로 살았고, 빌립보 지방에 살지만 로마의 법과 의무를 지키면서 살았습니다. 그러니까 빌립보 지방에 사는 사람들은 빌립보에 살면서도 로마 시민으로서의 의무를 다하면서, 로마 시민으로서 자부심을 가지고 살아간 것입니다. 특히 빌립보 지방은 '트라케'라는 야만 민족과 접한 지역에 있었습니다. 그래서 빌립보인들은 로마의 시민권을 가진 자신들이 로마의 높은 문명을 미개한 야만인들에게 보여줘야 한다는 생각을 가지고 로마 시민으로서의 더 높은 도덕과 의무를 지키면서 살았습니다.

오늘 본문에서 사도 바울은 이런 빌립보 지방의 특성을 생각하면서 빌립보교회의 성도들을 향해 그리스도의 복음에 합당하게 생활하라고 한 것입니다. 왜냐하면 예수님을 그리스도로 믿는 모든 성도들은 비록 세상에서 살고 있지만 그들의 시민권은 하늘에 있는 사람들이기 때문입니다. 사도 바울은 빌립보서 3:20절에서 '우리의 시민권은 하늘에 있다'고 했습니다. 그게 무슨 말입니까? 우리가 비록 세상에 속해 살고 있지만 우리의 신분은 하나님 나라의 백성이고, 그러므로 우리는 하나님의 지배와 통치를 받으면서 하나님 나라 시민으로서의 의무를 다하면서 살아야 하는 사람들이라는 것입니다. 이 말은 우리가 어디에 사는지가 중요한 것이 아니라 우리가 어떤 사람인지가 중요하다는 것이고, 우리가 어떤 고난과 어려움을 겪으며 사는지가 중요한 것이 아니라 우리가 어떻게 하나님의 백성으로서 복음에 합당한 삶을 사느냐가 중요하다는 것입니다. 로마의 시민권자들이 긍지와 자부심을 가지고 로마 시민으로서의 의무를 수행하듯이, 하나님 나라의 시민인 성도들도 하나님 나라의 시민권자로서 긍지와 자부심을 가지고 복음에 합

하나님의 어부바

당한 삶을 살아야 한다는 것입니다. 이 말이 오늘 본문에서 '오직 너희는 그리스도의 복음에 합당하게 생활하라'는 말입니다.

특히 오늘 본문에는 '합당하게' 생활하라고 했는데 여기서 '합당하게'란 말은 보통 복장이나 옷차림에 사용되던 단어입니다. 모든 사람에게는 합당한 옷차림이 있고 그렇지 못한 옷차림이 있습니다. 젊은 사람에게는 젊은 사람에게 합당한 옷차림이 있고 나이 든 사람에게는 나이 든 사람에게 합당한 옷차림이 있습니다. 젊은 사람이 너무 노인처럼 입는 것도 좋아 보이지 않고, 노인이 너무 젊은 사람처럼 입는 것도 눈에 거슬립니다. 사람에게는 모두 자기에게 적당한 옷차림이 있는 것입니다. 군인은 군인으로 입어야 할 옷차림이 있고, 학생은 학생으로 입어야 할 옷차림이 있습니다. 그런 것처럼 하나님 나라의 백성들은 하나님 나라의 백성으로 합당하게 살라는 것입니다. 이게 빌립보교회를 향한 사도 바울의 권면이고, 오늘 우리를 향한 권면입니다.

말씀을 맺습니다. 사울왕은 열심히 살았습니다. 사울왕은 발바닥에 땀이 날 정도로 동분서주 뛰어다니며 살았습니다. 사울왕은 자신이 죽을 것을 알면서도 블레셋과의 전쟁을 피하지 않았습니다. 그러나 그의 삶은 합당하지 않았습니다. 하나님의 나라 이스라엘의 왕으로 합당하지 않았습니다. 그는 평생 사람들의 인정을 쫓고, 사람들에게 자신의 가치를 보여주고 싶어 하는 엉뚱한 옷을 입고 살았습니다. 그래서 그의 삶은 실패입니다.

사랑하는 성도 여러분! 오늘 우리는 합당한 삶을 살고 있습니까? 목사로서, 성도로서, 아버지로서, 어머니로서, 또는 자녀로서 우리는 어울리는 옷을 입은 것처럼 합당하게 살고 있습니까? 우리가 얼마나 대단한 열심과 열정을 가지고 사느냐보다 중요한 것이 있습니다. 그것은 하나님 안에서 사는 것입니다. 세상에서 조금 부족하더라도 하나님을 신뢰하며 하나님 말씀에 순종하며 사는 것입니다.

그러므로 사랑하는 성도 여러분! 발바닥에 땀이 날 정도로 뛰어다니기 전에 하나님 앞에 잠잠히 무릎을 꿇고 하나님의 말씀에 귀를 기울이십시오. 그리고 그 말씀을 붙잡고 사십시오. 주가 내 안에 내가 주 안에 거하는 삶, 그런 삶을 사는 것이 성공한 삶입니다.

✸ 적용질문

'그리스도의 복음에 합당하게 생활하라'는 말은 어떤 의미입니까? '우리의 시민권이 하늘에 있다'는 말은 또 어떤 의미입니까? 우리는 복음에 합당한 삶을 살고 있을까요? 혹시 사람에게 인정받기 위해 하나님을 멀리 한 적은 없습니까? 오늘 우리가 회복하고 돌이켜야 할 삶의 모습은 어떤 것이 있을까요?

오직 아내를 위해, 오직 남편을 위해

본문: 아가 7:1-9

✳

오늘은 5월 둘째 주일입니다. 5월에는 어린이날, 어버이날, 성년의날, 부부의날 등이 있습니다. 모두 가족과 관계된 기념일들입니다. 그래서 5월을 가정의달이라고 합니다. 가정은 하나님께서 사람에게 주신 최고의 선물입니다. 하나님은 아담과 하와를 부부가 되게 하셨고 그들을 통해 가인과 아벨과 셋과 같은 아들들을 주셨습니다. 가정은 사회를 이루는 최소한의 단위이고 부부는 그 가정을 형성하는 가장 기본적인 관계입니다. 그러니 사회는 부부 관계를 통해서 시작이 되는 것입니다. 부부가 없으면 가정도 없고 가정이 없으면 사회도 없는 것입니다. 그래서 부부관계는 중요합니다. 부부가 바로 서야 가정이 바로 설 수 있고, 가정이 건강해야 사회가 건강할 수 있습니다.

저는 지난 주간에 여러분과 함께 아가서를 읽으면서 은혜를 많이 받았습니다. 아가서를 읽으면서 부부관계가 얼마나 소중한지, 그리고 하나님과 우리의 관계가 얼마나 친밀한 것인지에 대해 아주 많은 생각을 했습니다.

아가서의 저자는 솔로몬왕입니다. 아가서 1:1절에서도 아가서는

'솔로몬의 아가'라고 분명하게 이야기하고 있습니다. '아가'라는 말은 '우아한 노래', '노래들 중의 노래', '가장 아름다운 노래'라는 뜻입니다. 이스라엘 공동체에서 아가서는 전통적으로 유월절에 낭독이 되었습니다. 그런데 아가서에는 '하나님'에 대한 직접적인 언급이 없습니다. 반면에 남녀 간의 성적인 묘사가 자주 나옵니다. 그래서 아가서를 성경으로 인정해야 하는지에 대한 논란이 많이 있었습니다. 그러나 아가서가 기술하는 남녀 간의 사랑은 사실 하나님과 이스라엘 간의 사랑, 또는 그리스도와 교회 간의 친밀한 사랑을 은유적으로 표현한 것입니다. 그래서 교회는 전통적으로 아가서를 성경 66권 중 한 권으로 인정하는 데 동의했고, 이스라엘 공동체는 유월절에 아가서를 낭독함으로 아가서의 성경적인 권위를 인정했습니다. 그리고 아가서를 통해 하나님과의 친밀한 사랑을 더욱 간절히 염원하는 전통을 지키고 있습니다.

우리는 아가서를 읽을 때 두 가지 관점을 가지고 읽을 수 있습니다.

첫째, 아가서 내용을 있는 그대로 받아들여 남녀 간의 사랑을 찬양하는 시로 이해하는 것입니다. 아가서는 두 남녀가 결혼하기 전, 결혼, 결혼 후라는 시간의 순서에 따라 전개됩니다. 그러므로 우리는 아가서를 읽으면서 남녀 간에 서로를 향한 열정과 충성, 신의, 이성교제, 결혼 등에 대한 지혜와 기준 등을 정할 수 있습니다. 하나님이 짝지어주신 남자와 여자가 얼마나 긴밀한 관계인지, 그럼에도 불구하고 그들에게 어떤 문제와 갈등이 있을 수 있는지, 그리고 그런 문제들을 어떻게 극복할 것인지에 대해 아가서는 우리에게 깊은 통찰을 줍니다.

둘째, 아가서의 두 주인공인 솔로몬과 술람미 여인의 관계를 하나님과 이스라엘, 또는 그리스도와 교회의 관계로 이해하고 읽는 것입니다. 두 남녀 간의 열정과 충성과 사랑과 긴밀함은 사실 하나님과 우리 사이에 있어야 할 것들입니다. 그리스도와 교회의 관계는 그렇듯 애틋하고 간절한 관계입니다. 그냥 술에 술 탄 듯 물에 물 탄 듯한 관계가 아닙니다. 이래도 그만이고 저래도 어쩔 수 없는 그런 소극적인 관계가 아닙니다. 하나님과 성도는, 그리고 그리스도와 교회는 서로를 갈망하며 애타게 그리워하고, 서로에게 대범하고 직설적으로 사랑을 나누는 그런 친밀한 관계입니다.

아가서에서 사랑하는 두 남녀가 서로의 사랑을 갈망하고, 서로의 아름다움을 칭송합니다. 둘 사이에 신분과 환경의 차이가 존재하지만 서로를 아끼고 사랑하는 마음에는 변함이 없습니다. 봄이 오는 동안 두 사람의 사랑도 무르익습니다. 남자는 여자에게 달려와 봄으로 물든 자연을 노래하며 초대합니다. 둘은 결혼 서약을 통해 사랑을 최종 확인 합니다. 결혼 후 첫날 밤 신부의 아름다움에 흠뻑 빠진 신랑은 신부의 아름다움을 노래하면서 하나 되고 싶은 마음을 표현합니다.

남녀 간의 사랑은 이렇게 아름답습니다. 부부는 이렇게 간절한 사랑을 아무런 제한 없이 나눌 수 있는 유일한 관계입니다. 그것이 하나님이 사랑하는 두 남녀에게 허락하신 축복이고, 무엇보다 둘이 한 몸을 이룬 부부에게 허락하신 은혜입니다. 그러나 그것이 전부가 아닙니다.

하나님도 우리를 그렇게 직설적으로 사랑하십니다. 그리고 우리의 사랑도 그렇게 받고 싶어 하십니다. 그런 의미에서 지금 우리 부부는 어떻게 사랑하며 살고 있는지, 혹시라도 부부간의 마음이 차갑게 식었다면 그 이유는 무엇인지 깊이 고민해야 합니다. 그리고 우리 속에 뜨거운 사랑의 마음을 회복해야 합니다. 그러나 부부관계가 달콤함만 있는 것은 아닙니다. 아무리 사랑하는 부부에게도 갈등이 있고 위기가 있습니다.

아가서의 두 주인공인 솔로몬과 술람미 여자 사이에도 갈등이 있었습니다. 늦은 밤 문을 두드리는 남편의 외침에 아내가 늦게 반응합니다. 그러는 사이 남편은 떠나가고 떠난 남편을 찾느라 아내는 예루살렘 거리를 헤맵니다. 아내는 예루살렘 여인들에게 남편의 용모를 소개하면서 남편을 찾을 수 있게 도와달라고 도움을 요청합니다. 너무도 애틋하게 사랑해서 결혼한 두 남녀에게 문제가 생긴 것입니다.

아내는 밤늦게까지 잠들지 못하고 남편을 기다렸습니다. 남편은 늦은 밤이 되어서야 밤이슬에 흠뻑 젖어서 집에 와서 문을 두드렸습니다. 남편은 아내에 대한 미안함에 친근하고 사랑스러운 애칭으로 아내를 불렀습니다. '나의 누이, 나의 사랑, 나의 비둘기, 나의 완전한 자야' 이것이 남편이 아내를 부르는 호칭이었습니다. 그러

하나님의 어부바

나 아내는 문을 열어줄 마음이 없습니다. 그렇게 얼마간의 시간이 흐르고 아내가 문을 열었지만 남편은 이미 떠나고 그 자리에 없습니다. 그제서야 아내는 남편을 찾아 나섰지만 찾을 수 없습니다. 남편과 아내에게 오해와 갈등이 있었고, 서로 손 내밀어 화해할 기회를 놓쳤습니다. 그러면서 갈등의 골은 점점 더 깊어졌습니다. 그러나 그런 갈등이 부부 관계를 끝내게 한 것은 아닙니다.

두 사람은 갈등하면서도 서로에 대한 믿음이 있었습니다. 아내는 남편의 부재를 염려하지 않습니다. 의심하지도 않습니다. 아내는 남편을 신뢰했습니다. 아내는 남편이 있을 곳을 알았고 그곳에서 남편이 어떤 일을 하고 있을지도 알았습니다. 남편도 아내의 모든 것이 여전히 아름다웠습니다. 아내의 눈과, 머릿결과, 이와, 붉은 볼이 너무 예뻐서 바로 볼 수 없을 정도였습니다. 그 자태가 새벽 별빛 같고, 저녁달 같고, 찬란한 해처럼 보였습니다. 남편은 사랑에 눈이 멀어 아내의 아름다운 모습만 보였습니다.

사실 아내는 자기 외모를 햇볕에 쐬어서 거무스름하다고 했습니다(아 1:6). 하루 종일 포도원에서 일하느라 햇볕에 그을렸기 때문입니다. 아내의 오빠들은 자기 여동생이 아직 유방이 다 커지지 않아서 성벽 같다고 했습니다(아 8:8-9). 그러니 아내는 글래머도 아닙니다. 이런 것이 아내에게는 외모 콤플렉스였습니다. 그러나 남편은 아내의 좋은 점만 보았습니다.

사랑하는 성도 여러분! 아가서의 남편과 아내는 하나님과 이스라엘, 또는 그리스도와 교회의 관계를 말한다고 했습니다. 그러니까 아가서의 남편과 아내는 사실 하나님과 성도들의 관계를 말하는 것입니다. 그런데 하나님이 우리의 아름다움에 눈이 멀었다고 하십니다. 우리는 사실 연약하고, 부족하고, 죄와 실수투성이인데, 하나님은 그런 우리를 보시며 '내 사랑아'라고 부르십니다(아 6:4). '너의 눈이 나를 놀라게 하고'(아 6:5), '너는 내게 아침 빛 같이 뚜렷하고, 달 같이 아름답고, 해 같이 맑고, 깃발을 세운 군대같이 당당하다'(아 6:10)고도 고백하십니다. 하나님이 성도인 우리를 향해 이렇게 고백하시는 것입니다.

여러분은 이런 모습이 상상이 가십니까? 여러분은 여러분의 남편이나 아내에게 이렇듯 로맨틱하고 이렇듯 열정적인 사랑의 고백을 받아본 적이 있으십니까? 저는 없습니다. 받아본 적도 없고 해본 적도 없습니다. 그런데 하나님이 우리를 향해 이렇게 고백하십니다. 하나님이 우리를 이렇게 사랑해 주신다는 것입니다. 우리에게는 많은 흠과 잘못이 있지만 하나님은 우리를 향한 사랑에 눈이 멀어서 우리의 연약함은 하나도 보지 않으시고 오직 우리의 아름다움만 봐 주시는 것입니다.

아가서 6:8절 말씀에 보니까 남편에게는 왕비가 육십 명이고 후궁이 팔십 명이었습니다. 그러나 남편의 눈에는 오직 한 사람만 보였습니다. 하나님도 오직 나 한 사람만 보십니다. 이 땅에는 수많은 사람들이 있지만 하나님은 그 많은 사람들 중에서 오직 나 한 사람을 지명하여 부르시고, 나 한 사람을 향해 사랑을 고백하시

하나님의 어부바

며, 나 한 사람을 구원하시고 돌봐 주십니다. 하나님은 다른 많은 사람이 아니라 오직 나 한 사람과 교제하며 사랑을 나누고 싶어 하십니다. 그것이 우리를 향하신 하나님의 마음이고 사랑입니다.

남편의 사랑을 받는 신부의 모습은 다른 사람이 보기에도 아름다웠습니다. 신부의 외모가 출중해서가 아니라 신랑의 사랑이 신부의 모습을 빛나게 했기 때문입니다. 사람들은 신부의 아름다운 모습에 온갖 찬사를 보냈습니다. 그러나 그 아름다움과 사랑은 오직 한 남자, 남편만이 독차지할 것입니다. 남편은 아내와 호흡을 맞대고 입술을 맞출 유일한 사람입니다. 아내의 유방은 포도송이 같고 콧김은 사과 냄새 같으며 입술은 포도주 같습니다(아 6:8-9). 그모든 것은 오직 한 남자, 남편을 위한 것이고, 남편만이 아내의 그 아름다움을 만끽하면서 독차지할 수 있습니다.

사랑하는 성도 여러분! 부부의 사랑은 오직 한 사람에게만 열려있을 때 아름답고 향기로운 것입니다. 부부의 사랑은 다른 누구와도 나누어 가질 수 없습니다. 부부 관계를 넘어선 성적 유희는 잠시 쾌락을 줄 수 있지만 그 모습은 아름답지 않습니다. 추하고 볼품없습니다. 그러므로 누구든지 남편과 아내 한 사람의 사랑으로 만족하지 못하고 여러 사람을 전전하는 것은 사랑이 아닙니다. 아내에게 만족하지 못하고 남편에게 만족하지 못한 채 성의 자유와 해방을 말하는 사람들은 하나님이 허락하신 고귀한 사랑의 가치를 허물어뜨리는 사람들입니다. 이런 사람들은 우리가 조심하고 멀리해야 할 사람들입니다. 이런 것으로 여러분을 유혹하는 사람이 있다면 그 사람은 여러분을 사랑하는 것이 아닙니다. 그저 탐하고 싶은 것입니다.

 말씀을 맺겠습니다. 남편의 사랑을 받은 아내는 사랑의 위대함을 노래합니다. 그 사랑은 모든 것을 집어삼키는 죽음보다 강하고, 그 사랑을 방해하는 세력에 대한 분노는 스올처럼 끝을 모를 만큼 강렬하다고 합니다(아 8:6-7). 아무도 그 사랑을 막을 수도 없고, 끊을 수도 없고, 잠재울 수도 없습니다. 이것이 우리가 하나님께 받은 사랑이고, 우리가 주님께 드려야 할 사랑입니다.
 지난 주간에 아가서를 읽으면서 우리는 두 가지 관점으로 아가서를 읽을 수 있다고 했습니다.
 첫째, 아가서 내용을 있는 그대로 받아들여 남녀 간의 사랑을 찬양하는 시로 이해하며 읽는 것입니다. 그렇다면 사랑하는 성도 여러분! 여러분의 남편과 아내를 깊이 사랑하십시오. 이해하고 배려하십시오. 부부간에 은밀한 사랑을 나누십시오. 부부 관계에도 위기가 오겠지만 사랑으로 극복하시고 더욱 성숙한 사랑을 완성하십시오. 그것이 우리가 아가서를 통해서 받는 첫 번째 교훈입니다.
 둘째, 아가서를 읽을 때 아가서의 두 주인공인 솔로몬과 술람미 여인의 관계를 하나님과 이스라엘, 또는 그리스도와 교회의 관계로 이해하고 읽는 것입니다. 다시 말해서 아가서의 두 주인공을 하

하나님의 어부바

나님과 우리의 관계로 알고 읽는 것입니다. 아가서의 신랑은 하나님이십니다. 그리고 신부는 우리들입니다. 하나님은 신랑으로 우리를 사랑하시며, 신랑으로서의 의무를 우리에게 다 하십니다. 그리고 우리에게 신부의 사랑과 의무를 요구하십니다. 사랑하는 성도 여러분! 신랑 되신 하나님을 사랑하십시오. 신랑 되신 하나님과 친밀하고 은밀한 관계를 이어가십시오. 그리고 신부로서의 의무를 다하십시오. 그것이 옳습니다. 이것이 우리가 아가서를 통해서 받는 두 번째 교훈입니다.

사랑은 아름다운 것입니다. 거꾸로 아름답지 않은 것은 사랑이 아닙니다. 부부간의 사랑은 아름답습니다. 그러나 다른 사람을 남편처럼, 아내처럼 여기는 것은 아름답지 않습니다. 그것은 사랑이 아닙니다. 불륜입니다. 하나님과도 그렇습니다. 우리가 하나님을 사랑하는 모습은 아름답습니다. 그러나 하나님을 향해야 할 마음이 다른 곳으로 향하는 것은 아름답지 않습니다. 그것은 영적인 불륜입니다.

사랑하는 성도 여러분! 우리 모두 아름다운 사랑을 합시다.

✖ **적용질문**

> 아름다운 사랑을 하고 있습니까? 혹시 아름답지 못한 사랑의 유혹을 받고 있지는 않습니까? 오직 한 명 아내에게 주어야 할 남편의 의무, 오직 한 명 남편에게만 주어야 할 아내의 의무에 성실하기 위해 오늘 나는 무엇을 할 수 있을까요?

만민이 기도하는 집

본문: 이사야 56:1-7

---　✳　---

오늘은 주일입니다. 오늘 우리는 최소한의 인원만 예배당에 모여서 예배를 드리고 있습니다. 다른 분들은 각자 있는 곳에서 온라인 예배를 드리고 있습니다. 대부분은 가정에서 예배를 드리고 있을 것입니다. 6월 말까지만 해도 코로나의 상황이 좋아지고 예배 환경이 나아질 것이라고 생각했습니다. 그런데 7월 들어 코로나 확진자가 급속히 늘었고 사회적 거리두기가 최고 단계인 4단계가 되었습니다. 그래서 오늘부터 두 주간은 예배 진행을 위한 최소한의 인원만 교회에 모여서 예배를 드립니다. 정부 당국의 발표로는 다음 주일까지 이런 기준이 적용되지만 코로나 확진자가 줄지 않는다면 오늘과 같은 기준이 언제까지 계속될지 알 수 없는 상황입니다. 참 안타까운 일이 아닐 수 없습니다. 이제 겨우 주일학교와 학생부 모임을 다시 시작했고, 주중 기도 모임도 시작했는데 다시 모임 자체가 제약을 받게 되어서 답답한 마음이 큽니다. 그래도 지금으로서는 어쩔 수 없습니다. 서로가 조심하면서 방역에 힘쓰고, 우리가 할 수 있는 최선의 방법으로 예배를 드리는 것이 지금으로서는 우리가 할 수 있는 최선입니다. 여러분 모두 힘내시고 비록 교회에 오지 못하더라도 각자 있는 곳에서 최선을 다해 예배에 참

하나님의 어부바

여해 주시기 바랍니다.

우리는 지난 주간까지 이사야서 말씀을 매일 읽었습니다. 총 66장까지 있는 이사야서는 크게 세 부분으로 나눌 수 있다고 했습니다. 첫째, 1장부터 39장까지인데 이 부분은 멸망하기 전의 이스라엘을 향해 하시는 말씀입니다. 둘째, 40장부터 55장까지인데 이 부분은 멸망해서 바벨론에 포로로 잡혀가는 이스라엘을 향해 하시는 말씀입니다. 셋째, 56장부터 66장까지인데 이 부분은 70년간의 포로 생활을 마치고 예루살렘으로 귀환하는 이스라엘을 향해 하시는 말씀입니다.

이스라엘은 망할 것입니다. 망해서 이방 나라에 포로로 잡혀갈 것입니다. 그러나 그것이 끝이 아닙니다. 이스라엘은 다시 예루살렘으로 돌아올 것입니다. 예루살렘에는 다시 하나님의 성전이 세워질 것이고, 무너진 성벽들도 재건될 것입니다.

이사야 선지자는 70년간의 포로 생활을 마치고 예루살렘으로 귀환하게 될 이스라엘에 대해 말하면서 하나님의 성전을 이야기합니다. 이사야 56:7절 말씀입니다. "내가 곧 그들을 나의 성산으로 인도하여 기도하는 내 집에서 그들을 기쁘게 할 것이며 그들의 번제와 희생을 나의 제단에서 기꺼이 받게 되리니 이는 내 집은 만민이 기도하는 집이라 일컬음이 될 것임이라" 이사야 선지자는 새로운 성전에 대해 말하면서 새로 지어진 성전은 만민이 기도하는 집이 될 것이라고 합니다.

이스라엘이 멸망하기 전에 지어진 성전은 솔로몬이 지은 성전입니다. 그래서 그 성전을 솔로몬 성전이라고 합니다. 솔로몬 성전은 유다가 바벨론에 멸망할 때 무너졌습니다. 그렇게 무너진 성전은 이스라엘이 예루살렘으로 귀환할 때 다시 지어집니다. 무너진 성전을 다시 지은 사람은 스룹바벨입니다. 그래서 그 성전을 스룹바벨 성전이라고 합니다. 솔로몬 성전은 이스라엘의 모든 국력이 동원되어서 지어진 성전입니다. 그래서 금으로 치장된 화려한 성전입니다. 그러나 스룹바벨 성전은 포로에서 막 돌아온 사람들이 지은 성전입니다. 그래서 솔로몬 성전에 비하면 화려하지 않았습니다. 뿐만 아니라 나중에 헤롯이 지은 성전에 비해서는 규모가 작았습니다. 그러니까 어떻게 보면 포로 귀환 후 지은 스룹바벨 성전은 가장 볼품없는 성전이었는지 모릅니다. 그러나 그 성전은 만민이 기도하는 집이 될 것입니다.

솔로몬의 성전은 유대인들을 중심으로 모여서 하나님께 제사 드리는 것이 주된 기능이었습니다. 그러나 스룹바벨 성전은 만민이 모여서 하나님께 기도하는 집이 될 것입니다. 구체적으로 이방인과 고자도 여호와의 성전에서 기도하게 될 것입니다. 오늘 본문으로 읽은 이사야 56:1-7절은 이렇게 말합니다. 새번역 성경으로 보겠습니다.

"주님께서 말씀하신다. '너희는 공평을 지키며 공의를 행하여라. 나의 구원이 가까이 왔고, 나의 의가 곧 나타날 것이다.' 공평을 지

하나님의 어부바

키고 공의를 철저히 지키는 사람은 복이 있다. 안식일을 지켜서 더럽히지 않는 사람, 그 어떤 악행에도 손을 대지 않는 사람은 복이 있다. 이방 사람이라도 주님께로 온 사람은 '주님께서 나를 당신의 백성과는 차별하신다' 하고 말하지 못하게 하여라. 고자라도 '나는 마른 장작에 지나지 않는다' 하고 말하지 못하게 하여라. 이러한 사람들에게 주님께서 이렇게 말씀하신다. '비록 고자라 하더라도, 나의 안식일을 지키고, 나를 기쁘게 하는 일을 하고, 나의 언약을 철저히 지키면, 그들의 이름이 나의 성전과 나의 성벽 안에서 영원히 기억되도록 하겠다. 아들딸을 두어서 이름을 남기는 것보다 더 낫게 하여 주겠다. 그들의 이름이 잊혀지지 않도록, 영원한 명성을 그들에게 주겠다.' 주님을 섬기려고 하는 이방 사람들은, 주님의 이름을 사랑하여 주님의 종이 되어라. '안식일을 지켜 더럽히지 않고, 나의 언약을 철저히 지키는 이방 사람들은, 내가 그들을 나의 거룩한 산으로 인도하여, 기도하는 내 집에서 기쁨을 누리게 하겠다. 또한 그들이 내 제단 위에 바친 번제물과 희생제물들을 내가 기꺼이 받을 것이니, 나의 집은 만민이 모여 기도하는 집이라고 불릴 것이다.'"

이 말씀은 유대인들만이 아니라 이방인들도 하나님의 백성이 될 것이라는 말씀입니다. 3절 말씀에 "이방 사람이라도 주님께로 온 사람은 '주님께서 나를 당신의 백성과는 차별하신다' 하고 말하지 못하게 하여라"고 합니다. 즉 이방 사람이 하나님의 성전에 와서 주님을 경배하고자 할 때 주님께서는 유대인과 이방인을 차별한다고 생각하지 않게 하라는 것입니다. 그러면서 이방 사람들을 하나님의 거룩한 산으로 인도하고 이방 사람들이 바치는 제물을 기쁘게 받으시겠다고 하십니다. 이방인들이 하나님의 성전에서 제사드리는 것을 막지 않으시고 성전에서 드리는 이방인들의 제사를 기쁘게 받으시겠다고도 하십니다. 그리고 하나님을 경외하는 이방인들의 이름을 하나님의 성전과 성벽 안에서 영원히 기억되게 하겠다고 하십니다.

고자들도 마찬가지입니다. 원래 고자들은 성전에 들어갈 수 없었습니다. 그러나 장차 고자들도 여호와의 성전에 나와 주님을 경배하고자 한다면 그들의 이름을 성전에서 기억되게 하고, 그들이 아들딸을 낳아서 이름을 남기는 것보다 더 영광스럽게 하겠다고 하십니다. 그러니 고자들도 스스로를 '나는 마른 장작에 지나지 않는다'고 하지 말라고 하십니다.

이렇게 하나님의 성전은 이방인과 고자들도 나와서 하나님께 기도하는 집, 만민이 기도하는 집이 될 것입니다. 이것이 하나님의 뜻입니다.

이사야 선지자가 이 말씀을 전할 당시 이스라엘은 망하지 않았습니다. 물론 예루살렘 성전도 무너지기 전입니다. 그러나 장차 이스라엘은 망할 것이고, 성전은 무너질 것입니다. 그러나 그것이 끝이 아닙니다. 하나님은 무너진 예루살렘을 다시 회복시키실 것이고, 무너진 성전도 다시 세우실 것입니다. 그리고 그 성전을 만민이 기도하는 집이 되게 하실 것입니다. 이것이 성전에 대한 이스라엘의 소망입니다.

사랑하는 성도 여러분! 여러분은 교회에 대한 어떤 소망이 있으십니까? 특히 코로나 이후 많은 교회들이 어려움을 당하고 있고 지난 코로나 기간에 폐쇄된 교회도 많다고 합니다. 앞으로의 전망도 그다지 좋지 않습니다. 많은 교회학자들은 아직 교회의 고난은 시작되지도 않았다고 합니다. 교회의 진짜 고난은 코로나 이후가 될 것이라고 합니다. 코로나 이후 교회는 지금보다 훨씬 더 심각한 위기에 처할 것이라고 합니다. 어쩌면 솔로몬 성전이 무너지듯이 우리 교회도 그렇게 무너질지 모릅니다. 그러나 사랑하는 성도 여러분! 설사 앞으로 교회가 어려움을 당하고, 심지어 무너지는 교회가 속출한다 해도, 하나님께서는 교회를 다시 회복시키실 것입니다. 그리고 우리 교회가 만민이 기도하는 교회가 되게 하실 것입니다.

교회에는 다시 만민들이 몰려와서 하나님께 기도할 것입니다. 그래서 교회는 만민이 기도하는 집이 될 것입니다. 우리가 꿈꾸는 교회는 그런 교회입니다. 만민이 기도하는 집인 교회입니다. 그냥 기도하는 집인 교회가 아니라, '만민이 기도하는 집인 교회'입니다.

'만민'에 이방인이 있고 고자가 있습니다. 좀 더 구체적으로 이 만민이라는 말 속에 가난한 자가 있고, 외국인 노동자가 있고, 병든 자가 있고, 실패한 인생이 있고, 독거노인이 있고, 미혼모가 있고, 어린아이가 있고, 노인이 있고, 고통당하는 자가 있고, 불의의 사고로 자식을 잃은 어머니가 있고, 온갖 문제로 차별받는 소수자가 있고, 그리고 무엇보다 죄인의 괴수 같은 저와 여러분이 있는 것입니다. 그런 모든 종류의 사람들이 모여 하나님께 기도하는 집, 그곳이 바로 교회가 될 것입니다.

교회는 만민이 기도하는 하나님의 집입니다. 교회는 누구나 문턱이 닳도록 드나들면서 기도하고, 위로받고, 도움을 받아야 할 하나님의 집입니다. 하나님 앞에서 유대인과 이방인이 차별이 없는 것 같이 교회에서는 어떤 차별도 있어서는 안 됩니다. 목사와 성도들의 차별이 없어야 하고, 어른과 아이의 차별이 없어야 하고, 헌금을 많이 하는 사람과 그렇지 못한 사람의 차별이 없어야 하고, 우리 집 아이와 남의 집 아이가 차별이 없어야 합니다. 우리 교회에는 아이들이 많이 있습니다. 여러분은 교회에서 아이들을 대할 때 더 예뻐하거나 덜 예뻐하는 아이가 있어서는 안 됩니다. 모두 똑같이 예뻐하면서 똑같이 대해줘야 합니다. 어느 아이에게 사탕을 하나 줬으면 다른 아이에게도 사탕을 주어야 합니다. 그래서 교회는 만민이 기도하는 하나님의 집이 되어야 합니다. 누구나 차별 없이 와서 하나님께 예배드리는 곳이 되어야 합니다. 만일 교회에 이런 모습은 없고 그저 소리 질러 기도하는 사람과, 눈물을 흘리며 찬양하는 사람과, 엄숙하게 예배드리는 사람과, 불을 토하며 설교하는 사람과, 아멘을 연발하며 그 설교를 듣는 사람과, 때로 거액의 돈을 헌금하는 사람만 가득하고, 그런 열정에 미치지 못하는 사람은 교회에서도 소외당하고 있다면 그 교회는 만민이 기도하는 집이 아니라 강도의 소굴이 되는 것입니다.

안타까운 일이지만 오늘날 교회에는 수많은 차별이 있습니다. 큰 교회와 작은 교회의 차별이 있고, 큰 교단과 작은 교단의 차별이 있습니다. 교회 안에서도 목사와 성도 간의 차별이 있고, 그 외에도 여러 차별이 있습니다. 이러한 차별이 교회의 문턱을 높이고, 교회를 만민이 기도하는 집이 아니라 강도의 소굴로 만드는 것입니다. 그러나 교회는 만민이 기도하는 집입니다. 하나님이 교회를 그렇게 이끌어 가실 것입니다. 지금은 코로나와 여러 가지 이유들로 교회가 어려움에 처해 있지만 하나님은 장차 교회를 만민이 기도하는 집으로 회복시키실 것입니다. 교회마다 서로 다른 사람들이 찾아와서 하나님께 기도하는 사람들이 가득하게 될 것입니다. 그래서 교회는 만민이 기도하는 집이 될 것입니다. 그것이 교회에 대한 우리의 소망입니다.

✳ 적용질문

> 우리 교회에서 더 적극적으로 이해하고 보듬어 주어야 할 만민은 어떤 사람들일까요? 우리는 그 사람들을 어떻게 차별 없이 대할 수 있을까요?

도둑의 소굴

본문: 예레미야 7:1-11

　✦

　지난 주일에 이사야 56:1-7절 말씀을 보면서 하나님의 성전은 '만민이 기도하는 집'이라는 말씀을 보았습니다. 지금까지 성전은 유대인이 하나님께 나와 제사드리는 곳이었습니다. 그러나 그 성전은 무너졌습니다. 이제 하나님은 성전을 다시 세우실 것입니다. 성전을 다시 세우는 일은 70년간의 포로 생활을 마치고 예루살렘으로 돌아온 이스라엘을 통해서 이루실 것입니다. 그렇게 다시 세워질 성전은 유대인들이 하나님께 나와서 제사드리는 기능을 넘어서 만민이 하나님 앞에 나와 기도하는 집이 될 것입니다. 새로 지어진 성전에는 그동안 성전에 들어올 수 없었던 이방인과 고자들도 들어와서 하나님께 기도하게 될 것입니다. 그래서 하나님의 성전은 만민이 기도하는 집이 될 것입니다. 그것이 성전에 대한 새로운 비전이고, 오늘 우리 교회가 코로나 이후를 준비하며 품어야 할 새로운 비전이라고 했습니다.

　그러나 이스라엘에게 있어서 성전은 그런 역할을 하지 못합니다. 하나님께 나와 온전히 제사드리는 역할도 하지 못하고, 만민이 하나님께 나와 기도하는 역할도 하지 못합니다. 오히려 이스라엘은 성전을 강도들의 소굴처럼 이용합니다. 요즘 매일 성경읽기로 예레미야서를 읽고 있습니다. 지난 금요일에 예레미야 7장부터 9장까지 말씀을 읽었는데, 예레미야 7:11절에서 하나님은 '이스라엘이 하나님의 성전을 도둑의 소굴로 만들었다'고 하십니다. 성전이 성전으로서의 역할을 하지 못하고 있는 것입니다.

오늘 본문으로 예레미야 7:1-11절 말씀을 읽었습니다. 이 말씀을 새번역 성경으로 다시 한 번 읽어보겠습니다.

"주님께서 예레미야에게 주님의 성전 문에 서서, 주님께 예배하려고 문으로 들어오는 모든 유다 사람에게 주님의 말씀을 큰 소리로 일러주라고 하셨다. "나 만군의 주 이스라엘의 하나님이 말한다. 너희의 모든 생활과 행실을 고쳐라. 그러면 내가 이곳에서 너희와 함께 머물러 살겠다. '이것이 주님의 성전이다, 주님의 성전이다, 주님의 성전이다' 하고 속이는 말을, 너희는 의지하지 말아라. 너희가, 모든 생활과 행실을 참으로 바르게 고치고, 참으로 이웃끼리 서로 정직하게 살면서, 나그네와 고아와 과부를 억압하지 않고, 이곳에서 죄 없는 사람을 살해하지 않고, 다른 신들을 섬겨 스스로 재앙을 불러들이지 않으면, 내가 너희 조상에게 영원무궁 하도록 준 이 땅, 바로 이곳에서 너희가 머물러 살도록 하겠다. 그런데도 너희는 지금 전혀 무익한 거짓말을 의지하고 있다. 너희는 모두 도둑질을 하고, 사람을 죽이고, 음행을 하고, 거짓으로 맹세를 하고, 바알에게 분향을 하고, 너희가 알지 못하는 다른 신들을 섬긴다. 너희는 이처럼 내가 미워하는 일만 저지르고서도, 내 이름으로 불리는 이 성전으로 들어와서, 내 앞에 서서 '우리는 안전하다' 하고 말한다. 너희는 그런 역겨운 모든 일들을 또 되풀이하고 싶어서 그렇게 말한다. 그래, 내 이름으로 불리는 이 성전이, 너희의 눈에는 도둑들이 숨는 곳으로 보이느냐? 여기에서 벌어진 온갖 악을 나도 똑똑히 다 보았다. 나 주의 말이다."

지난 길라잡이 영상에서도 말했지만 오늘 본문으로 읽은 말씀은 보통 '성전 설교'라 부르는 부분입니다. 유다 백성들이 여호와를 예배하기 위해서 성전 문 앞으로 모여듭니다. 그때 예레미야 선지자는 성문에 서서 단순히 절기를 지키며 드리는 예배는 참된 예배가 될 수 없다고 설교합니다. 예레미야는 성전에서 여호와를 예배하려는 자들에게 길과 행위를 바르게 하라고 합니다. 길이란 인생의 방향을 말하고, 행위란 인생의 방향으로 나아가는 과정을 말합니다. 그러니까 하나님은 자신에게 드리는 예배는 많은 예물과 종교적 의식만 중요한 것이 아니라 예배에 합당한 삶을 살아가는 것도 중요하다고 하시는 것입니다. 만일 이런 삶이 없이 형식만 갖추어 예배를 드린다면 그것은 거짓이라고 하십니다.

본문 4절 말씀대로 유다의 백성들은 성전 문에 모여서 "이곳은 여호와의 성전이라, 여호와의 성전이라, 여호와의 성전이라"고 했습니다. 그러나 하나님은 유다 백성들의 그런 말은 거짓이라고 하십니다. 하나님께서는 유다의 백성들을 향해 '너희가 길과 행위를 바르게 하여 이웃들 사이에서 정의를 행하며, 이방인과 고아와 과부를 압제하지 않으며, 무죄한 자의 피를 흘리지 아니하며, 다른 신들을 섬기지 않을 때'(7:5-7) 이곳이 비로소 성전이 되고, 너희의 예배가 참된 예배가 될 것이라고 하십니다. 이어서 하나님은 유다 백성들이 '도둑질하며 살인하며 간음하며 거짓 맹세하며 바알에게 분향하며 다른 신을 따르면서도 구원 받았다 하는 것은 가증한 일'이라고 하십니다(8-9절). 유다의 백성들이 이런 삶을 살면서도 여호와의 성전을 찾아 하나님을 예배하는 것은 하나님의 이름으로 일컬음을 받는 여호와의 성전을 도둑들이 숨는 소굴로 만드는 것이라고 하십니다. 그리고 이 말씀은 훗날 예수님께서 타락한 성전을 향해 인용하시는 말씀이 되기도 합니다.

사랑하는 성도 여러분! 우리가 하나님을 예배한다는 것은 단순히 종교 의식을 행한다는 것이 아닙니다. 우리가 하나님을 예배한다는 것은 예배의 삶을 산다는 것입니다. 하나님의 눈으로 세상을 보면서, 하나님의 마음으로 세상을 품고 산다는 것입니다. 그러니 우리는 일상을 살면서 하나님이 관심을 두시는 고와와 과부와 가난한자에게 함부로 할 수 없는 것입니다. 그리고 세상에서 불의한 일을 행하면서 살 수는 없는 것입니다. 그렇게 하나님이 원하시는 삶을 사는 것까지가 하나님께 드리는 예배인 것입니다. 그러나 이스라엘은 온갖 죄악을 저지르면서도 그저 이 성전 안에서 제사만 드리면 '안전하다, 안전하다'라고 스스로를 속였습니다. 그래서 하나님의 거룩한 성전이 도둑놈들이 숨는 곳으로 변질된 것입니다.

사랑하는 성도 여러분! 하나님의 성전은 만민이 모여서 기도하는 집입니다. 또한 하나님의 성전은 사람들로 하여금 모든 생활과 행실을 바르게 하고, 이웃끼리 정직하게 살면서, 나그네와 고아와 과부를 억압하지 않고, 죄 없는 사람을 살해하지 않고, 오직 하나님만 섬기라고 가르치는 곳입니다. 이런 삶을 살기 위해 제사도 드리는 것이고, 만민이 모여서 하나님께 기도도 하는 것입니다. 그리고 성전세를 내기도 하는 것입니다. 그런데 예레미야 당시의 이스라엘은 온갖 불법을 저지르고, 악행을 일삼고, 우상을 섬기면서, 자기들의 그런 죄의 책임과 심판을 면하는 수단으로 성전을 이용하고 있었던 것입니다. 이것이 예레미야 선지자 당시 성전과 이스라엘의 수준이었습니다.

여러분은 왜 교회에 나오십니까? 여러분 중에 혹시 잘 먹고 잘 살기 위해서 교회에 나오고, 사회적으로 높은 지위에 올라 떵떵거리며 살기 위해 교회에 나오는 분은 없으십니까? 여러분 중에 혹시 사회적으로 그렇게 출세하고 성공해서 떵떵거리기 위해 철야를 하고, 금식을 하고, 새벽기도를 하고, 상당한 헌금을 교회에 내는 분은 없으십니까? 그렇다면 우리는 예레미야 선지자의 선포를 더욱 귀 기울여 들어야 합니다. 그리고 오늘날 교회와 성도들은 예레미야 선지자가 선포한 대로 모든 생활과 행실을 바르게 고치고, 이웃끼리 서로 정직하게 살면서, 나그네와 고아와 과부를 압제하지 않고, 죄 없는 자를 죽음에 몰아넣지 않으며, 돈을 섬기지 않고, 오직 하나님만 섬기는 삶을 살아야 합니다. 사실 우리는 그렇게 살기 위해 교회에 나오는 것이고, 그렇게 살기 위해 기도를 하고, 헌금을 드리는 것이고, 그렇게 살기 위해 하나님께 예배를 드리는 것입니다. 그러므로 우리는 교회에 나와 하나님께 예배드리는 만큼 이웃끼리 서로 더 정직하게 살아야 합니다. 장사하는 사람들은 저울을 속이지 말아야 합니다. 죄 없는 사람을 억울하게 몰아붙이지 말아야 합니다. 그러면서 우리보다 약한 사람들을 돌봐 주어야 합니다. 교우들 중에 물질적으로 힘든 사람이 있으면 여러분의 주머니를 열어서 물질로 그들을 도와야 합니다. 교우들 중에 몸이 불편한 분이 있으면 그분을 찾아가 여러분의 몸으로 도와야 하고, 정신적으로 고통당하는 분이 있으면 그들을 찾아가 위로해야 합니다. 우리들 주변에 사회적으로 약한 자가 있으면 교회는 그들의 힘이 되어 주어야 합니다. 외국인 노동자들과, 독거노인과, 미혼모와, 장애인들을 멀리 하지 말아야 합니다. 성도들은 이런 분들을 위해 헌금을 해야 하고, 교회는 이런 분들을 보살피는 일에 헌금을 사용해야 합니다. 그러면서 교회는 만민이 기도하는 집이 되어야 합니다.

교회가 만민이 기도하는 집이 되지 못하면 결국에는 도둑들의 소굴이 되고 말 것입니다.

오늘 우리가 하나님께 예배하는 마음으로 돌봐주어야 할 사람은 누가 있을까요? 오늘 우리가 하나님께 헌금을 드리는 마음으로 우리의 돈을 써야 할 곳은 어디일까요?

심령이 가난한 자

본문: 마태복음 5:3

마태복음 5장, 6장, 7장은 산상수훈이라고 합니다. 예수님께서 산에서 가르치신 말씀이라는 의미입니다. 이중 5:3-12절까지는 예수님의 산상수훈 중 첫 번째 가르침인데 우리가 흔히 팔복이라고 이해하는 부분입니다.

예수님께서 여덟 가지 복에 대해 말씀하셨습니다. 구체적으로는 심령이 가난한 자의 복, 애통하는 자의 복, 온유한 자의 복, 의에 주리고 목마른 자의 복, 긍휼히 여기는 자의 복, 마음이 청결한 자의 복, 화평케 하는 자의 복, 의를 위하여 박해를 받은 자의 복입니다. 그런데 이상 팔복은 복을 얻는 조건, 혹은 복을 얻는 방법이라기보다는 복 있는 사람들의 상태를 말하고 있습니다. 다시 말해서 심령이 가난하면 복을 받는다는 의미가 아니라 복 있는 사람은 심령이 가난하다는 의미이고, 애통하는 사람은 복이 있다는 것이 아니라 복이 있는 사람은 애통한다는 의미입니다. 또한 산상수훈의 팔복은 큰 부자가 되는 복을 말하는 것이 아니라 예수님의 성품을 닮아가게 되는 복을 말하는 것입니다. 그러니까 복은 출세하는 것이 아니라 예수님을 닮는 것이라는 것입니다.

사실 우리가 예수님을 믿는다는 것은 예수님 믿고 구원 받아 천국에 가자는 것이 전부가 아닙니다. 우리가 예수님을 믿는다는 것은 우리가 발붙이고 사는 이 땅에서도 예수님처럼 살아가자는 것입니다. 예수님은 지금 그것을 말씀하고 계신 것입니다. 오늘은 그중에서 심령이 가난한 자에 대해 말씀을 나누겠습니다.

미국의 유명한 심리학 전문지인 『사이콜로지 투데이』에서 행복에 관한 주제로 사람들을 설문조사 한 적이 있습니다. 그 설문의 결과를 보면 행복과 돈은 별 관계가 없습니다. 보통 경제적으로 압박을 받는 사람은 돈만 있으면 행복해질 것이라고 생각합니다. 자신들이 불행한 것은 돈이 없기 때문이라고 생각하는 것입니다. 그러나 설문 결과를 보면 꼭 그런 것은 아닙니다. 뉴스에도 가끔 나오지만 복권에 당첨된 후 오히려 불행한 삶을 살아가는 사람들이 많습니다. 복권에 당첨되는 순간 불행 끝 행복 시작인 줄 알았는데 복권에 당첨되어 많은 돈을 가지게 되면서 오히려 불행해진 사람이 많다는 것입니다. 그러니까 돈이 행복을 가져다주는 것은 아닙니다. 돈이 많다고 행복한 것도 아니고, 돈이 없다고 불행한 것도 아닙니다.

런던정치경제대학의 로버트 우스터 교수가 재미있는 연구 결과를 발표했습니다. 선진국과 후진국의 경우를 각각 연구해서 발표했는데 선진국의 경우는 물질적 포만도가 일정 수준을 지나면 소득 상승이 더 이상 행복에 영향을 주지 않는다고 합니다. 예를 들어 50평짜리 아파트에 사는 부자가 어느 날 70평 아파트로 이사를 가

하나님의 어부바

게 되면 이사 후 며칠 동안은 기분이 좋지만 그것 때문에 더 행복해지지는 않는다는 것입니다. 50평 아파트에 살건 70평 아파트에 살건 삶의 질이 크게 달라지지 않기 때문입니다. 그러나 가난한 나라 사람들의 경우는 그렇지 않다고 합니다. 가난한 나라 사람들은 소득이 조금만 늘고 생활이 나아져도 큰 행복을 느낀다고 합니다. 예를 들어 한 달에 20만 원을 벌어서 온 가족이 먹고 사는 가난한 사람은 한 달 수입이 10만 원만 늘어도 매우 행복해집니다. 부자에게 10만 원은 한 끼 식사비에 지나지 않지만 가난한 사람들에게 10만 원은 가족 모두를 행복하게 할 수 있는 의미 있는 돈이 되는 것입니다. 그래서 로버트 우스터 교수는 부자보다 가난한 사람이 행복하다는 결론을 내렸고, 로버트 우스터 교수의 이런 이론은 전 세계 54개국을 대상으로 실시한 행복도 조사에서 가난한 나라 사람들의 행복지수가 잘사는 나라 사람들의 행복지수보다 월등히 높은 것으로도 증명이 됩니다.

사이콜로지 투데이의 설문이나 로버트 우스터 교수의 연구 결과는 모두 돈과 행복은 절대적인 관계가 아니라는 사실에 일치합니다.

오늘 본문에서도 예수님은 심령이 가난한 자는 복이 있다고 하셨습니다. 여기서 복이 있다는 말은 행복하다는 말과 같은 의미입니다. 그러니까 심령이 가난한 사람은 복이 있다는 말씀은 심령이 가난한 사람은 행복하다는 의미이기도 합니다. 그런데 심령이 가난한 사람이 왜 행복하고, 심령이 가난한 사람이 왜 복이 있는 것일까요? 도대체 가난하다는 것은 무슨 의미일까요? 오늘 본문에서는 심령이 가난한 사람이라고 했지만 누가복음 6:20절에서는 '너희 가난한 자는 복이 있나니'라고 했습니다. 그러니까 꼭 심령이 가난한 사람만이 아니라 삶 자체가 가난한 사람들이 복이 있고 행복하다는 것입니다. 왜 그럴까요?

보통 심령이 가난하다는 말은 몇 가지 의미로 해석이 됩니다. 먼저 심령이 가난하다는 것은 영적으로 너무나 가난해서 자기 공로라고 내세울 만한 것이 아무것도 없는 상태입니다. 또 심령이 가난하다는 것은 너무 가난해서 하나님 외에 피난처가 없는 상태를 말하기도 합니다. 또 심령이 가난하다는 것은 괴롭힘을 당해도 스스로를 구원할 힘이 없고, 그래서 오로지 하나님께서 구원해 주실 것을 기대하며 기다릴 수밖에 없는 상태를 말합니다. 특히 오늘 본문에서 가난이라고 번역된 헬라어 '프토코스'는 재물을 적당히 가지고 살면서 약간 아쉽다고 느끼는 정도의 가난이 아니라, 사람들에게 굽실거리면서 동냥을 하는 '거지'를 가리키는 말입니다. 예를 들어 부잣집 대문 밖에서 평생 구걸하면서 살다가 죽은 나사로와 같은 사람을 가리키는 말이 '프토코스'입니다. 그러니까 오늘 본문에서 말하는 가난은 일반적인 가난보다 훨씬 더 가난한 가난입니다.

한마디로 예수님께서 산상수훈에서 말씀하신 가난한 사람은 아무것도 가진 것이 없고, 그래서 하나님 앞에 철저히 낮아져서 오직 하나님만을 우러러보며 사는 사람을 말합니다. 이런 사람이 복 있

하나님의 어부바

는 사람이고, 천국은 이런 사람들의 것이라는 것입니다. 이 말을 달리 보면 하나님 말고도 의지할 것이 많은 사람은 가난한 사람이 아닙니다. 하나님 말고도 붙들고 싶은 것이 많은 사람도 가난한 사람이 아닙니다. 하나님 말고도 가진 것이 너무 많아 아쉬울 것이 없는 사람, 그래서 기댈 것이 많고 자랑할 것이 많은 사람은 가난한 사람이 아닙니다.

　가난하지 않은 사람은 하나님만 의지하지 않는 사람입니다. 이런 사람은 행복하지 않습니다.

　하나님 말고도 많은 것을 가진 사람은 자기가 가진 것 때문에 행복할 것 같은데 자기가 가진 것이 행복을 주지 않습니다. 세상은 돈으로 행복을 살 수 있다고 우리를 미혹합니다. 돈만 있으면 사랑도 살 수 있고 행복도 살 수 있다고 합니다. 오죽하면 사탄이 예수님을 시험한 것도 '네가 내 앞에 절을 하면 세상 모든 것을 너에게 주겠다'는 것이었겠습니까? 그래서 많은 사람들이 오직 돈을 모아 부자가 되기 위해서 살아갑니다. 돈을 벌기 위해 시간과 건강과 가족과 자기의 젊음까지 모두 포기합니다. 그리고 평생 돈의 노예가 돼서 살아갑니다. 그래서 상당한 양의 돈을 모으고 부자가 되기도 합니다. 그런데 부자가 되고 나서도 돈 때문에 행복한 순간보다 돈 때문에 고통스러운 순간이 더 많습니다.

　우리말에 '돈 버는 사람 따로 있고 쓰는 사람 따로 있다'는 말이 있습니다. 부모가 자기의 모든 삶을 바쳐 돈을 모아 놓으면 자녀들이 그 돈으로 방탕한 삶을 살아갑니다. 부모는 가난한 시절을 살면서 하나님께 나와 도움을 구했는데 자녀들은 자기 주머니에 가득한 부모님 돈을 믿고 하나님을 떠나버립니다. 그래서 부자가 된 부모는 평생 자녀들 걱정을 하면서 살아갑니다. 이런 사람이 행복한 삶을 산다고 말할 수 있겠습니까? 아무리 돈을 많이 모았다 해도 자녀들이 삐뚤어지고, 돈을 모으는 과정에서 가족도 포기하고 건강도 포기하고 보석처럼 반짝이는 자기의 젊음도 다 포기했는데 그 사람이 행복한 삶을 살았다고 할 수 있겠습니까? 그럴 수 없습니다. 그럼에도 불구하고 세상은 끊임없이 돈이 곧 행복이고 돈이 곧 복이라고 우리를 미혹합니다. 그러나 우리 주님께서는 가난한 사람에게 복이 있다고 하셨습니다. 가난한 사람이 행복하다고 하셨습니다. 가진 것이 아무것도 없어 하나님만 바라보고 하나님의 도우심만 기대며 사는 사람이 복되다고 하셨습니다. 그런 사람에게는 천국도 주겠다고 하셨습니다.

저는 개인적으로 마태복음 6:11절 말씀을 좋아합니다.

　　"오늘 우리에게 일용할 양식을 주시옵고"

주님께서는 우리에게 내일의 양식을 구하라고 하지 않으셨습니다. 내일 일은 내일 염려할 것이고 한 날의 괴로움은 그날로 족하다고 하셨습니다. 주님께서는 다만 일용할 양식, 하루치의 양식을 하나님께 구하라고 하셨습니다.

이스라엘이 출애굽하여 광야에서 지낼 때 하나님께서는 이스라엘에게 하루치의 만나만 내려 주셨습니다. 만일 사람들이 욕심이 나서 이틀치의 만나를 모아두면 만나가 썩어서 냄새가 나고 벌레가 생겼습니다. 그렇게 하나님은 이스라엘이 광야에서 지내는 40년 동안 단지 하루치의 양식으로만 살게 하셨습니다. 하나님께서는 이스라엘에게 단지 하루치의 양식을 주셨지만 이스라엘은 40년 내내 먹을 것이 부족하지 않았습니다.

어떨 때 사람들이 무엇을 먹는 것을 보면 참 미련할 때가 있습니다. 아침밥 잔뜩 먹고 배가 부른데 12시가 되면 또 점심을 먹습니다. 점심에 먹은 것이 소화가 되지도 않았는데 저녁이 되면 습관처럼 저녁밥을 먹습니다. 배가 불러도 계속해서 먹는 것은 사람 밖에는 없다고 합니다. 내일 먹을 양식을 냉장고에 가득 채워놓고 먹는 것도 사람 밖에는 없다고 합니다. 모든 동물들은 배가 부르면 더 이상 먹지 않습니다. 심지어 밀림의 왕 사자도 배가 부르면 더 이상 사냥을 하지 않습니다. 보통 동물들은 내일 양식을 저장해 놓지도 않습니다. 그날 사냥해서 그날 먹으면 그만입니다. 내일은 또 내일의 사냥을 하면 됩니다. 이게 일반적인 모습입니다. 그런데 오직 사람만이 아침을 먹으면서 점심을 걱정하고, 오늘 먹으면서 내일 양식을 준비합니다. 쌀통에 쌀이 반이나 남았어도 쌀이 다 떨어질까 걱정하는 것이 사람입니다. 그러니 행복할 수가 있겠습니까? 행복하지 않은 삶을 복이 있다 할 수 있겠습니까?

우리를 행복하지 못하게 하는 것은 물질이 결핍한 것이 아니라, 더 가지고 싶어 하는 욕심입니다. 욕심이 우리를 불행하게 합니다.

심령이 가난한 사람이 복 있는 사람입니다. 천국은 그런 사람들의 것입니다. 성경에서 고아와 과부와 세리와 창녀와 나그네들은 가난한 자들입니다. 왜냐하면 이들은 의지할 것이 아무것도 없는 사람들이기 때문입니다. 예수님께서는 그들에게 천국을 약속하셨습니다. 반면에 성경에서 바리새인과 사두개인과 제사장들은 힘 있는 사람들이고 부자들입니다. 그런데 예수님께서는 그들을 향해서 독사의 자식들이라고 하셨습니다. 하나님의 진노가 그 머리 위에 있다고도 하셨습니다.

오늘 말씀을 묵상하면서 몇 가지 적용을 하려고 합니다. 심령이 가난하다는 것은 오직 하나님만 붙잡고 의지한다는 것입니다.

누가복음 15:18-19절에서 탕자는 아버지를 생각하며 이렇게 기도합니다.

"내가 일어나 아버지께 가서 이르기를 아버지 내가 하늘과 아버지께 죄를 지었사오니 지금부터는 아버지의 아들이라 일컬음을 감당하지 못하겠나이다 나를 품꾼의 하나로 보소서 하리라 하고"

하나님의 어부바

탕자는 한때 의지하고 붙잡을 것이 많았지만 이제는 의지할 것이 아무것도 없습니다. 탕자가 가난해진 것입니다. 쓸 돈이 다 떨어져서 가난한 것이 아니라, 아버지 말고는 더 이상 의지할 곳이 없어서 가난해진 것입니다. 탕자가 가진 것이 많았을 때는 아버지를 떠났지만, 그가 가난하게 되어서는 아버지를 생각하고 아버지께 나왔습니다. 그래서 탕자는 가난한 것이 복이고, 가난해서 행복한 것입니다.

사랑하는 성도 여러분! 가난하게 삽시다. 돈이 없어 가난하자는 것이 아니라, 돈 말고 하나님만 붙잡고 의지하는 가난한 자가 되자는 것입니다.

사랑하는 성도 여러분! 열심히 일하시고 사업을 잘 하십시오. 그러나 그렇게 벌어드린 돈에 구원이 있는 것은 아닙니다. 돈은 우리가 의지할 신이 아니라 우리가 하루를 살아가는 데 필요한 양식에 불과합니다. 그러므로 돈 때문에 하나님을 멀리 하는 것은 어리석습니다. 그것은 복된 삶이 아닙니다. 그러므로 하나님 앞에 가난해지십시오. 돈이 아니라 하나님을 붙잡고 의지하십시오. 그러면 우리는 어떻게 할까요?

우리는 돈을 벌어들일 수도 있지만 이미 우리 손에 있는 돈을 흘려보낼 수도 있습니다. 여러분이 만일 돈을 의지하지 않고 하나님을 의지하고 있다면 이번 한 주 여러분의 돈을 주위로 흘려보내십시오. 여러분 주위의 어려운 사람들을 찾아가 여러분의 돈을 쓰십시오. 우리에게는 하루치의 양식만 있으면 됩니다. 내일 먹을 것은 하나님께서 내일 주실 것입니다. 그러므로 여러분 주위의 힘든 가족과 친척을 찾아보시고, 여러분 주위에서 혼자 사는 독거노인을 찾아보시고, 여러분 주위에 있는 소년소녀 가장들을 찾아가시고, 그들에게 쌀과 고기와 옷과 신발을 사다 주십시오. 만일 여러분이 직접 찾아볼 사람이 없다면 다음 예배에 구제헌금을 드려서 교회가 그 일을 할 수 있게 하십시오.

가난함을 문자로만 묵상하지 말고 이 말씀을 적용하고 살아가십시오. 이것이 이번 한 주 우리가 부딪히며 살아야 할 모습입니다.

✶ 적용질문

나는 부자입니까? 가난한 사람입니까? 왜 그렇게 생각합니까? 나는 오늘 내 손에 있는 것을 누구에게 어떻게 흘려보내겠습니까?

하나님의 어부바

하나님은 방관하지 않으십니다

본문: 시편 73:1-28

───────────────── ✦ ─────────────────

코로나 확산세가 심상치 않습니다. 코로나 감염자가 하루에 7천 명이 넘어서고 있습니다. 지난 금요일에는 코로나로 인한 하루 사망자가 80명이었습니다. 하루 사망자로는 역대 최고입니다. 사회적 거리두기에서 위드 코로나 체제로 전환한 이후 확진자 수가 계속 늘어나다가 오미크론 변이 바이러스가 유입된 이후에는 더 급속히 감염자와 사망자 수가 늘고 있습니다. 방역 당국에서는 지난 월요일에 부분적인 사회적 거리두기를 다시 실시했고 방역 패스제도 강화하고 있지만 아직까지는 별다른 효과가 나타나지 않고 있습니다.

지난 2년간 코로나19로 인한 어려움을 겪으면서 마음에 드는 생각은 '하나님이 과연 우리의 기도를 들으시는가' 하는 것입니다. 우리는 작년 1월에 우리나라에서 최초의 코로나 확진자가 나온 이후 거의 매일같이 이 문제를 위해 기도했습니다. 하나님께서 코로나의 확산을 막아주시고, 두려운 전염병에서 이 땅을 구원해 주시기를 위해서 기도했습니다. 더 이상 교회에서 감염자가 나오지 않기를 기도했고, 예배드리기 위해 교회에 모이는 일이 더 이상 방해받지 않게 해달라고 기도했습니다. 우리뿐만 아니라 한국의 모든 교회와 성도들이 같은 기도를 했을 것입니다. 그런데 아무리 기도를 해도 상황은 나아지지 않고 있습니다. 특히 이번 변종 바이러스인 오미크론은 최초의 유포자가 인천에 있는 한 대형 교회의 부목사 부부로 알려져 있습니다. 그러니 교회에 대한 비난과 악플은 걷잡을 수 없을 정도입니다. 코로나로 힘겨웠던 지난 2년 동안 교회의 신뢰도는 바닥을 쳤고 많은 사람들이 교회를 외면하고 있습니다. 우리가 거의 매일 기도를 하는데도 상황이 이러니 참 안타깝습니다.

오늘 본문으로 시편의 말씀을 읽었습니다. 시편은 총 150편까지 있는 아주 긴 성경입니다. 150편까지의 시편은 다섯 권으로 나눌 수 있습니다. 시편 1편부터 41편까지 1권, 42편부터 72편까지가 2권, 73편부터 89편까지가 3권, 90편부터 106편까지가 4권, 그리고 107편부터 마지막 150편까지 5권입니다. 그중 오늘 읽은 말씀은 시편 73편 말씀입니다. 시편 제3권을 시작하는 시편입니다.

시편 제3권은 거룩한 산 시온을 주제로 삼은 일련의 시들로 주로 하나님의 심판과 구원을 노래합니다. 물론 시편 제3권만 시온과 성소를 노래한 것은 아닙니다. 시편 제2권도 하나님의 성소를 많이 노래했습니다. 그런데 시편 제2권과 3권은 분위기가 조금 다릅니다. 시편 제2권이 이스라엘 왕조와 하나님의 성전을 이스라엘 신앙의 양축으로 삼아서 노래했다면, 시편 제3권은 이스라엘 왕조가 패망하고 예루살렘 성전이 무너진 뒤 성전을 향한 간구와 소망, 그리고 기대와 열정을 주로 노래합니다. 그러니까 시편 제2권은 예루

하나님의 어부바

살렘이 무너지기 전의 시온과 성소를 노래하고, 시편 제3권은 예루살렘이 무너진 이후의 시온과 성소를 노래하는 것입니다. 아무튼 시편 제3권의 주요한 배경은 하나님의 성전입니다.

시편 제3권은 이스라엘의 장대한 역사를 회고합니다. 천지창조에서 출애굽을 거쳐 예루살렘의 패망에 이르기까지 이스라엘의 흥망성쇠를 시로 노래합니다. 시편 제3권을 시작하는 73편과 74편은 이스라엘의 패망과 불의한 세상에 대한 울부짖음입니다. 시편의 저자인 아삽은 하나님은 왜 불의한 자가 이 땅에서 번성하도록 내버려 두시는지 하나님께 하소연 합니다. 아삽은 하나님께서 불의한 자의 형통함을 내버려 두시고 하나님 앞에 신실한 자가 망하는 것도 그냥 두고 보신다고 항변합니다.

시편 제3권 중 76편, 84편, 87편을 제외하고는 대부분 다윗왕조의 패망을 애도하는 내용을 배경으로 합니다. 다윗왕조의 패망은 '다윗의 위에서 왕위가 떠나지 않을 것'이라는 하나님의 언약이 깨어진 것으로 받아들여집니다. 그런 현실 앞에 시편의 저자는 엄청난 좌절과 슬픔을 느낍니다. 그 마음을 오늘 읽은 시편 73:1-3절은 이렇게 표현합니다. 시의 분위기를 더 살리기 위해서 제가 공동번역으로 읽어보겠습니다.

"하느님은 참으로 이스라엘에게 어지시고 주님은 마음이 깨끗한 사람을 축복하시거늘, 나는 미끄러져 거의 넘어질 뻔하였습니다.

어리석은 자들을 부러워하고 악한 자들이 잘 사는 것을 시샘한 탓이옵니다.”

이어서 시편 74:1절은 이렇게도 기록합니다.

“하느님, 어찌하여 끝까지 우리를 버리시며 어찌하여 당신 목장의 양떼에게 진노하십니까?”

아삽은 의인이 패망하고 악인이 형통한 세상사를 보면서 자신도 의인의 길에서 벗어날 뻔했다고 하는 것입니다.

시편 73편 4절 이하의 말씀에 보면 악한 자들이 부하게 살고, 편하게 살며, 심지어 죽을 때도 고통이 없습니다. 그들은 피둥피둥 살이 쪄서 거만하게 눈을 치켜뜨고, 언제나 남을 비웃고, 악의에 찬 말을 쏘아댑니다. 그러면서 입으로는 하나님을 비방하고 하나님의 백성을 홀립니다. 반면에 마음이 깨끗하며 무죄한 자들은 종일 재난을 당하며 아침마다 징벌을 받는 것 같습니다. 이로 인해서 시인은 고통스러워하고 있는 것입니다. 이런 시인의 고통은 마치 욥의 탄식과도 같습니다.

계속해서 시편 74편은 73편보다 더 애통합니다. 시편 74편에서 시인은 하나님의 왕국이 무너진 것에 마음 아파하고 하나님의 성전이 폐허가 된 것에 분노합니다. 그리고 하나님의 백성들이 나그네가 되어 조롱당하는 것에 크게 서러워합니다. 그래서 ‘옛적부터

나의 왕이셨던 하나님'께서 다시 한 번 창조의 때, 그리고 출애굽 때 하셨던 역사를 이루어 달라고 간청합니다. 가난한 자가 원통한 일을 당하고 있는 현실을 기억해 달라고 간구합니다. 그러면서 하나님을 향해 '일어나시라'고 부르짖습니다. '하느님, 언제까지 적군의 모욕을 참으시렵니까? 언제까지 원수들이 당신의 이름을 모독하리이까? … 일어나소서, 하느님, 옳으심을 밝히소서. 날마다 당신을 모독하는 미련한 자를 기억하소서. … 아우성 치는 당신 원수들을 잊지 마소서. 당신의 적대자들 그 우짖는 소리가 높아만 갑니다.(시 74:10, 22, 23, 공동번역).

마치 하나님이 역사의 방관자 같으십니다. 이스라엘의 멸망은 많은 사람들에게 그만큼 충격이었습니다. 하나님은 이스라엘을 세우시고 다윗에게 영원한 언약을 주셨습니다. 그런데 이스라엘이 망한 것입니다. 예루살렘은 무너졌고 하나님의 성전은 더럽혀졌습니다. 그럼에도 불구하고 하나님은 그 일을 보고만 계십니다.

이스라엘은 과연 이런 절망의 늪에서 헤어날 수 있을까요?

시편 77편과 78편에서 시인은 하나님이 과거에 이루셨던 놀라운 역사를 회고합니다. 그리고 하나님이 세우셨던 이스라엘이 왜 비탄한 처지에 빠지게 되었는지를 깨닫게 됩니다. 사실 이스라엘의 왕들은 공정하지 않았습니다. 그들은 가난하고 비천한 사람들에게 공의를 베풀지 않았고 그들을 돌보아 주지도 않았습니다. 그래서 하나님이 그들을 심판하신 것입니다. 이스라엘의 왕들을 심판하시고, 이스라엘을 심판하신 것입니다. 그러니까 '이스라엘은 선하고 다른 이들은 악한데 하나님이 왜 선한 이스라엘은 심판하시고 악한 자들은 형통하게 하시느냐'는 불만도 사실은 말이 되지 않는 것입니다. 하나님은 선한 이스라엘을 심판하신 것이 아니라 이스라엘의 악함을 심판하고 계시는 것이기 때문입니다.

일제 강점기에 조만식에 이어서 오산학교 교장을 지냈고 초기 한국 교회에도 영향력이 있었던 다석 유영모는 시편 73편을 읽으면서 "인생관이 다르면 시비가 다르다"고 풀이를 했습니다. 똑같은 상황에 대해 서로 시비가 다른 것은 그들의 인생관이 다르기 때문이라는 말입니다.

맛을 보며 사는 인생이 있고, 뜻을 쫓으며 사는 인생이 있다고 합니다. 보통 사람들은 뜻보다는 밥을 먹고 사는 것에 그칩니다. 그러나 인생에서 소중한 것은 맛보다는 뜻입니다. 사람은 먹는 것으로만 사는 것이 아니라 깨달음으로 사는 것이기 때문입니다. 맛을 쫓는 사람은 땅에 매인 사람입니다. 그러나 뜻을 쫓는 사람은 하늘에 속한 사람입니다.

그래서 아삽은 시편 73:23-24절에서 이렇게 고백합니다.

"그래도 나는 당신 곁을 떠나지 않아 당신께서 나의 오른손을 잡아 주셨사오니, 나를 타일러 이끌어 주시고 마침내 당신 영광으로 받아 들여 주소서."

계속해서 28절에서는 이렇게 말합니다.

> "하느님 곁에 있는 것이 나는 좋사오니, 이 몸 둘 곳 주님이시라,
> 하신 일들 낱낱이 전하리이다"

맛을 쫓아 사는 인생관으로 보면 이스라엘의 멸망은 절망이고 하나님의 직무유기입니다. 그러나 뜻을 쫓아 사는 인생관으로 보면 이스라엘이 멸망했어도 하나님은 여전히 선하고 옳으십니다. 이스라엘이 흥하게 하는 것도 하나님의 일이고, 이스라엘을 망하게 하는 것도 하나님의 일이기 때문입니다.

그래서 시편 73:1절과 같은 고백을 할 수 있는 것입니다.

> "하느님은 참으로 이스라엘에게 어지시고 주님은 마음이 깨끗한
> 사람을 축복하시거늘"

욥과 같이, 그리고 오늘 시편의 저자인 아삽과 같이 세상에는 우리가 이해할 수 없는 일들이 천지입니다. 하나님의 선하심을 의심하게 하는 일들도 많습니다. 당장 지난 2년간 코로나 상황이 계속되고 하나님께서 우리 기도에 귀를 닫으신 것도 그렇습니다. 우리

하나님은 방관하지 않으십니다

는 이런 상황들을 이해할 수 없습니다. 이런 일들 때문에 우리는 미끄러져 넘어질 것 같습니다. 그러나 이스라엘의 멸망은 하나님의 책임이 아니라 이스라엘의 책임입니다. 오히려 하나님은 이스라엘의 멸망까지도 합력해서 선하게 하실 것입니다. 그러므로 하나님은 선하시고, 옳으신 것입니다.

오늘 우리도 마찬가지입니다. 오늘 우리가 당하는 고난은 누구의 책임입니까? 우리의 책임 아닙니까? 오늘 교회를 향한 비난과 조롱은 누구의 책임입니까? 그것도 사실 교회와 성도들의 잘못이 많지 않습니까? 그러나 하나님은 오늘 우리가 당하는 고난도 합력해서 선하게 하실 것입니다. 하나님은 코로나 이후의 세계를 우리에게 열어주실 것이고, 다시 교회의 영광과 권위도 회복시켜 주실 것입니다. 왜냐하면 아무리 교회가 실수를 하고 욕을 먹어도 이 시대의 소망은 교회 안에 있기 때문입니다. 그러니 하나님이 교회를 시험하고 연단시키실 수는 있지만 교회를 무너뜨리실 수는 없는 것입니다. 그래서 하나님은 우리에게 항상 옳으시고 선하신 분인 것입니다.

사랑하는 성도 여러분! 살다 보면 하나님께 실망할 때가 많습니다. 하나님께 서운할 때도 있습니다. 심지어 하나님 때문에 시험에 들기도 합니다. 그러나 하나님은 항상 옳으십니다. 그러므로 여러분, 하나님을 신뢰하십시오. 하나님 앞에 정직하시고, 하나님의 선하신 회복을 기대하십시오. 하나님은 우리의 일에 방관자가 아니십니다. 하나님이 외면하셔서 오늘 우리에게 고난이 있는 것이 아닙니다.

✴ 적용질문

맛을 보며 사는 인생과 뜻을 보며 사는 인생은 어떤 차이가 있을까요? 코로나가 장기화되고 그로 인한 피해가 쌓여가는 것에는 어떤 뜻이 있을까요? 하나님은 코로나 시국도 합력하여 선하게 이끌어 가실 수 있을까요?

한 번에 되지 않습니다

본문: 창세기 15:1-21

---✦---

오늘이 벌써 1월 9일입니다. 2022년을 시작한 지 9일이 지났습니다. 9일이면 짧지 않은 시간입니다. 우리가 보통 작심삼일이라는 말을 하는데 그렇게 따지면 우리가 벌써 세 번은 작심하고 포기하기를 반복했을 시간을 보낸 것입니다. 여러분은 그동안 어떻게 지내셨습니까? 여러분은 지난 9일간 잘 지내셨습니까? 연초에 여러분이 다짐한 일들은 잘 지키고 있습니까?

저도 2022년도를 시작하면서 다짐한 일들이 있습니다. 주 5회이상 땀 흘리며 운동하기, 2주에 1회 이상 혼자만의 여행하기, 독서모임 만들기, 메타버스 공부하기, 기타 등등…. 저는 지금까지는 연초에 다짐한 일들을 그런대로 잘 지키고 있습니다. 주 5일 이상 땀 흘리며 운동하기는 매일 피트니스 센터에 가서 땀 흘리며 열심히 운동하고 있습니다. 2주에 1회 이상 혼자만의 여행 하기는 지금 제 차가 수리 중에 있어서 조금 불편한데 그래도 지난 금요일에 청라에 있는 청라어보에 가서 혼자 생선구이 먹고 왔습니다. 나름 혼자 즐기는 맛집 여행이었습니다. 생선구이는 제가 좋아하는 음식이고, 청라에 있는 청라어보는 생선을 화덕에 구워서 주는데 그게 제 입맛에는 맞습니다. 독서 모임은 아직 만들지 못 했지만 메

하나님의 어부바

타버스 공부는 열심히 하고 있습니다. 그동안 메타버스에 대한 신학적, 윤리적 판단에 대한 논문을 한 편 읽었고, 메타버스에 관한 책도 한 권 읽었습니다. 그리고 2시간짜리 메타버스 강의를 세 개 들었습니다. 이 외에 다른 계획들도 지금까지는 비교적 잘 지키고 있습니다.

우리가 연초에 무엇인가를 계획하고 다짐한다는 것은 본인 스스로와 약속하는 것이고, 또는 주변 사람들과 약속하는 것이고, 그 모든 것은 결국 하나님과 약속하는 것이기도 합니다. 그래서 우리가 계획하고 다짐한 일들을 성실하게 수행해 내는 것은 중요합니다. 바라기는 연초에 여러분이 세운 계획들을 연말까지 잘 실천하셔서 2022년 연말이 우리에게 더욱 풍성할 수 있기를 바랍니다.

오늘 본문으로 창세기 15장 말씀을 읽었습니다. 창세기 15장은 하나님께서 아브라함과 언약을 맺으시는 장면을 기록합니다. 어느 날 하나님께서 아브라함을 부르셨습니다. 그리고 아브라함을 고향과 친척과 아버지 집에서 떠나 하나님이 보여주신 땅에 머물게 하셨습니다. 하나님이 아브라함을 선택하신 것입니다. 하나님은 아브라함을 통해 이스라엘 나라를 세우고자 하셨습니다. 오늘 하나님은 아브라함 한 사람을 부르셨지만 장차 아브라함의 자손들이 나라를 세울 것입니다. 그 나라가 바로 하나님의 나라 이스라엘입니다. 그게 전부가 아닙니다. 하나님은 이스라엘을 제사장 나라로 세우셔서 장차 온 열방과 민족을 모두 구원해 내실 것입니다. 하나님이 아브라함을 부르시고 그와 언약을 맺으시는 일 속에는 바로 이런 일들이 모두 들어있는 것입니다. 그러니 하나님이 아브라함을 부르시고 그와 언약을 맺으시는 일은 얼마나 대단한 일입니까?

성경은 아브라함을 믿음의 사람이라고 합니다. 또는 순종의 사람이라고 하기도 합니다.
히브리서 11:8절에서도 아브라함에 대해 이렇게 기록했습니다.

"믿음으로 아브라함은 부르심을 받았을 때에 순종하여 장래의 유업으로 받을 땅에 나아갈 새 갈 바를 알지 못하고 나아갔으며"

이것이 아브라함에 대한 성경의 평가입니다.
아브라함은 믿음의 사람이고 순종의 사람입니다. 그러나 아브라함의 믿음과 순종은 어느 한 순간에 이루어진 것이 아닙니다. 아브라함의 믿음과 순종은 오랜 기간 실수와 실패를 반복하며 이루어진 것입니다. 사실 아브라함은 생각보다 실수가 많았던 사람입니다.
아브람은 가나안 땅에 흉년이 들었을 때 애굽으로 내려갔습니다. 그것은 하나님의 말씀을 거스르는 일이었습니다. 아브람은 애굽에서 부인 사래를 누이라고 소개했습니다. 그래야 자기가 살 것 같았기 때문입니다. 그것은 하나님을 신뢰하지 못하는 행동이었습니다. 아브람은 자기의 몸에서 태어난 자가 아니라 자기가 신뢰하던 종 엘리에셀을 상속자로 삼으려 했습니다. 나중에는 부인 사래가 아니라 사래의 여종인 하갈을 통해서 아들을 낳고 그를 상속자로 삼으려 했습니다. 그것은 하나님의 약속을 기다리지 못하는 행동이었습니다. 아브람은 아들을 주실 것이라는 하나님의 약속을 마냥 기다리고만 있을 수는 없었습니다.

아브람에게는 이런 실수가 많았습니다. 그러나 이런 실수에도 불구하고 하나님은 아브람을 버리지 않으셨습니다. 오히려 아브람과 끊임없이 소통하시면서 아브람의 길을 인도해 주셨습니다. 그리고 마침내 아브람을 믿음과 순종의 사람으로 만들어 놓으셨습니다.

사랑하는 성도 여러분! 믿음과 순종은 어느 한 순간에 이루어지는 것이 아닙니다. 믿음과 순종은 오랜 시간을 보내면서 실수하고, 넘어지고, 그렇게 연단 받고, 훈련하면서 아주 조금씩 만들어지는 것입니다. 아브라함의 믿음이 그렇게 만들어졌고, 성경에 나오는 모든 사람들의 믿음이 그렇게 만들어졌습니다. 그리고 우리들의 믿음도 그렇게 만들어지는 것입니다.

그러므로 사랑하는 성도 여러분! 오늘 여러분이 하나님 앞에서 넘어지고 실수했다 해서 너무 상심하지 마십시오. 오늘 하나님의 말씀을 어기고 넘어졌다면 그것을 발판으로 새로운 믿음과 순종을 연습하면 됩니다. 그러다보며 우리는 어제보다 나은 믿음의 사람이 될 것이고, 어제보다 더 많은 순종을 이루게 될 것입니다.

하나님은 아브람에게 아들을 주실 것을 약속하셨습니다. 그러나 아브람에게는 아주 오랫동안 아들이 생기지 않았습니다. 그러는 사이 아브람은 나이를 더 먹었고 부인인 사래는 자녀를 낳을 수 있는 기능을 점점 잃어갔습니다. 그러자 아브람이 스스로 대안을 만들었습니다. 사래의 여종인 하갈을 통해 아들을 낳은 것입니다. 이때 아브람의 나이는 이미 86세나 되었습니다. 그러니 아들을 낳기 위해서는 나이가 더 들기 전에 무엇이라도 했어야 했을 것입니다. 그러나 믿음은 우리들이 성급한 대안을 내놓은 것이 아니라 하나님의 시간과 방법을 기다리는 것입니다.

아브람이 내놓은 대안에는 많은 부작용이 따랐습니다. 하갈은 아브람을 통해 임신하자 사래를 멸시했습니다. 사래는 그런 하갈의 태도에 모욕감을 느끼고 하갈을 학대했습니다. 가정에 분란이 일기 시작한 것입니다. 하갈이 우여곡절 끝에 아들 이스마엘을 낳았지만 그는 아브라함이 사라를 통해서 낳은 아들 이삭과 갈등했습니다. 이복 형제간에 사이가 좋지 않았습니다. 그렇게 아브라함의 가정이 평안하지 않았습니다. 이때 하갈이 낳은 이스마엘의 후손들은 지금까지도 이스라엘과 대립하면서 교회를 위협합니다. 이스마엘의 후손들이 지금 이슬람의 주류입니다. 이런 모든 부작용은 하나님의 방법을 신뢰하며 하나님의 때를 기다리지 못하고 성급하게 자기의 방법대로 행동한 아브라함이 내놓은 대안의 결과들입니다.

사랑하는 성도 여러분! 하나님의 약속은 기다림으로 시작되고, 기다림으로 완성되는 것입니다. 우리의 성급한 대안은 오히려 하나

하나님의 어부바

님의 약속을 더욱 더디게 할 뿐입니다. 그러므로 우리는 하나님께 기도하고, 하나님의 응답을 기대하며, 하나님께서 이루실 일들을 기다리는 것입니다. 그것이 믿음인 것입니다.

하나님께서는 자신을 신뢰하지 못하는 아브람을 위해 눈에 보이는 계약을 다시 체결하십니다. 하나님이 아브람에게 삼 년 된 암소와 삼 년 된 암염소와 삼 년 된 숫양과 산비둘기와 집비둘기 새끼를 가져오게 하십니다. 그리고 그것들의 중간을 쪼개어 마주 대하여 놓습니다. 그 상태에서 하나님은 아브람에게 언약의 말씀을 다시 선포하시고 쪼개진 제물 사이를 지나가셨습니다. 이것은 고대의 일반적인 언약 방식입니다. 고대의 사람들은 누군가와 언약을 맺을 때 짐승을 반으로 쪼개고 언약을 맺는 두 사람이 그 사이를 지나갔습니다. 이는 자신들 중에 누군가가 언약을 지키지 않으면 쪼개진 짐승들처럼 자신들이 쪼개져도 마땅하다는 의미였습니다. 하나님께서 지금 아브람과 그런 언약을 맺고 계신 것입니다. 그런데 다른 점이 있습니다. 원래는 쪼개진 짐승 사이를 언약의 당사자인 두 사람이 함께 지나가는 것입니다. 그런데 하나님께서는 아브라함과 언약을 맺으시면서 쪼갠 짐승들 사이를 혼자 지나가셨습니다. 왜 그러셨을까요?

하나님의 언약은 사람의 수단과 방법이 아니라 하나님이 주도적으로 이루시는 것입니다. 지금 하나님은 아브라함에게 그 사실을 보여주시는 것입니다. 하나님이 아브라함에게 자손을 주겠다고 약속하셨습니다. 그러나 아브라함은 이미 아들을 낳을 기회를 잃어버렸습니다. 그럼에도 불구하고 하나님은 아브라함에게 아들을 주실 것입니다. 왜냐하면 아브라함의 상태와 상관없이 하나님은 당신의 약속을 주도적으로 이루실 것이기 때문입니다. 그래서 하나님은 아브람에게 아들을 주시기 전에 아브람의 이름을 아브라함이라 바꾸시고, 사래의 이름을 사라로 바꾸십니다. 그리고 아브라함과 모든 남자들에게 할례를 행하게 하십니다. 이 때 아브라함의 나이가 99세고 사라의 나이는 89세였습니다. 거기다 사라는 이미 생리가 끊어졌습니다. 어떤 면으로 보나 아브라함과 사라는 아들을 낳을 수 없습니다. 그런데 하나님은 그 상태에서 아브라함과 사라가 이삭을 낳게 하십니다. 그러므로 이삭은 아브라함과 사라가 실력으로 낳은 것이 아니라 하나님이 약속의 아들로 주신 것임을 분명하게 하시는 것입니다. 하나님은 엘리에셀도 아니고 이스마엘도 아니고 오직 이삭을 통해서 아브라함과의 언약을 이루시며 이스라엘 나라를 세우실 것입니다. 그것이 하나님이 약속을 이루시는 방법입니다.

　사랑하는 성도 여러분! 교회 나온 지 꽤 오래 되었는데도 여러분의 믿음이 잘 자라지 않는다고 너무 조급해하지 마십시오. 믿음의 삶을 잘 살아보려고 하는데 자주 넘어진다고 실망하지도 마십시오. 누구나 그렇습니다. 믿음의 조상이라는 아브라함도 그랬는데 우리는 오죽하겠습니까? 그러므로 조급해하지 말고 실망하지 마십시오. 다만 포기하지도 마십시오. 여러분이 어느 곳에서 걸려 넘어졌다면 포기하지 마시고 그곳에서 일어나 다시 시작하십시오. 믿음과 순종은 오랜 시간 그렇게 넘어지고 실수하며 만들어지는 것입니다. 또한 믿음과 순종은 우리의 힘과 열정이 아니라 하나님이 주도적으로 행하시며 만들어 가시는 것입니다. 그러면 우리는 무엇을 할까요? 우리는 다만 하나님의 방법을 믿고, 하나님의 시간을 기다리며, 우리가 해야 할 일을 포기하지 않고, 순종을 연습해 나가면 되는 것입니다. 그게 우리가 할 일입니다.

오늘 우리의 모습 속에는 장차 하나님께서 우리를 통해 이루실 일들과 우리 자녀들이 세워나갈 일들이 모두 들어있습니다. 그러므로 여러분, 매일 하나님 앞에 기도하면서, 하나님의 응답을 기대하면서, 하나님께서 이루실 일들을 기다리며 살아갑시다. 매일 30분 이상 하나님 앞에 기도하시고, 매일 성경을 읽고, 묵상하며, 공부하고, 암송하면서 필사해 봅시다. 그렇게 하나님의 뜻을 분별하고, 하나님의 뜻을 이루어 갑시다. 하나님께서 아브라함과 그 자손들을 통해 이스라엘을 이루셨던 것처럼, 하나님께서 오늘 우리와 우리 자녀들을 통해서도 크신 일들을 이루실 것입니다.

✱ 적용질문

서두르지 말고 하나님의 시간을 기다려야 할 일이 있습니까? 그게 어떤 일입니까?

네게브 신앙

본문: 창세기 26:1-4

───────────────✦───────────────

지난 금요일 새벽에 최○○ 장로님이 중환자실로 옮겼다는 문자를 받았습니다. 우리는 그동안 최○○ 장로님이 항암치료 과정을 잘 견디게 해 달라고 기도했습니다. 기침이 잦아들고 가래가 삭아 없어지게 해 달라고 기도했습니다. 그래서 건강함을 회복해 퇴원하고 우리 모두의 벧엘인 이곳 예배당에서 함께 하나님을 예배할 수 있게 해달라고 기도했습니다. 지난 한 달 내내 장로님이 많이 힘들어 했지만 그게 모두 회복되는 과정이라고 생각했습니다. 그런데 장로님의 상태는 한 달 내내 좋아지지 않았고 급기야 지난 금요일 새벽에 위급한 상황이 왔습니다. 오후 2시 경에는 장로님이 위독하니 가족들 모두 모이라는 연락이 병원에서 왔고 그래서 권사님과 자녀들이 모두 병원에 모였습니다. 저도 부랴부랴 병원으로 갔습니다. 그 사이에 장로님은 심정지가 왔었다고 합니다. 의사들의 수고로 15분여 만에 다시 심장이 뛰었지만 상태는 여전히 좋지 않았습니다. 의사 한 분이 나와서 장로님의 상태를 설명하는데 그의 말에는 장로님에 대한 어떤 희망도 없었습니다. 장로님을 위해 가족들이 할 수 있는 일도 없었습니다. 가족들이 할 수 있는 일이라고는 잠깐이라도 생명을 연명하는 처치를 받을지 말지를 결정하는

하나님의 어부바

것 밖에는 없었습니다.

중환자실 앞에서 장로님 가족과 함께 기도를 했는데 그때 우리가 할 수 있는 기도는 두 가지였습니다. 첫째는 진행되는 모든 상황들을 담담히 받아들이게 해 달라는 것이고, 둘째는 마지막 순간까지 살려달라는 기도를 계속해서 하는 것이었습니다. 우리는 두 번째 기도를 했습니다.

그날 밤에 제가 교회에서 기도를 하는데 집사님 한 분이 문자를 주셨습니다. 장로님을 위해 어떻게 기도해야 할지 모르겠다는 문자였습니다. 제가 그 집사님에게 저는 하나님께 장로님을 살려달라고 기도한다고 답글을 보냈습니다. 의사들은 포기했지만 저는 장로님을 살려달라고 기도했습니다. 우리가 그렇게 기도한 것은 조금이라도 더 살고 싶어 생명에 연연한 것이 아니라, 마지막 호흡이 멈추는 순간까지 우리의 생명은 하나님의 것이고, 그러므로 우리는 우리 생명의 주인이신 하나님께 우리의 생명을 맡긴다는 신앙의 고백을 드리는 것이었습니다. 아무튼 병원에서도 교회에서도 저는 그렇게 기도했습니다. 기도하면서 하나님이 기적을 일으켜 주시면 좋겠다는 생각을 많이 했습니다.

밤 12시쯤에 고○○ 권사님이 병원에서 오라고 한다며 전화를 주셨습니다. 저도 병원으로 가려 했는데 권사님이 오지 말라고 했습니다. 일이 진행되는 대로 연락을 주겠다고 했습니다. 그리고 새벽 3시가 조금 넘은 시간에 장로님이 돌아가셨다는 연락을 받았습니다. 그 순간 참 허무했습니다. 우리 교우들이 장로님의 회복을 위해서 기도를 정말 많이 했습니다. 특히 지난 금요일 밤부터 새벽까지 많은 분들이 깨어서 기도했습니다. 지금까지 우리 교회에 암 환자가 많이 있었지만 그것 때문에 잘못 된 사람은 한 사람도 없었습니다. 당연히 최○○ 장로님도 너끈히 일어서실 것이라고 생각했습니다. 그런데 최○○ 장로님은 끝내 일어서지 못했고 어제 새벽에 돌아가셨습니다. 저는 그 사실이 참 안타깝고, 교우들도 저와 같은 마음으로 많이 울었습니다.

어제 집사님 몇 분과 찬양팀 학생들이 같이 조문을 갔는데 우리 집사님들은 고○○ 권사님을 안고 울었고, 학생들은 같은 찬양팀 멤버인 ○○이를 끌어안고 울었습니다. 우리가 위로하러 갔는데 오히려 장로님 가족들이 우리를 위로해 주었습니다.

우리가 그동안 정말이지 마음을 다해서 기도했는데 이게 뭔가 싶습니다. 우리는 하나님이 하시는 일을 다 알지 못합니다. 하나님께서 왜 장로님을 그렇게 빨리 데려가셨는지 우리는 그 뜻을 알 수 없습니다. 그래서 때로는 하나님이 원망스럽기도 하고 하나님께 화가 나기도 합니다. 그러나 그래도 하나님이 옳으십니다. 하나님의 생각은 우리보다 선하시고, 하나님이 하시는 일은 항상 우리보다 옳으십니다. 그래서 우리는 하나님이 하시는 일을 받아들이고 하나님의 말씀에 순종합니다. 그렇게 함으로 하나님이 우리의 왕이시고 우리는 그분의 백성들임을 고백합니다.

하나님의 어부바

아브라함이 죽고 그의 아들들인 이삭과 이스마엘이 막벨라 굴에 아브라함을 장사지냈습니다. 막벨라 굴은 아브라함이 사라를 장사 지내기 위해 헷 족속 에브론에게서 산 땅입니다.

이삭은 아버지 아브라함을 장사지내고 브엘라헤로이 근처에서 거주했습니다. 브엘라헤로이는 네게브 지역에 속한 땅입니다. 성경에 보면 아브라함과 이삭과 야곱은 네게브 지역에서 제일 많은 시간을 보냈습니다. 그들은 네게브 지역에서 하나님의 인도하심을 받았고, 그곳에서 하나님의 사람으로 훈련을 받았습니다.

네게브는 유다 산지와 광야 사이에 있는 지역입니다. 이곳은 흔히 남방 지역이라고도 불립니다. 네게브는 사막과 맞닿은 곳으로 사막 기후의 특징을 많이 보이는 지역입니다. 이곳의 연평균 강수량은 200~300㎜ 정도입니다. 그나마 언제, 어느 정도의 비가 올지 예측할 수 없습니다. 10월에서 3월이 이 지역의 우기인데 이때 비가 많이 오면 풍년이 들고 그렇지 않으면 흉년이 듭니다. 또 이때 비가 많이 오면 가축에게 먹일 풀이 있는 것이고 그렇지 않으면 가축에게 먹일 풀조차 구할 수 없습니다. 중동 지역은 한 번 비가 오면 다음 해에도 계속해서 비가 오고 그래서 몇 년간 풍년이 듭니다. 그러나 한 번 비가 오지 않으면 계속해서 가물게 되고 몇 년간 흉년이 계속됩니다. 그래서 이 지역에 사는 사람들은 1차 흉년이 들었을 때 빨리 그곳을 떠나야 합니다. 그러지 않으면 2~3년간 계속되는 흉년에 심각한 위협을 당할 수 있습니다. 특히 양들은 물 있는 곳으로 옮기기를 조금만 지체해도 모두 죽습니다. 그러니 그렇게 흉년이 지속되기 전에 그 지역을 벗어나야 합니다. 그게 네게브 지역에 사는 사람들의 상식입니다. 만일 그렇게 하지 않으면 당장 먹고 살길이 막막한 것은 기본이고 그나마 좋은 땅을 차지하기 위한 싸움과 전쟁에 휩쓸려 죽을 수도 있습니다. 네게브는 그런 지역입니다.

이삭이 네게브 지역 브엘라헤로이에 있을 때 그 지역에 흉년이 들었습니다. 제때에 비가 오지 않은 것입니다. 그래서 이삭은 그랄로 갔습니다. 그랄은 블레셋에 속한 지역으로 네게브 지역의 서쪽 끝입니다. 이곳에서 해안로를 따라 남쪽으로 내려가면 애굽입니다. 그러니까 흉년을 만난 이삭이 그랄로 간 것은 그곳에서 애굽으로 가기 위한 것이었을 것입니다. 그게 보통 사람들이 내리는 상식적인 결정입니다. 그런데 하나님께서 이삭에게 나타나셔서 '애굽으로 내려가지 말라'고 하십니다. 그리고 '내가 지시하는 땅에 거주하라'고 하십니다. 그러면 '내가 너와 함께하고, 네게 복을 주고, 이 모든 땅을 너와 네 자손에게 주고, 내가 네 아버지 아브라함과 맹세한 것을 이루겠다'고 하십니다. 이상이 오늘 우리가 읽은 본문 말씀입니다.

이제 이삭은 선택해야 합니다. 눈에 보이는 어려움을 피해 잠시 애굽으로 갈 것인지, 아니면 어려움을 감수하고서라도 하나님 말씀대로 그랄에 머물러야 할지 이삭은 선택해야 합니다.

하나님의 어부바

여러분이라면 이런 상황에서 어떻게 하시겠습니까? 흉년으로 인한 극심한 피해는 눈에 보이는 현실입니다. 당시 대부분의 사람이 흉년을 피해 애굽이든 다른 어디로든 떠났습니다. 그게 이상할 게 하나도 없습니다. 그러나 하나님의 말씀은 조금 억지스럽습니다. 앞으로 흉년이 2년이 계속될지 3년이 계속될지 모르는 상황인데 언제까지 그곳에 머물라는 것입니까? 그동안 자기와 가족들은 무엇을 먹고 양과 염소는 또 무엇을 먹습니까? 이런 상황에서 여러분이라면 어떻게 하시겠습니까?

이삭은 하나님 말씀대로 그랄에 머물렀습니다. 그리고 그 해에 농사한 것의 백배를 얻었습니다. 그곳에서 이삭은 창대해졌고 거부가 되었습니다. 양과 소가 심히 많고 종들도 많아졌습니다. 하나님께서 이삭의 삶을 책임지신 것입니다. 지지난 주일에 아브라함과 모리아산 이야기를 하면서 하나님이 아브라함에게 원하신 것은 이삭의 생명이 아니라 순종이라고 했습니다. 아브라함이 하나님께 순종함으로 하나님의 왕권이 실현되는 것이기 때문에 그렇습니다. 오늘 본문의 이삭도 마찬가지입니다. 하나님께서 이삭에게 원하신 것은 단지 어느 특정한 지역에 머무는 것이 아니라 그가 하나님 말씀을 신뢰하고 그 말씀에 순종하며 사는 것이었습니다. 그렇게 살면서 하나님의 왕권을 인정하는 것입니다. 아브라함과 이삭과 야곱을 통해 장차 이루실 하나님의 나라는 하나님이 왕이신 나라이기 때문입니다.

그런 의미에서 네게브 지역은 훈련받기 딱 좋은 곳입니다. 네게브 지역은 주변의 환경이 아니라 하나님을 의지하며 사는 것을 배울 수 있는 좋은 곳이기 때문입니다. 이삭에게 중요한 것은 한해에 백배의 결실을 얻느냐 못 얻느냐, 얼마나 부자가 되느냐 가난하게 되느냐가 아니라, 그가 모든 순간 하나님의 왕 되심을 인정하고, 하나님의 통치에 순종하는 삶을 사느냐 마느냐인 것입니다. 하나님은 아브라함과 이삭과 야곱을 네게브 지역에 오랫동안 살게 하시면서 이 부분을 시험하신 것입니다. 그런 의미에서 우리에게도 네게브 신앙이 필요합니다.

이삭이 그랄에서 백배의 결실을 얻자 블레셋 사람들이 시기하기 시작했습니다. 그래서 그들은 이삭이 판 우물들을 흙으로 메우고 또 이삭이 판 우물을 자기들 것이라고 우겼습니다. 당시 누군가의 우물을 빼앗는다는 것은 전쟁을 선포하는 것이나 다름없었습니다. 그만큼 우물은 중요합니다. 그런데 이삭은 블레셋 사람들에게 우물을 양보했습니다. 블레셋 사람들이 억지를 부릴 때마다 그들에게 우물을 주고 자기는 다른 우물을 팠습니다. 그런데 신기한 것은 이삭이 우물을 팔 때마다 물이 나왔습니다. 이삭은 그랄에서 브엘세바까지 올라가며 우물을 팠고 땅을 얻었습니다. 그렇게 이삭은 칼과 창이 아니라 온유함으로 땅을 차지했습니다. 그로부터 2천여 년 후에 예수님은 '온유한 자는 복이 있나니 그들이 땅을 기업으로 받을 것'(마 5:5)이라고 가르치셨습니다. 그러니까 이삭이

하나님의 어부바

부자가 된 것은 하나님께 순종하는 이삭의 삶을 하나님이 책임지
신 결과인 것입니다.

이삭의 우물을 빼앗던 블레셋 사람들이 어느 순간부턴가 이삭
의 우물을 빼앗지 못합니다. 오히려 블레셋 왕 아비멜렉이 이삭을
찾아와 화친을 요구했습니다(창 26:28). 그 이유는 하나님께서 이삭
과 함께하심을 블레셋 사람들이 보았기 때문입니다. 블레셋 사람
들은 이삭이 여호와께 복을 받은 자라고 했습니다(창 26:29). 그러
니 더 이상 이삭을 대적할 수 없었습니다.

사랑하는 성도 여러분! 오늘 우리가 세상에 보여야 할 모습이 이
런 모습 아니겠습니까? 세상에서 손해 보지 않으려고, 조그만 것
하나도 빼앗기지 않으려고 싸워서 우리의 권리를 지키는 것이 아
니라, 온유함으로 우리의 지경을 넓히고, 하나님이 우리와 함께하
심을 사람들에게 보여줌으로 그들이 우리에게 거룩한 두려움을 느
끼게 해야 하는 것 아니겠습니까? 그런데 현실은 어떨까요? 오늘
우리는 하나님이 우리와 함께하신다고 자신 있게 말할 수 있을까
요? 우리는 하나님의 복을 받은 사람들이라고 어디서나 말할 수
있을까요? 만일 우리가 이 부분에 자신이 없다면 세상 사람들은
우리를 어떻게 보고 평가할까요?

어제 새벽에 최○○ 장로님이 돌아가셨습니다. 우리 중 어느 누
구도 최○○ 장로님이 돌아가실 것이라고 생각하지 않았습니다. 가

족들도 마찬가지였을 것입니다. 우리는 처음부터 끝까지 최○○ 장로님이 완쾌하기를 위해서 기도했고, 최○○ 장로님과 다시 함께 예배드릴 수 있게 해 달라고 기도했습니다. 우리 기도에 문제가 있었습니까? 우리 기도에 어떤 개인의 욕심이 담겨 있었습니까? 우리가 정욕을 위하여 기도한 것은 아니지 않습니까? 우리가 기도한 것은 정당했습니다. 하나님이 우리 기도에 응답하신다면 우리 모두 하나님께 영광 돌렸을 것입니다. 그러나 하나님은 우리 기도에 응답하지 않으셨습니다. 하나님은 최○○ 장로님을 고쳐주지 않으셨습니다. 오히려 장로님을 갑자기 중환자실로 옮기셨고, 그곳에서 하루 만에 죽게 하셨습니다. 뭐가 잘못된 것일까요? 뭐가 문제일까요?

사랑하는 성도 여러분! 잘못된 것은 없습니다. 문제도 없습니다. 다만 하나님이 그렇게 일하신 것입니다. 하나님이 왜 그러셨는지 우리는 알 수 없지만 아무튼 하나님이 그렇게 일하셨으니 하나님이 옳으신 것입니다. 우리는 최○○ 장로님을 살려달라고 기도하면서 하나님을 인정했듯이, 그분이 돌아가신 상황도 인정하고 하나님께 기도해야 합니다. 우리는 최○○ 장로님을 위해 기도하면서 모든 생명의 주인이 하나님이심을 고백했습니다. 모든 생명의 살고 죽는 것이 하나님의 손에 있음도 고백했습니다. 그렇다면 하나님이 최○○ 장로님의 생명을 거두신 것은 모든 생명의 주인이신 하나님이 하나님의 일을 하신 것입니다. 생명의 주인이신 하나님이 최○○ 장로님의 생명을 찾으신 것이고, 그것은 왕이신 하나님이

하나님의 어부바

마땅히 하실 수 있는 일입니다.

저는 어제 설교를 준비하면서 이런 생각을 했습니다. 최○○ 장로님이 돌아가시면서 우리에게 주신 가르침은 무엇일까? 최○○ 장로님은 자신의 생명을 내어놓으심으로 우리에게 모든 순간 하나님을 인정하라는 가르치심을 주신 것이 아닐까 싶습니다. 그분이 사는 것도 왕이신 하나님이 하실 일이고, 그분이 죽는 것도 왕이신 하나님이 하실 일입니다. 우리는 최○○ 장로님을 살려달라고 기도할 수 있지만 그 일을 이루시는 분은 하나님이십니다. 최○○ 장로님은 돌아가시면서 우리에게 그것을 교훈하신 것이 아닌가 싶습니다.

지난 금요일 중환자실 앞에서 최○○ 장로님을 영상으로 뵈었습니다. 고○○ 권사님과 큰 아들이 중환자실에 들어갔고 그곳에서 밖에 있는 사람들과 영상통화를 했습니다. 최○○ 장로님이 심정지 상태에서 깨어나신 직후입니다. 최○○ 장로님은 눈을 뜨셨고 의식도 온전히 있었습니다. 그 상태에서 최○○ 장로님이 무엇인가 말씀을 하셨습니다. 목에 호수가 들어가 있어서 무슨 말을 하는지 알 수는 없었지만 장로님은 분명히 무엇인가를 말씀하셨습니다. 여러분, 그 순간 장로님은 무슨 말씀을 하셨을까요? 저는 이런 추측을 해 보았습니다.

장로님은 먼저 가족들에게 작별 인사를 하셨을 것 같습니다. 그리고 우리 교우들에게도 인사를 하셨을 것 같습니다. 그동안 교우들과 함께 행복했다고…, 교우들과 함께 예배드리고, 교우들과 함께 소그룹 모임을 하고, 교우들과 함께 제자훈련을 받고, 교우들과 함께 반나절 나들이를 다니고, 교우들과 함께 매월 마지막 주일에 성도들 가정을 심방하고, 교우들 가정의 애경사에 빠짐없이 함께 다니면서 참 행복했다는 인사를 하셨을 것 같습니다. 그리고 그동안 기도해 주어서 고맙고, 특히 지난 한 달 간, 그리고 지난 금요일 하루 힘을 다해 기도해 주어서 고맙다는 인사를 하셨을 것 같습니다. 그러면서 자신이 죽더라도 하나님이 옳으시다는 고백을 하셨을 것 같고, 남은 가족들과도 잘 지내주기를 부탁했을 것 같습니다. 그리고 마지막으로 '아버지, 내 영혼을 아버지 손에 부탁합니다'라고 기도하셨을 것 같습니다.

사랑하는 성도 여러분! 우리가 사는 곳은 낙원이 아닙니다. 우리가 사는 곳은 네게브입니다. 모든 순간 하나님을 인정하고, 하나님의 옳으심을 고백하면서, 하나님의 말씀에 순종하며 사는 것을 연습하며 살아야 할 네게브입니다. 지난 주일에 박금진 목사님이 설교한대로 하나님은 창조주시고 우리는 피조물이며, 하나님은 왕이시고 우리는 그분의 거룩한 백성들입니다. 우리는 네게브에 살면서 끊임없이 그 사실을 고백하고 그런 우리의 고백을 삶으로 입증해야 하는 것입니다. 그러므로 우리가 최○○ 장로님을 살려달라고 마음을 다해서 기도했다면 그분의 죽음 역시 온 마음으로 받아들이면서 하나님의 선하심을 고백해야 하는 것입니다. 그것이 바로 우리의 네게브 신앙인 것입니다.

그러므로 사랑하는 성도 여러분! 선택하십시오. 이삭은 예상되는 고난에도 불구하고 그랄 땅에 머무를지, 아니면 하나님의 말씀을 어기고 애굽으로 내려갈지 선택해야 했습니다. 여러분도 선택하십시오. 광야와 같은 세상에서 하나님의 말씀을 붙잡고 그 말씀에 순종하는 삶을 살 것인지, 아니면 세상의 유행과 좋은 것을 쫓아가면서 스스로 왕인 것처럼 살아갈 것인지 여러분이 선택하십시오.

✴ 적용질문

네게브 신앙이란 무엇입니까? 오늘 우리가 네게브 신앙으로 선택해야 할 일은 무엇이 있습니까?

야곱, 유다, 베냐민

본문: 창세기 44:33-34

✳

한 주가 빠르게 지나갔습니다. 월요일에 최○○ 장로님 장례식을 마쳤고 화요일과 수요일은 조금 멍한 상태로 보냈습니다. 최○○ 장로님 장례식을 마치고 제 마음은 허전하기도 하고 편안하기도 했습니다. 제가 목사로서 장례식을 인도하다 보면 아쉽지만 그래도 마음이 편안한 장례식이 있고 장례식 내내 마음이 불편한 경우도 있습니다. 이번 최○○ 장로님 장례식은 많이 아쉽고, 안타깝고, 허무했지만 그렇다고 마음이 불편하지는 않았습니다. 지난 금요일 새벽에 최○○ 장로님이 중환자실로 내려가실 때 고○○ 권사님이 최○○ 장로님 손을 잡고 이렇게 말을 했다고 합니다. "여보, 지금 천국에 가면 안돼" 이게 무슨 말입니까? 우리는 언제 죽어도 천국에 갈 것이지만 조금만 더 힘을 내고 견뎌달라는 말 아니었겠습니까? 우리는 지금 죽으나 나중에 죽으나 천국에 갈 것인데, 그게 우리의 믿음인데, 그런데 지금은 조금 더 힘을 내서 우리 곁에 있어 달라는 부탁 아니었겠습니까? 저는 그 말이 참 좋았고 최○○ 장로님을 위해 기도할 때 그 말을 붙잡고 기도했습니다. 그래서 우리는 최○○ 장로님이 돌아가시기 직전까지 하나님께 장로님을 살려달라고 기도한 것입니다. 아무튼 최○○ 장로님은 구원의 문제에 있어서 흔들림이 없는 분이셨고, 그래서 우리는 장로님이 이미 하나님 나라에 계신다는 확신을 가지고 장례식을 치렀습니다. 그래서 저는 입관예배와 발인예배 설교를 하면서 불편함이 없었습니다. 어떤 말씀을 설교할지 고민되지 않았고 그저 남은 가족들을 어떻게 위로할지만 생각했습니다. 그래서 입관예배에서는 '하나님과 함께 사셨던 장로님의 죽음은 허무하지 않다'는 설교를 했고, 발인예배에서는 '장로님은 숨이 끊어져 죽었지만 그러나 여전히 하나님과 우리 앞에 살아 계신다'는 설교를 했습니다. 그러니 우리는 장로님의 장례를 소풍가듯이 치르자고 했습니다. 실지로 최○○ 장로님은 교우들의 장례가 있을 때마다 참석하셨고, 장례식을 마친 후에는 함께한 교우들과 주변 소풍을 다니셨습니다. 그러니 우리도 그분의 장례를 그렇게 치르자고 했습니다. 아무튼 저는 이번에 최○○ 장로님 장례식을 편안한 마음으로 치를 수 있었습니다. 그러나 모든 장례식을 이렇게 편안한 마음으로 치르는 것은 아닙니다. 어떤 장례식은 처음부터 끝까지 힘든 경우가 있습니다. 장례식 내내 기도하고 설교를 하는데 그때마다 무엇을 어떻게 해야 할지 힘든 경우가 많이 있습니다.

사랑하는 성도 여러분! 제가 여러분과 여러분 가족의 장례식을 인도할 경우가 많을텐데 저는 여러분과 여러분 가족의 장례식을 모두 편안한 마음으로 인도할 수 있었으면 좋겠습니다. 그러니 여러분도 살았을 때 예수님 잘 믿으시고, 아직 예수님을 믿지 않는 여러분 가족도 빨리 전도하시기 바랍니다.

오늘 본문으로 창세기 44:33절과 34절 말씀을 읽었는데 오늘 읽은 말씀은 창세기 42장부터 계속 되는 말씀입니다. 창세기 42장부터 오늘 읽은 말씀까지는 꽤 많은 사람들이 나오는데 오늘은 그중에서 야곱, 유다, 베냐민에 대해 이야기 하려고 합니다.

야곱은 이스라엘 열두 지파를 이루는 열두 아들의 아버지고, 유다는 야곱의 넷째 아들, 그리고 베냐민은 야곱의 열두 번째 아들입니다.

이삭의 아들인 야곱은 평생 엉뚱한 것을 붙잡고 그것에 집착하며 살았던 사람입니다. 야곱은 태어날 때 형에서의 발꿈치를 잡고 태어났습니다. 그 후 야곱은 장자의 명분에 집착했고, 나중에는 라헬을 향한 사랑에 집착했습니다. 평생 부자가 되고 싶은 욕망에 집착했고, 그래서 교묘한 방법으로 외삼촌의 양떼를 자기 것으로 만들기도 했습니다. 야곱은 열두 아들 중에 라헬이 낳은 요셉에게 집착했고, 요셉을 잃은 후에는 역시 라헬이 낳은 아들 베냐민에게 집착했습니다. 야곱의 집착은 끝이 없었습니다. 그러나 이렇듯 야곱이 집착하며 붙잡은 것들은 모두 허무한 것들이었습니다.

야곱이 집착한 장자의 명분은 영적인 것이었습니다. 그래서 그가 형과 아버지를 속이고 물려받은 장자의 명분은 그가 살아있는 동안에는 그에게 아무런 유익도 되지 않았습니다. 야곱은 아버지 이삭으로부터 장자의 축복 기도를 받았지만 그 후 야곱의 손에 들린 것이라고는 나그네의 지팡이 하나가 전부였습니다. 그 외에 야곱이 아버지에게 얻은 것은 없습니다.

야곱이 그토록 사랑하며 집착했던 라헬은 야곱의 곁에 오래 머물지 못했습니다. 라헬은 둘째 아들인 베냐민을 낳다가 죽었습니다.

야곱은 부자가 되고 싶은 욕망에 집착했고 제법 많은 재물을 모아 부자가 되었습니다. 그러나 흉년이 오래되니 자기가 가진 금은보화는 쌀 한 톨의 가치도 되지 못했습니다. 아무리 많은 재물을 가졌어도 애굽 총리의 허락이 없이는 쌀 한 톨도 살 수 없었기 때문입니다. 돈이면 무엇이든 할 수 있을 것 같았는데 극심한 흉년 앞에 돈은 쌀 한 톨의 가치도 되지 않는 허무한 것이었던 것입니다.

야곱은 라헬과의 관계에서 낳은 아들 요셉을 편애하며 사랑했지만 요셉은 야곱의 곁에 오래 있지 못했습니다. 요셉이 열일곱 살 되는 해에 야곱은 요셉을 잃었습니다.

야곱은 요셉을 잃고 베냐민을 편애했지만 베냐민도 포기해야 했습니다. 애굽의 총리가 느닷없이 베냐민을 소환한 것입니다. 애굽의 총리가 베냐민을 소환했어도 보내지 않으면 그만이지만 그랬다가는 70명이나 되는 자기 가족이 모두 굶어 죽게 생겼습니다. 게다가 애굽 땅에는 이미 야곱의 둘째 아들인 시므온이 볼모로 잡혀있었습니다. 그러니 야곱은 베냐민을 포기해야 했습니다. 그래야 시므온도 살고, 70명의 가족도 살 수 있었습니다. 그래서 창세기 43:13-14절에서 야곱은 이렇게 말합니다. "네 아우도 데리고 떠나 다시 그 사람에게로 가라 전능하신 하나님께서 그 사람 앞에서 너희에게 은혜를 베푸사 그 사람으로 너희 다른 형제와 베냐민을 돌려보내게 하시기를 원하노라 내가 자식을 잃게 되면 잃으리로다" 야곱이 베냐민에 대한 집착을 포기한 것입니다. 왜냐하면 자신의 집착으로는 베냐민을 지킬 수 없고, 계속해서 베냐민에게 집착하다가는 나머지 가족을 모두 위기에 빠뜨릴 수 있었기 때문입니다.

오늘날도 많은 사람들이 허무한 것에 집착하며 살아갑니다. 야곱처럼 돈에 집착하는 사람도 있고, 명예와 명분에 집착하며 사는 사람도 있습니다. 자기 자식에게 집착하는 사람도 있고, 성공과 출세에 집착하는 사람도 있습니다. 그러나 사랑하는 성도 여러분! 아무리 돈이 많고, 명예를 얻고, 출세하고 성공했어도 하나님과 함께하지 않으면 그것들은 모두 허무한 것들입니다. 왜냐하면 그것들은 1분 1초도 우리의 생명을 연장해 주지 못하고, 무엇보다 우리를 구원하지 못하기 때문입니다. 그래서 돈을 많이 벌고 출세했어도 하나님 없이 죽은 사람의 장례는 허무한 것입니다. 그 죽음 앞에 별로 할 말이 없는 것입니다.

사랑하는 성도 여러분! 허무한 것을 붙잡느라 여러분의 인생을 허비하지 마십시오. 부자 되지 말라는 것이 아닙니다. 부자가 돼도 주 안에서 부자가 되시라는 것입니다. 출세하고 성공하지 말라는 것이 아닙니다. 하나님이 주시는 은혜 안에서 출세도 하고 성공도 하시라는 것입니다. 출세와 성공을 위해 하나님을 멀리하고 예배를 소홀히 하는 사람은 얼마나 미련한 사람입니까? 그 사람은 크게 출세하고 성공할수록 더욱더 허무한 삶을 살아가게 될 것입니다.

저는 어제 교회 밴드에 올리는 오늘의 한 구절로 시편 78:32절과 33절 말씀을 기록했습니다.

"이러함에도 그들은 여전히 범죄하여 그의 기이한 일들을 믿지 아니하였으므로 하나님이 그들의 날들을 헛되이 보내게 하시며 그들의 햇수를 두려움으로 보내게 하셨도다"

저는 어제 이 글에 대한 묵상을 이렇게 기록했습니다.

"하나님을 믿지 않으며 사는 삶은 헛되고 허무합니다. 하나님을 믿지 않는 자들의 삶에는 두려움이 가득할 것입니다. 그러므로 삶이 허무하게 느껴지고, 삶에 대한 두려움이 있는 사람은 그 이유가 무엇인지를 하나님 안에서 찾아야 합니다."

우리의 삶이 왜 허무합니까? 우리가 하나님 안에 있지 않기 때문입니다. 우리의 삶에 왜 두려움이 있고, 우리가 왜 무기력한 삶을 살아갑니까? 하나님이 우리 안에 계시지 않기 때문입니다. 그러므로 사랑하는 성도 여러분! 하나님 앞으로 나오십시오. 여러분의 삶에 하나님을 회복하십시오. 더 이상 허무한 것들에 집착하지 마시고 하나님과 함께 여러분의 삶을 살아가십시오. 그때 우리 삶에 의미가 생길 것입니다.

아무튼 야곱은 마지막까지 집착하던 베냐민을 하나님 손에 맡겼습니다. 그랬더니 그 순간부터 그의 삶에 의미가 생기기 시작했습니다. 먼저 그가 죽었다고 생각했던 요셉이 아직 살아있다는 사실을 알게 되었고, 그 요셉을 만날 수 있는 길이 열리기 시작했습니다.

야곱의 열 아들이 베냐민과 함께 애굽으로 갔습니다. 그런데 이번에는 베냐민이 도둑으로 몰렸습니다. 애굽의 총리가 베냐민이 자신의 은잔을 훔쳐갔다고 누명을 씌운 것입니다. 애굽의 총리는 자신의 물건을 도둑질한 베냐민을 종으로 삼겠다고 했습니다. 애굽의 총리는 요셉이었고, 이 모든 일은 형들을 떠보기 위해 요셉이 꾸민 일이었습니다. 아무튼 한순간에 베냐민이 도둑으로 몰렸고, 베냐민은 꼼짝없이 애굽 총리의 종이 되게 생겼습니다. 그런데 그때 야곱의 열두 아들 중 넷째인 유다가 나서서 이렇게 말합니다.

오늘 본문 말씀입니다.

"이제 주의 종으로 그 아이를 대신하여 머물러 있어 내 주의 종이 되게 하시고 그 아이는 그의 형제들과 함께 올려 보내소서 그 아이가 나와 함께 가지 아니하면 내가 어찌 내 아버지에게로 올라갈 수 있으리이까 두렵건대 재해가 내 아버지에게 미침을 보리이다"

하나님의 어부바

유다는 베냐민을 대신해서 자신이 종이 될 테니 베냐민은 그를 사랑하는 아버지께 돌려보내 달라고 사정했습니다.

예전에 형들은 아버지의 편애를 질투해서 요셉을 팔았습니다. 그런데 아버지는 지금 베냐민을 편애하고 있습니다. 그러니 예전의 형들 같았다면 베냐민에게도 질투했을 것입니다. 그런데 이제 형들은 베냐민에 대한 아버지의 편애에 대해 질투하지 않습니다. 특히 유다가 그렇습니다. 그래서 유다는 아버지가 사랑하는 아들을 아버지에게 돌려보내기 위해 스스로 종이 되기를 자처한 것입니다. 이 모습에 요셉이 형제의 정을 억제하지 못하고 자신이 요셉임을 밝힙니다. 그리고 야곱의 가족 70명이 드디어 애굽으로 내려오게 됩니다. 그 후 야곱의 아들들은 애굽 땅에서 생육하고 번성하게 되고, 이후 4백여 년 만에 큰 민족을 이루어 이스라엘 나라가 됩니다. 그런데 재미있는 것은 이후 유다와 베냐민은 아주 돈독한 관계가 되었다는 것입니다.

유다와 베냐민의 관계는 이스라엘 역사 속에서도 각별하고 예수님 이후에도 각별합니다. 유다 지파 사람인 다윗은 베냐민 지파 사람인 요나단과 각별한 우정을 나누었습니다. 솔로몬왕 이후 이스라엘이 남과 북으로 나누어졌을 때 이스라엘의 열 지파가 다윗의 왕가에 반기를 들었지만 오직 베냐민 지파는 다윗이 속한 유다 지파의 곁을 지켰습니다. 그래서 북 이스라엘은 이스라엘의 열 지파가 모였고, 남 유다에는 유다 지파와 베냐민 지파가 모인 것입니다.

남북 이스라엘이 모두 멸망하고 바사 왕 아하수에로가 유다를 다스리던 때에 하만이라는 사람이 유대인을 진멸시키려 한 적이 있습니다. 이때 베냐민 지파 사람 모르드개와 왕후 에스더가 모든 유대인들을 구했습니다. 그리고 무엇보다 이 땅에 메시아로 오신 예수님은 유다 지파였고, 평생 예수님을 전하며 살았던 바울은 베냐민 지파였습니다. 그러니 유다와 베냐민의 관계가 참 특별하지 않습니까?

이게 전부가 아닙니다. 베냐민을 대신해 종이 될 것을 자처했던 유다는 야곱의 넷째 아들임에도 불구하고 아브라함의 언약을 이어가는 주역이 됩니다. 야곱의 첫째 아들인 르우벤은 서모와 간통을 합니다. 자기 아버지의 부인을 범한 것입니다. 이런 이유로 르우벤은 아버지로부터 장자의 명분을 이어받지 못합니다. 야곱의 둘째 아들 시므온과 셋째 아들 레위는 자기들의 여동생 디나가 강간당한 사건으로 인해서 세겜 사람들을 무참히 도륙합니다. 그 일은 하나님이 기뻐하시는 일이 아니었습니다. 이런 이유로 인해서 그들도 아버지로부터 장자의 명분을 이어받지 못합니다. 그리고 넷째 유다입니다.

사실 유다에게도 흠이 많았습니다. 르우벤이 서모와 간통했다면, 유다는 며느리를 통해 두 명의 아들을 낳았습니다. 그러니 르우벤이나 유다나 거기서 거기입니다. 그러나 유다는 르우벤과 시므온과 레위를 대신해서 아버지의 장자의 명분을 이어가게 됩니다. 그래서 유다의 후손 중에 다윗왕이 나오는 것이고, 다윗왕의 후손으로 예수님이 오시는 것입니다. 그러니 야곱의 열두 아들 중에서 하나님의 가장 큰 축복을 받은 사람은 유다입니다. 유다가 어떻게 이렇게 큰 복을 받을 수 있었던 것일까요? 그가 베냐민을 대신해서 종이 되겠다고 자처했기 때문입니다. 유다에게도 많은 실수와 잘못이 있었지만 그가 베냐민을 위해 종이 되겠다고 결단하는 순간 베냐민은 평생 유다의 편이 되었고, 유다와 베냐민의 후손들도 평생 특별한 관계가 된 것입니다. 그리고 그런 관계 속에서 유다가 아브라함과 이삭과 야곱의 계보를 잇는 하나님 약속의 주인공이 된 것입니다.

저는 오늘 말씀을 마치면서 여러분과 두 가지 적용을 함께 나누고 싶습니다.

첫째, 허무한 것에 집착하지 마십시오. 허무한 것에 집착하며 사니 삶이 허무한 것입니다. 그런데 우리에게 허무한 것이 무엇입니까? 하나님과 함께하지 않는 모든 것이 허무한 것입니다. 돈이 선하냐 악하냐의 문제가 아닙니다. 성도가 출세하고 성공하는 것이 선하냐 악하냐의 문제가 아닙니다. 그것들이 모두 하나님 안에 있느냐 없느냐가 문제입니다. 아무리 선하고 좋은 것도 하나님과 함께하지 않는 것은 허무한 것입니다. 그러므로 사랑하는 성도 여러분! 하나님께 나오십시오. 여러분의 삶 속에 하나님을 회복하십시오. 예배의 자리에 나오시고, 기도와 말씀의 자리로 나오십시오. 성공을 위해 하나님을 멀리하는 사람은 어리석은 사람입니다. 하나님 안에 있어야 의미 있는 성공도 할 수 있는 것이기 때문입니다. 그러므로 하나님 앞으로 나오십시오. 여러분의 삶 속에 하나님을 회복하십시오. 예배의 자리에 나오시고, 기도와 말씀의 자리로 나오십시오.

둘째, 여러분 삶에 의미 있는 결단을 하십시오. 누구나 실수할 수 있습니다. 누구나 넘어질 수 있습니다. 예수님을 만나기 전에 사도 바울은 교회와 성도를 핍박하던 사람이었습니다. 다윗은 자기의 충성스런 부하 장군 우리아의 아내를 범했습니다. 유다는 아내가 죽은 후 외로움을 달래기 위해 창녀를 찾았습니다. 그러다 자기 며느리와 동침했고, 며느리를 통해 두 명의 아들까지 낳았습니다. 모두 큰 실수가 있었던 사람들입니다. 그러나 바울은 예수님을 만난 후 그의 삶을 예수님께 드렸습니다. 그리고 평생 복음 전도자의 삶을 살았습니다. 다윗은 나단 선지자의 책망을 듣고 회개했으며, 유다는 질투하던 마음을 버리고 동생을 위해 종이 되기로 마음먹었습니다. 사랑하는 성도 여러분! 여러분에게도 이런 의미 있는 결단과 돌이킴이 있으십니까? 사랑하는 성도 여러분! 돌이켜야 합니다. 돌이켜야 삽니다. 야곱은 모든 집착을 내려놓았습니다. 그랬더니 70명의 가족이 살 길이 열렸습니다. 열두 번째 아들 베냐민을 향한 집착을 내려놓았더니 죽은 줄 알았던 요셉을 만날 길도 열렸습니다. 그러므로 여러분도 돌이키십시오. 지금 잘못된 곳에 있다면 돌이켜 하나님께 나오십시오. 그 일을 지금 결단하십시오. 그 결단이 여러분을 살리고, 가정을 살리고, 교회를 살

하나님의 어부바

릴 것입니다.

✸ **적용질문**

오늘 결단하고 돌이켜야 할 일은 무엇입니까? 그 일에서 어떻게 돌이
키겠습니까?

그가 불렀다

본문: 레위기 1:1

✴

    대부분의 교회는 지금 사순절 기간을 보내고 있습니다. 지난 3월 2일부터 4월 16일까지가 사순절 기간입니다. 우리 교회는 사순절을 조금 일찍 시작해서 2월 21일부터 4월 16일까지를 사순절 기간으로 보냅니다.

    사순절은 부활주일을 준비하는 40일간의 기간을 말합니다. 보통 부활주일은 춘분 지난 보름 후 첫 번째 주일입니다. 올해는 춘분이 3월 21일이고, 춘분 이후 보름이 4월 15일입니다. 그리고 보름인 4월 15일 이후 첫 번째 주일이 4월 17일입니다. 그래서 올해 부활주일은 4월 17일입니다. 그러니까 4월 17일 부활주일 전부터 40일간을 사순절이라고 하는 것입니다. 그런데 시대에 따라서 부활주일 전 40일을 주일을 제외한 40일로 계산하기도 했고, 토요일과 주일을 제외한 40일로 계산하기도 했습니다. 4월 17일 이전으로 주일을 제외한 40일 전은 3월 2일이고, 주일과 토요일을 제외한 40일 전은 2월 21일입니다. 이 중에서 대부분의 교회는 3월 1일부터를 사순절로 보내는 거고, 우리는 2월 21일부터를 사순절로 보내는 것입니다.

    우리가 2월 21일부터를 사순절로 보내는 것은 부활주일 전 8주

간을 특별한 주제를 가지고 기도하는 기간으로 갖고자 함입니다. 8
주 중 4주는 가정 회복을 위해 기도하고, 나머지 4주는 치유를 위
한 기도를 하고자 함입니다. 그래서 2주 전부터 가정 회복을 위한
말씀 묵상과 기도를 해 오고 있습니다. 앞으로 남은 6주간은 치유
와 가정회복에 대해 2주씩 번갈아가면서 말씀을 묵상하면서 기도
할 것입니다. 그러므로 이번 사순절 기간에 여러분은 최소한 두 개
의 기도 제목을 가지고 하나님께 기도하십시오. 하나는 가정 회복
에 관한 기도제목이고, 또 하나는 치유에 관한 기도제목입니다. 여
러분 모두 이 부분에 대한 구체적인 기도 제목을 가지고 기도하십
시오. 조금 힘들어도 새벽 모임에 참여해서 함께 하나님의 말씀을
묵상하고, 그 시간에 여러분의 기도제목을 놓고 함께 기도하십시
오. 이 부분에 대해 기도할 일이 특별히 없는 분은 다른 사람을 위
한 중보의 기도를 하십시오. 그래서 이번 사순절 기간은 우리에게
구체적인 기도의 응답이 체험되는 기간이 되게 하십시오.

　지난 주간에는 교우들 중에 몸이 불편한 분들이 많았습니다. 주
초에는 저도 컨디션이 많이 쳐졌었습니다. 이○○ 장로님은 백내장
수술을 했고, 윤○○ 권사님은 팔목 깁스를 푼 후 계속해서 아프다
고 했습니다. 교회 밴드에 올라온 글을 보니 이○○ 집사님도 몸이
아팠다고 합니다. 고○○ 권사님도 지난 주간에는 많이 아파 하셨
습니다. 최근 컨디션이 나쁘지 않았었는데 지난 주간에는 허리가
많이 아프다고 하셨습니다. 특히 지난 주간에 코로나에 감염된 분
들도 있었습니다. 그런데 이번 주간 새벽 기도의 주제는 치유입니

다. 병고침입니다. 우리는 다음 한 주간 치유에 대한 말씀을 묵상할 것이고, 병고침을 위해 기도할 것입니다. 여러분도 새벽 모임에 함께 참여해서 기도하십시오. 특히 병고침을 위해 기도하십시오. 하나님께서 우리들 육체의 질병을 치유해 주시기를 위해 기도하고, 마음의 상처를 치유해 주시기를 위해 기도하고, 영적인 문제를 치유해 주시기를 위해 기도하십시오. 구체적인 기도의 제목을 가지고 구체적으로 기도하십시오. 하나님께서 우리 기도를 들으실 것이고, 우리의 병을 치료해 주실 것입니다.

지금은 사순절 기간입니다. 사순절이 지나면 부활절입니다. 교회에는 사순절과 부활절 말고도 맥추감사절, 추수감사절, 성탄절 등의 절기가 있습니다. 대부분의 교회에서는 이상의 절기들을 의미 있게 보냅니다.

요즘 교회에서 지키는 절기들과는 다르지만 성경에는 절기에 대한 이야기가 많습니다. 이스라엘의 3대 절기인 유월절, 칠칠절, 초막절 등이 대표적입니다. 이스라엘의 모든 백성들은 이 절기를 지켜야 했습니다. 성경에는 하나님께 드리는 각종 제사에 대해서도 많은 기록이 있습니다. 이스라엘의 5대 제사인 번제, 소제, 화목제, 속죄제, 속건제 등이 대표적입니다. 이스라엘의 모든 백성들은 상황에 따라 모든 제사를 하나님께 드려야 했습니다. 하나님은 절기와 제사를 아주 특별하게 여기셨습니다. 모든 이스라엘 백성들이 절기와 제사를 의무적으로 드려야 했고, 하나님께서는 절기와 제사를 통해서 이스라엘 백성들을 만나주셨습니다. 그러니까 절기와 제사는 이스라엘이 하나님을 만나기 위한 수단들이기도 했던 것입니다.

물론 요즘 교회는 구약의 절기와 제사를 지키지 않습니다. 왜냐하면 우리는 절기와 제사가 아니더라도 언제든지 하나님께 나갈 수 있기 때문입니다. 예수님께서 십자가 위에 죽으심으로 모든 절기와 제사를 완성하셨습니다. 그러므로 우리는 매번 절기를 지키고 제사를 드리지 않아도 됩니다. 십자가에 달리신 예수님을 통해 언제든지 하나님 앞으로 나올 수 있기 때문입니다. 그러나 다른 한편으로 보면 오늘 우리들에게도 절기와 제사는 중요합니다. 왜냐하면 절기와 제사는 하나님과 우리가 어떤 관계인지, 우리는 어떻게 하나님 앞으로 나올 수 있는지, 그리고 우리는 어떻게 하나님을 예배할 수 있는지 그 정신과 의미를 보여주기 때문입니다.

성경에서 절기와 제사에 대해 가장 많이 기록한 책은 레위기입니다. 그런데 레위기는 보통 어려운 성경으로 인식되어 있습니다. 사실이 그렇습니다. 그래서 마음먹고 성경 일독을 시작했다가도 레위기에 오면 마음이 흔들리고는 합니다. 내용이 너무 생소하고 어렵기 때문입니다. 그러나 레위기가 그렇게 어렵기만 한 책은 아닙니다. 정통 유대인 부모들은 아이가 다섯 살이 되면 성경을 가르치기 시작하는데 그때 제일 먼저 가르치는 성경이 바로 레위기입니다. 이는 레위기가 다섯 살 아이에게도 가르쳐야 할 만큼 중요한 성경이라는 의미이기도 하고, 레위기가 다섯 살 아이도 듣고 배울 만큼 쉬운 성경이라는 의미이기도 합니다. 그러므로 우리가 레위기에 겁부터 낼 필요는 없습니다. 오히려 편한 마음으로 하나님의 지혜를 구하며 레위기를 읽다보면 우리가 레위기를 통해서 예상하지 못했던 큰 은혜를 누릴 수 있을 것입니다.

신학교 1학년 때 제 동기 중 한 명이 이런 말을 했습니다. '자기가 신학생이 되기 전에는 레위기가 너무 어려웠는데 신학생이 되고서 레위기를 읽으니 레위기가 전혀 다르게 읽혀지더라'는 것입니다. 그 친구는 신학생이 되기 전에는 이해되지 않던 레위기의 구절들이 신학생이 되고 나니 이해가 되더라고 했습니다. 저는 그 말이 참 인상적이었습니다. 그런데 지금 생각해보면 그때가 신학교 1학년 때였고 서로 존댓말을 하던 때였으니 신학교에 입학한 지도 얼마 되지 않던 때였습니다. 그러니 신학생이 되기 전과 후가 별로 차이가 나지 않던 때입니다. 그런데 어떻게 갑자기 레위기가 이해가 되기 시작했던 것일까요? 그것은 하나님이 그 친구에게 지혜를 주셔서 성경을 깨닫게 하셨거나, 아니면 그 친구가 성경을 읽으며 좀 더 마음을 열었거나 했기 때문일 것입니다. 아무튼 레위기뿐 아니라 성경은 전체가 아주 어려운 말씀이기도 하지만 그러나 또 다섯 살 아이도 알아들을 수 있을 만큼 쉬운 말씀이기도 합니다. 그러니 여러분, 성경을 너무 어렵게 읽지 마시고, 쉽게 읽으십시오. 성경의 숨겨진 뜻을 찾으려 너무 애쓰지 마시고, 드러난 사실들을 먼저 보십시오. 단어 하나하나의 의미에 너무 집중하지 마시고, 이

하나님의 어부바

야기의 전체 흐름을 이해하며 읽으십시오. 그렇게 쉽게 성경을 읽다 보면 어느 순간 성경의 깊은 내용도 이해하게 될 것입니다.

사족이 길었습니다. 오늘 레위기 1:1절 말씀을 읽었습니다. 레위기는 '레위인들을 위한 책'이라는 뜻입니다. 그런데 레위기는 이스라엘 모든 백성들을 위한 책이기도 합니다. 사실 레위기는 원래 제목도 레위기가 아닙니다. 레위기의 원래 제목은 '봐이크라'입니다. '봐이크라'는 레위기에 나오는 첫 번째 단어인데 '그가 불렀다'라는 의미입니다. 하나님이 모세를 불렀다는 말입니다. 하나님이 시내 산 꼭대기로 모세를 부른 것이 아니라 이스라엘 진영 한 가운데 있는 회막으로 모세를 불렀다는 것입니다. 그리고 하나님이 회막에서 모세를 불렀다는 것은 하나님이 먼저 회막으로 임재하셨다는 것이기도 합니다.

레위기는 출애굽기의 마지막 장면과 바로 이어집니다. 출애굽기 마지막 장면은 '구름이 회막에 덮이고 여호와의 영광이 성막에 충만하여 모세조차도 회막에 들어갈 수 없었던' 모습입니다. 그런데 하나님이 회막에서 모세를 부르시는 것입니다. 레위기는 그렇게 시작을 합니다. 시내 산 꼭대기에 임하셨던 하나님이 백성들의 한 가운데에 있는 성막에 임재하셨습니다. 지금까지 하나님은 시내 산에서 오직 모세만이 만날 수 있었습니다. 그러나 이제는 이스라엘 누구라도 하나님을 만날 수 있습니다. 하나님이 이스라엘의 한 가운데로 내려오셨기 때문입니다. 하나님이 사람들 속으로 더 가까이 오신 것입니다. 그러나 사람이 하나님을 만나기 위해서는 절차가 필요합니다. 그 절차가 바로 제사입니다. 그래서 레위기 전반부에서는 하나님께 나가는 제사에 대해 기록하고, 후반부에서는 하나님 나라의 백성들이 어떻게 살아야 하는지 삶에 대해 기록을 합니다.

레위기는 총 27장까지 있는데 학자들에 따라서는 레위기를 세 부분으로 나누어서 봅니다. 첫째, 하나님 앞으로 나아가는 길에 대해 이야기하는 1장부터 10장까지, 둘째, 하나님 앞으로 나간 사람들이 하나님 앞에 머무는 길에 대해 이야기하는 11장부터 22장까지, 셋째, 하나님의 백성으로 살아가야 할 길에 대해 이야기하는 23장부터 27장까지입니다. 그러니까 레위기는 사람이 어떻게 하나님 앞으로 나가서, 어떻게 하나님 앞에 머무르며, 또 세상에서는 어떻게 하나님의 백성으로 살아갈지에 대해 기록한 책이라는 것입니다. 그런데 이상 세 가지를 한마디로 말하면 '하나님께 드리는 제사와 하나님 나라 백성들의 삶에 대한 이야기'라 할 수 있습니다. 하나님께 드리는 제사가 곧 사람이 하나님께 나가고, 머무는 것에 대한 이야기이기 때문입니다. 그런데 이상의 이야기도 더 줄여서 말하면 레위기는 '하나님의 백성들이 살아가는 법'에 대한 이야기라고 할 수 있습니다.

여러분, 하나님 나라의 백성들은 어떻게 살아야 할까요? 거룩하게 살아야 합니다. 레위기는 이것을 기록한 책입니다. 그러니까 레

하나님의 어부바

위기는 복잡한 제사와 절기에 대해 말하는 책이기에 앞서 거룩하게 살아야 하는 하나님 나라 백성들의 삶에 대해 말하는 책인 것입니다. 그래서 레위기에는 '거룩함'이란 말이 많이 나옵니다. 무려 90번이나 나옵니다. 거룩함과 같은 의미인 '성별하다'라는 말도 17번 나옵니다. 이밖에 거룩함과 연관되는 단어들이 259회 나오고, 정하다, 혹은 부정하다는 단어가 200회, 속죄라는 단어가 36회 나옵니다. 한마디로 레위기는 이스라엘을 향해 '거룩하신 하나님 앞에서 거룩한 하나님의 백성이 되라'는 이야기를 기록하고 있는 것입니다. 이를 위해서 이스라엘 백성들은 제사도 드리고 절기도 지키는 것입니다. 그러니까 단순히 절기와 제사가 목적이 아니라 절기와 제사를 지킴으로 거룩해져서 하나님 앞으로 나오는 것이 목적인 것입니다. 그리고 하나님 앞에서 거룩한 삶을 유지하며 살아가라고 말씀하시는 것입니다. 그래서 레위기서는 제사에 대한 이야기를 많이 합니다.

제사는 사람이 하나님께 나가는 방법입니다. 이스라엘은 제사를 통해 하나님께 나가고, 하나님은 제사를 통해 이스라엘을 만나주십니다. 대표적으로 이스라엘에는 번제, 소제, 화목제, 속죄제, 속건제의 5대 제사가 있습니다. 이중 번제와 소제와 화목제는 자원해서 드리는 제사고, 속죄제와 속건제는 의무적으로 드려야 하는 제사입니다. 구체적으로 번제는 양이나 소를 불로 태워서 드리는 제사로 사람이 하나님께 헌신하는 수직적 헌신의 제사입니다. 예수님께서도 자신을 온전히 드려 하나님께 헌신했습니다. 소제는 곡식을 가루로 만들어 드리는 제사로 피 없는 유일한 감사의 제사입니다. 소제에서 덩어리 없는 고운 가루는 자신을 온전히 깨뜨리신 예수님의 모습을 보여줍니다. 화목제는 제사를 드린 후 함께 제물을 나누어 먹는 제사로 수평적 나눔을 위한 잔치의 제사입니다. 예수님은 친히 화목제물이 되셔서 하나님과 사람 사이를, 그리고 사람과 사람 사이를 화목하게 하셨습니다. 속죄제는 지은 죄에 대한 회개와 고백의 제사로 특히 도덕적 죄와 신체적 정결을 해결하기 위한 제사입니다. 예수님의 보혈은 우리의 모든 죄를 깨끗하게 합니다. 마지막으로 속건제는 다른 사람에게 재산상의 피해를 주었을 때 드리는 배상의 제사입니다. 레위기서는 이상의 제사들을 각각 어떻게 드려야 하는지 아주 자세하게 설명을 합니다. 이스라엘은 매일 이런 제사를 통해서 하나님 앞으로 나왔고, 하나님은 이스라엘 진영 한 가운데 있는 성막에서 이스라엘 백성들을 만나 주셨습니다. 그리고 이 일을 위해 회막에서 모세를 부르셨습니다. 그래서 레위기는 '그가 부르신 책'입니다. 하나님이 모세를 부르신 책이고, 하나님이 이스라엘을 부르신 책이고, 하나님이 오늘 우리를 부르시는 책입니다.

사랑하는 성도 여러분! 하나님이 우리를 부르셨습니다. 우리를 거룩하게 하기 위해 부르셨고, 우리가 거룩한 삶을 살아가게 하기 위해 부르셨습니다. 우리를 부르셔서 하나님 나라의 자녀 삼고자 하셨고, 그래서 우리에게 하나님의 복음을 전하시고, 하나님 나라를 가르치시고, 우리의 영과 혼과 육의 모든 죄를 고치시기 위해 부르셨습니다. 모세 한 사람만 부르신 것이 아니라 이스라엘 전체를 부르셨고, 오늘 우리를 부르셨습니다. 그리고 이스라엘을 만나기 위해 제사와 절기를 주셨고, 오늘 우리를 만나기 위해 예수 그리스도를 주셨습니다.

그러므로 사랑하는 성도 여러분! 하나님 앞으로 나오십시오. 매일 하나님 앞으로 나오십시오. 매 순간 하나님 앞으로 나오십시오. 기도로 하나님 앞에 나오시고 말씀을 읽고, 묵상하고, 배우고, 암송하고, 그리고 필사하면서 하나님 앞으로 나오십시오. 하나님 앞으로 나와 평안을 누리시고, 모든 병에서 치유함을 받으십시오. 마음의 상처를 위로 받으시고, 영적인 문제를 해결 받으십시오. 하나님께서 그 모든 일을 이루시기 위해 오늘도 우리를 부르십니다.

✳ **적용질문**

> 우리는 어떻게 하나님 앞에 나갈 수 있을까요? 우리가 하나님 앞으로 나갈 수 있는 방법은 무엇입니까?

같은 불, 다른 불

본문: 레위기 9:15-24

---✦---

한 주간 잘 지내셨습니까? 지난 주간에는 큰일들이 많았습니다. 수요일에 대통령 선거가 있었습니다. 이번 대통령 선거로 여야 간의 정권이 교체되었습니다. 이 일로 인해 어떤 사람들은 환호했고 어떤 사람들은 절망했습니다. 지난 주간에는 코로나 확진자 수가 폭발적으로 증가하기도 했습니다. 지난 화요일에 일일 확진자 수가 30만 명을 넘어서더니 지난 금요일에는 383,590명이나 확진이 되었습니다. 일일 코로나 확진자 수로는 사상 최대치입니다. 우리 교회도 코로나로부터 자유롭지 못했습니다. 지지난 주간에 이어서 지난 주간에도 코로나 확진자가 나왔습니다. 주로 아이들이 확진이 되고 있습니다. 우리는 그동안 코로나로부터 교회와 성도들 가정을 지켜달라고 매일 기도했는데 이렇게 확진자들이 많이 나와서 목사로서 아쉽고 미안한 마음이 큽니다. 그래도 지금 우리가 할 수 있는 최선은 하나님께 기도하는 것입니다. 그리고 온전한 마음으로 하나님을 예배하는 것입니다.

우리는 매일 성경 필사를 하면서 오늘의 한 구절 말씀을 나누고 있습니다.

지난 금요일 저의 오늘의 한 구절은 시편 118:5절 말씀이었습니다.

하나님의 어부바

"내가 고통 중에 여호와께 부르짖었더니 여호와께서 응답하시고 나를 넓은 곳에 세우셨도다"

이 말씀에 대해 저는 이런 글을 교회 밴드에 올렸습니다.

"고통 중에 우리가 할 수 있는 최선은 여호와께 부르짖어 기도하는 것입니다. 우리가 부르짖을 때 여호와께서 우리의 부르짖음에 응답하시고, 우리를 넓은 곳에 세우셔서 모든 사람 중에 돋보이게 하실 것입니다. 우리가 기도를 중단하지 않는 한 우리는 아직 무슨 일이든 할 수 있습니다."

사랑하는 성도 여러분! 고통 중에 우리가 할 수 있는 최선의 일은 하나님께 기도하는 것입니다. 우리의 기도가 응답되지 않고 그래서 우리의 마음이 편치 않을 때에도 우리가 할 수 있는 최선의 일은 하나님께 기도하는 것입니다. 우리가 기도하면 하나님께서 고통 중에서 우리를 건져주실 것입니다.

방금 읽은 시편 118:5절 말씀을 공동번역은 이렇게 기록했습니다.

"내가 곤경에 빠져 야훼께 부르짖었더니 야훼께서 들으시고 나를 건져 주셨다."

하나님께서는 고통 중에 부르짖는 자들의 기도를 들으시고 그들을 고통 속에서 건져주셨다는 것입니다. 그러니 고통 중에 있는 사람이 할 수 있는 최선의 일은 야훼 하나님께 기도하는 것입니다.

그러므로 사랑하는 성도 여러분! 기도하시기 바랍니다. 여러분의 삶에 어려움이 있을수록 더욱 힘써 기도하시기 바랍니다. 혼자서도 기도하시고, 여러 사람이 합심해서도 기도하시기 바랍니다. 기도의 응답이 더디다고 생각될 때에도 포기하지 말고 기도하시기 바랍니다. 하나님께서 그런 우리의 기도를 들으실 것입니다. 그리고 우리를 고통 가운데서 건지시고 평강으로 인도해 주실 것입니다. 그것이 우리를 향하신 하나님의 약속입니다. 우리가 기도를 포기하지 않는 한 하나님께서도 우리를 포기하지 않으십니다. 그러므로 여러분! 기도합시다. 여러분의 골방에서 기도하시고, 매일 새벽마다 모여서 함께 기도합시다. 시편 116:2절에서 시인은 이렇게 고백했습니다.

지난 목요일 저의 오늘의 한 구절 말씀입니다.

"그의 귀를 내게 기울이셨으므로 내가 평생에 기도하리로다"

시편의 저자는 야훼 하나님께서 귀를 기울이시고 우리의 기도를 들으신다고 고백합니다. 시편 저자의 고백대로 하나님께서는 귀를 기울여 우리의 기도를 들어주십니다. 그러니 어렵다고, 힘들다고, 너무 바쁘고 피곤하다고 기도하지 않는 성도가 있다면 그는 가장 어리석은 사람입니다. 오히려 우리는 어려우니까 더 기도하고, 바쁘고 피곤하니까 더 기도해야 하는 성도들입니다. 왜냐하면 하나님이 귀를 기울여서 우리의 기도를 듣고 계시고, 고통 중에 기도하는 자들의 기도에 응답해 주시기 때문입니다. 여러분, 기도를 포기하지 마십시오. 하나님께서도 우리를 포기하지 않으실 것입니다.

오늘 말씀 보시겠습니다. 우리는 한 주간 참 많은 예배를 드립니다. 주일 예배 외에도 매일 새벽마다 예배를 드리고, 수요일과 금요일에도 예배를 드립니다. 코로나 이전에는 공적인 예배 외에도 소그룹으로 드리는 예배도 많았습니다. 그러니 우리는 한 주간에 최소한 열 번 이상 예배를 드리는 것입니다. 이렇게 예배를 많이 드리는 나라와 성도들이 또 있을까 싶습니다. 물론 예배를 많이 드리는 것은 좋습니다. 그런데 예배를 너무 많이 드리다 보니 혹시 예배의 의미는 잊어버리고 예배의 형식만 붙잡게 되는 것은 아닌가 싶은 염려가 되기도 합니다.

예배드리는 데 있어서 제일 중요한 것은 무엇일까요? 거기에 대해서는 정말 많은 말을 할 수 있을 것입니다. 그래도 우리가 예배드리는 데 있어서 제일 중요한 것은 하나님이 받으시는 예배, 하나님이 기뻐하시는 예배를 드리는 것 아니겠습니까? 우리가 일주일에 열 번이 아니라 하루에 열 번 예배를 드린다 해도 하나님이 그 예배를 기뻐하지 않으신다면 우리가 드리는 예배가 무슨 의미가 있겠습니까?

그러면 우리는 어떻게 예배를 드려야 할까요? 우리가 어떻게 예배를 드려야 하나님이 기뻐하시고 그 예배를 받아주실까요?

예배는 하나님이 원하시는 방법대로 드려야 합니다. 지난 주일에 레위기 설교를 하면서 레위기는 우리가 어떻게 하나님 앞으로 나가서, 어떻게 하나님 앞에 머무르며, 어떻게 하나님 앞에서 살아갈지에 대한 기록이라고 했습니다. 한 마디로 레위기는 우리가 하나님 앞에 나갈 수 있는 방법을 이야기 한 책입니다. 하나님께서는 이스라엘이 하나님께 나갈 방법으로 제사를 말씀하셨습니다. 이스라엘은 번제, 소제, 화목제, 속죄제, 속건제와 같은 제사를 통해 하나님께 나갈 수 있었습니다. 하나님은 이스라엘에게 어떤 상황에서 어떤 제사를 어떻게 드려야 하는지 아주 구체적으로 말씀하셨습니다. 이스라엘은 하나님께서 말씀하신대로 제사를 드림으로 하나님께 나갈 수 있었습니다. 제사의 성공과 실패는 이스라엘이 하나님의 말씀대로 제사를 드리느냐 마느냐에 달려 있었습니다.

구약의 이스라엘 문화에 익숙하지 못한 우리에게 제사를 이해하는 것은 너무 복잡하고 어렵습니다. 제사의 방법과 절차를 하나하나 다 기억하는 것도 쉽지 않습니다. 그런데 우리만 그럴까요? 레위기에서 제사를 드리는 이스라엘도 마찬가지였을 것입니다. 왜냐하면 그들도 제사를 처음 드려보기 때문입니다. 그러니 제사가 어렵고 이해하기 힘들기는 그들이나 우리나 마찬가지입니다. 그러나 그렇게 제사가 어렵고 방법과 절차가 복잡하다고 해서 자기들 마음대로 제사를 드릴 수는 없습니다. 제사는 하나님이 말씀하신 방법대로 드려야 하기 때문입니다. 이스라엘이 제사를 드리는 데 있어서 제일 중요한 것이 이것입니다.

'제사는 하나님이 말씀하신 대로 드린다.'
'제사는 하나님이 원하시는 방법대로 드린다.'

오늘 본문으로 레위기 9장의 말씀을 읽었습니다. 레위기 1장부터 7장까지에서 하나님은 이스라엘이 드려야 할 제사에 대해 말씀하셨습니다. 우리가 잘 아는 번제, 소제, 화목제, 속죄제, 속건제가 그것입니다. 이제 필요한 것은 제사를 주관할 제사장입니다. 그래서 레위기 8장에서 하나님은 아론을 대제사장으로 세우시고 아론의 네 아들인 나답과 아비후와 엘르아살과 이다말을 각각 제사장으로 세우십니다. 그리고 출애굽기 29장에서 이미 가르쳐주신 제사장의 위임식 절차대로 그들에게 제사장의 직분을 위임해 주십니다. 이제 아론과 그의 아들들은 레위기 1장부터 7장까지 소개한 제사들을 하나님이 말씀하신 방법대로 매일 드리게 될 것입니다. 이상이 레위기 8장의 내용입니다. 그리고 오늘 레위기 9장입니다.

레위기 9장에서 대제사장인 아론이 첫 번째 제사를 드립니다. 이 순간은 참으로 역사적인 순간입니다. 이스라엘이 첫 제사를 하나님께 드린다는 점에서 역사적이고, 하나님이 드디어 회중들 가운데서 이스라엘을 만나주신다는 점에서 역사적입니다. 이제 이스라엘은 모세를 통하지 않고도 각자가 하나님 앞으로 나올 수 있게 되었습니다. 그리고 하나님은 이스라엘 백성 한 사람 한 사람을 직접 만나실 수 있게 되었습니다. 그것을 위한 첫 번째 제사를 레위기 9장에서 아론이 드리는 것입니다. 그러니 이 순간은 얼마나 놀라운 순간입니까? 이 순간은 아담이 범죄 한 이후 사람을 떠나셨던 하나님이 다시 사람들 속으로 내려오시는 순간이기도 합니다.

아론은 먼저 자신과 자신의 집을 위해 속죄제와 번제를 드립니다. 그리고 이어서 소제와 화목제를 드립니다. 아론과 그 아들들은 여호와께서 모세를 통해 명령하신 대로 제사를 드렸습니다. 그렇게 제사를 드린 아론은 손을 들어 백성들을 축복합니다. 그리고 모세와 함께 여호와의 회막에 들어갔다 나와서 다시 백성들을 축복합니다. 그때 여호와의 영광이 온 백성에게 나타났고, 불이 여호와 앞에서 나와 제단 위의 번제물과 기름을 살랐습니다. 하나님께서 아론이 드린 제사를 기뻐하시고 그 제사를 모두 받으신 것입니다. 이에 이스라엘 온 백성은 소리를 지르면서 여호와 하나님 앞에 엎드렸습니다.

아론은 대제사장이 되었다고 해서 자기 마음대로 제사를 드리지 않았습니다. 대제사장인 아론은 오직 하나님께서 모세를 통해 명령하신 방법대로 제사를 드렸습니다. 그럴 때 하나님이 아론의 제사를 받으셨고 그들에게 불을 내리신 것입니다. 레위기 9:10절에 보면 아론이 드린 제사는 '여호와께서 모세에게 명령하심과 같았다'

고 했습니다. 이어서 16절에서는 '또 번제물을 드리되 규례대로 드리고'라고 했습니다. 21절에서는 "그가 여호와 앞에 요제를 흔드니 모세가 명령한 것과 같았더라"고도 했습니다. 아론이 드린 제사는 하나님이 말씀하신 대로 드리는 제사였고, 정해진 규례대로 드리는 제사였습니다. 하나님은 그런 아론의 제사에 불로 응답하신 것입니다. 그런데 레위기 10장에 보면 하나님께 제사를 드리던 제사장들이 죽는 비극이 발생합니다. 아론의 첫째 아들 나답과 둘째 아들 아비후가 자신들의 방법대로 제사를 드리다가 죽은 것입니다.

나답과 아비후가 어떤 잘못을 했는지 성경은 분명하게 기록하지 않습니다. 다만 레위기 10:1절에서 나답과 아비후가 '여호와께서 명령하시지 아니하신 다른 불을 담아 여호와 앞에 분향했다'(레 10:1)고만 기록할 뿐입니다. 원래 향단에 올려질 불은 제단에서 취한 것이어야만 합니다. 그런데 나답과 아비후는 제단에서 취한 불이 아닌 다른 불을 향단에 올려 분향했습니다. 여호와의 말씀대로 제사를 드리지 않은 것입니다. 그러자 여호와 앞에서 불이 나와 그들을 죽였습니다. 얼마나 무서운 장면입니까?

나답과 아비후는 왜 여호와의 말씀대로 제사를 드리지 않았을까요? 그들은 왜 제단에서 취한 불이 아니라 다른 불을 향단에 올렸을까요? 거기에 대해서도 성경은 분명히 기록하지 않습니다. 그런데 나답과 아비후가 죽은 후 하나님은 바로 이어서 이런 말씀을 하십니다.

레위기 10:9절 말씀입니다.

"너와 네 자손들이 회막에 들어갈 때에는 포도주나 독주를 마시지 말라 그리하여 너희 죽음을 면하라 이는 너희 대대로 지킬 영원한 규례라"

하나님께서 이렇게 말씀을 하신 것을 보면 아마도 나답과 아비후는 회막에 들어가기 전에 포도주와 독주에 취해 있었던 것 같습니다. 그렇다면 나답과 아비후는 술에 취해 분별력이 흐려졌고, 그래서 하나님께서 명령하신 불이 아니라 자신들이 임의로 만들어낸 다른 불을 가지고 여호와께 분향을 했을 수도 있습니다.

세상에 술을 이길 수 있는 사람은 아무도 없습니다. 성령이 사람을 지배하듯 술도 사람을 지배하기 때문입니다. 오죽하면 제사장들이 이런 실수를 했겠습니까? 그러므로 여러분! 술에 자신하지 마십시오. 가급적 술을 멀리 하십시오. 그게 좋습니다. 이는 술이 선이냐 악이냐의 문제가 아닙니다. 술을 마시면 죄냐 아니냐의 문제도 아닙니다. 술을 마신다고 믿음이 없는 것도 아니고 술을 마시지 않는다고 믿음이 좋은 것도 아닙니다. 가끔 술 때문에 교회에 오지 못한다는 분들이 있습니다. 참 정직한 분들입니다. 그런데 술 때문에 교회에 오지 않는 것보다 술에 취해서라도 교회에 오는 것이 더 낫습니다. 술이 교회에 오고 말게 할 정도로 중요한 문제가 아니라는 것입니다. 사실 우리 신앙에 술은 그렇게 큰 문제가 아닙니다. 그러나 사랑하는 성도 여러분! 그래도 가급적 술을 멀리 하십시오. 왜냐하면 술은 우리를 지배하는 힘이 있기 때문입니다. 세상에 술을 다스릴 수 있는 사람은 없습니다. 처음에는 사람이 술을 마시지만 나중에는 술이 사람을 마시고, 결국에는 술이 술을 마시게 되는 것입니다. 그리고 술은 많은 사람들을 넘어뜨립니다. 점잖은 사람도 넘어뜨리고 믿음 좋은 사람도 넘어뜨립니다. 많은 사람들이 술김에 싸움을 하고, 술김에 바람을 피고, 술김에 사람을 죽이기도 합니다. 그러니 신앙과 별개로라도 술을 멀리 하십시오. 그게 좋습니다. 술이 나쁜 것이 아니라 술 때문에 벌어지는 일들 중에 나쁜 일들이 너무 많기 때문입니다.

아무튼 하나님께서는 술 취하여 다른 불을 가지고 나온 나답과 아비후를 그 자리에서 죽이셨습니다. 나답과 아비후가 포도주와 독주에 취하지 않았다면 그런 실수는 하지 않았을 것입니다. 그래서 제사는 하나님이 말씀하신 방법대로 드리는 것이 제일 중요한 것입니다.

불과 얼마 전만 해도 하나님께서는 불을 내려 제단 위의 제물을 모두 사르셨습니다. 그런데 하나님은 그와 똑같은 불을 내려서 제물이 아니라 제사장인 나답과 아비후를 사르셨습니다. 그러니 여호와 앞에서 나와 제물을 사른 불이나, 나답과 아비후를 사른 불은 똑같은 불인데 다른 불이고, 다른 불인데 똑같은 불입니다. 어떤 면에서 그렇습니까?

레위기 9장과 10장에서 여호와 앞에서 불이 두 번 나왔습니다. 한 번은 제단 위의 제물을 사르는 불이었고, 다른 한 번은 제사드리는 제사장들을 사르는 불이었습니다. 첫 번째 불은 이스라엘의 제사를 열납하시는 불이었고, 두 번째 불은 이스라엘의 제사를 거절하시는 불이었습니다. 첫 번째 불은 여호와의 말씀에 순종하여 드리는 예배를 위해 나온 불이고, 두 번째 불은 여호와의 말씀을 어기고 자기들 마음대로 드리는 제사에 나온 불입니다. 그러니 두 불은 여호와 앞에서 나온 불이라는 점에서는 똑같은 불이지만, 어떤 불은 제사를 열납하는 불이고 다른 불은 제사를 거절하는 불이라는 점에서 다른 불인 것입니다. 그리고 한 번은 제사를 열납하여 이스라엘을 살리는 불이고, 다른 한 번은 제사를 거절하여 제사드리는 제사장을 죽이는 불이라는 점에서 두 불은 다른 불인 것입니다.

사랑하는 성도 여러분! 거듭 말씀드리지만 제사장들이 제사드릴 때 제일 중요한 것은 하나님이 말씀하신 방법대로 하는 것입니다. 그 방법과 절차가 까다롭고 어렵지만 그래도 그대로 하는 것입니다. 이런 순종이 제사보다 훨씬 더 나은 것입니다. 이스라엘은 하나님께 드리는 첫 번째 제사에서부터 이 사실을 뼈저리게 느끼고 확인했습니다. 그렇다면 오늘 우리가 드리는 예배도 마찬가지 아니겠습니까?

오늘날 드려지는 예배는 얼마나 멋있고 근사한지 모릅니다. 특히

하나님의 어부바

규모가 큰 교회에서 드리는 예배는 정말 멋있습니다. 목사님들의 설교는 세련되고 성가대나 챔버 오케스트라는 거의 프로 수준입니다. 찬양을 인도하는 찬양팀은 각본도 좋고 찬양하는 연출도 좋습니다. 또 그것을 송출하는 방송 시설도 웬만한 방송국에 버금갈 정도입니다. 목사님들이 설교하는 강단은 위엄이 있고 성도들이 앉는 회중석은 편안합니다. 조명도 무리가 없고 환풍이나 온도도 쾌적합니다. 수억 원을 호가하는 음향 시스템은 목사님이나 성가대, 기타 다른 소리들을 편안하게 들을 수 있게 합니다. 얼마나 좋습니까? 그러나 너무 편한 예배, 최선을 다해 사람을 배려하는 예배, 현대화되고 세련된 예배, 이런 예배는 사람들에게 인기 있는 예배일 수 있지만 자칫 사람이 주인공인 예배가 될 수도 있습니다. 그러니 조심해야 합니다. 세련되고 장엄한 예배를 조심하자는 것이 아니라 지나치게 사람을 배려하고, 사람의 감정을 자극하고, 사람이 주인이 되는 예배를 조심하자는 것입니다. 언제나 예배의 주인공은 하나님이십니다. 그러므로 예배의 모든 순서는 하나님께 맞춰져야 합니다. 그러니 예배드리는 성도들은 예배시간에 다소 불편함이 있고 마음에 들지 않는 부분이 있더라도 거기에 대해 너무 감정적으로 반응하지 말아야 합니다. 그런 반응은 자칫 나답과 아비후가 가지고 나왔던 다른 불이 될 수도 있기 때문입니다.

 그러면 오늘 우리가 드리는 예배는 어떨까요? 오늘 우리는 어떤 방법과 절차를 통해 하나님을 예배하고 있을까요? 오늘 우리는 예배의 방법과 절차가 까다롭고 시간 배정과 순서들이 마음에 들지 않더라도 약속된 방법대로 예배를 드려야 할까요? 아니면 우리들의 사정과 형편에 따라서 탄력적으로 예배를 드려도 되는 것일까요? 사실 이 문제는 쉽지 않습니다. 그런데 오늘날 우리는 조금 더 보수적인 방법으로 예배를 드려야 하지 않을까 하는 것이 제 생각입니다. 특히 요즘처럼 예배당에 모이는 일조차 쉽지 않을 때에는 더욱 그렇습니다. 온라인 예배가 일상이 되어진 지금 여러분은 어떻게 예배를 드리고 계십니까? 많은 경우 우리는 집에서 예배를 드리는데 집이란 우리에게 가장 편한 곳입니다. 무장해제가 되는 곳입니다. 그렇게 편안한 집에서 여러분은 어떻게 예배를 드리고 계십니까? 교회에 와서 예배를 드리는 만큼 시간을 내서 예배를 준비하고, 절제되고 정성스런 모습으로 예배를 드리고 계십니까? 예배드리는 여러분의 복장은 어떻습니까? 헌금은 어떻게 하고 계십니까? 이런 부분들에 대해서 지금은 우리가 조금 더 보수적으로 생각할 필요가 있습니다. 왜냐하면 지금은 많은 절차와 방식들이 무너지고 있기 때문입니다. 구약의 이스라엘이 하나님이 정해주신 방법대로 제사를 드렸던 것처럼 오늘 우리도 우리의 형편에 맞는 예배가 아니라 정해진, 그리고 약속된 절차를 따라서 온전히 하나님께 드려지는 예배를 드려야 할 필요가 있습니다. 그래서 구약 이스라엘 백성들이 제사를 드리는 데 있어서 제일 중요한 것이 하나님이 말씀하시는 방법대로 드리는 것이었던 것처럼, 오늘 우리 예배도 우리에게 편리한 방법이 아니라 하나님이 원하시는 방법,

하나님의 어부바

하나님이 정해주신 방법, 그렇게 믿고 우리가 약속한 절차대로 예배를 드리는 것이 중요합니다. 특히 요즘 같은 때에는 더욱 그렇습니다.

그러므로 여러분, 편안한 예배, 감동적인 예배, 은혜로운 예배에 너무 집중하지 마시고 정해진 예배, 약속된 예배, 그동안 우리가 드려오던 예배에 더욱 힘을 내서 참여하십시오. 하나님께서 그런 우리의 예배를 기뻐하며 받아주실 것입니다.

적용질문

오늘날 각 교회에서 드려지는 예배에서 가장 중요하게 여기는 것은 무엇일까요? 오늘 우리가 드리는 예배는 누구를 위한 예배일까요? 예배에서 나를 불편하게 하고 견딜 수 없게 하는 것은 어떤 것들이 있나요? 나를 불편하게 하는 그런 것들은 예배에서 정말 그렇게 중요한 문제들일까요?

내 규례와 법도를 지키라

본문: 레위기 18:1-5

지난 주일에 예배에 관한 설교를 했습니다. 우리는 하나님이 받으시고 기뻐하실만한 예배를 드려야 한다는 것이 주 내용이었습니다. 예배의 주인은 사람이 아닙니다. 예배의 주인은 하나님이십니다. 그래서 예배는 사람을 배려하기에 앞서서 하나님을 온전히 향해야 합니다. 제사장들이 제사를 드릴 때 제일 중요한 것은 하나님이 말씀하신 방법 그대로 드리는 것입니다. 상황에 따라, 형편에따라 탄력적으로 제사를 드리는 것이 아니라 하나님이 말씀하신방법 그대로 제사를 드리는 것입니다. 그것이 제일 중요합니다.

아론이 하나님께서 말씀하신 방법대로 제사를 드렸을 때 하나님께서는 불로 제물과 기름을 살라 주셨습니다. 그러나 나답과 아비후가 다른 불로 제사를 드렸을 때 하나님은 불로 나답과 아비후를 사르셨습니다. 그들의 제사를 받지 않으신 것입니다. 하나님이 말씀하신 방법 그대로 제사를 드리는 것이 그만큼 중요했던 것입니다.

오늘날 우리가 드리는 예배도 마찬가지입니다. 예배는 하나님께 드리는 것입니다. 예배는 우리를 위해 죽으신 예수님의 보혈을 힘입어서 우리가 하나님께 나와 하나님을 만나는 것입니다. 그래서

하나님의 어부바

예배도 하나님이 정해주신 방법대로 드리는 것이 중요합니다.

근본적으로는 예배는 자기를 단번에 제물로 드리신 예수 그리스도의 공로로 드리는 것입니다.

베드로전서 3:18절에 이런 말씀이 있습니다.

> "그리스도께서도 단번에 죄를 위하여 죽으사 의인으로서 불의한 자를 대신하셨으니 이는 우리를 하나님 앞으로 인도하려 하심이라"

예수님께서는 단번에 죄를 위하여 죽으셨고 그로인해 우리는 하나님 앞으로 인도되어 하나님을 예배할 수 있게 되었습니다. 왜냐하면 예수님께서 우리의 죄를 대신하여 죽으심으로 말미암아 우리가 거룩하게 되었기 때문입니다.

이에 대해 히브리서 10:10절은 이렇게 기록합니다.

> "이 뜻을 따라 예수 그리스도의 몸을 단번에 드리심으로 말미암아 우리가 거룩함을 얻었노라"

그리스도는 단번에 죽으심으로 우리를 거룩하게 하셨습니다. 그래서 우리는 언제든지 하나님 앞으로 나올 수 있는 자격을 얻게 되었습니다. 그러므로 우리가 하나님께 드리는 모든 예배는 예수 그리스도의 이름으로 드리는 것이어야 합니다. 우리의 공로로 예배를 드리는 것이 아닙니다. 우리의 결단으로 예배를 드리는 것도 아니고, 우리가 받을 복을 위해 예배를 드리는 것도 아닙니다. 예배는 우리를 거룩하게 하신 예수님의 공로로 드리는 것이고, 그렇게 우리는 하나님께 나와 하나님의 이름을 높이는 것입니다. 그게 예배입니다. 그래서 예배의 모든 순서는 사람을 편안하게 배려하는 것이 아니라 하나님을 높이는 것에 맞춰져야 합니다. 그런 의미로 우리는 찬양을 하고, 기도를 하고, 헌금을 하고, 교제를 하고, 하나님의 말씀을 선포하며 듣는 것입니다.

구약과 달리 우리는 언제든지 하나님 앞으로 나와 예배드릴 수 있습니다. 그러나 그렇다고 해서 우리가 아무렇게나 하나님께 나와도 된다는 것은 아닙니다. 그것은 구약이나 지금이나 마찬가지입니다. 원래 제사는 사느냐 죽느냐의 문제였습니다. 아론은 하나님께 제사드리고 살았지만 나답과 아비후는 하나님께 제사드리고 죽었습니다. 그만큼 제사는 엄숙한 것입니다. 이는 오늘 우리가 드리는 예배도 마찬가지입니다. 오늘날 우리는 자유롭게 예배를 드립니다. 그러나 거룩함의 무게를 잃은 예배는 경박합니다. 오늘날 우리가 드리는 예배는 하나님과의 친밀함이 강점입니다. 그러나 하나님과 친밀하다는 것이 하나님 앞에 경솔하다는 의미는 아닙니다. 오늘날 우리가 드리는 예배에도 거룩함이 필요하고, 예수 그리스도의 보혈을 하나님의 제단 앞에 뿌리는 진지함도 있어야 합니다. 그런 예배 위에 하나님이 임하시는 것이고, 그런 예배를 하나님이 받

하나님의 어부바

으시는 것입니다.

지난 주간 새벽에 기도할 때 제 마음이 계속해서 편치 않았습니다. 새벽에 예배드리면서, 그리고 기도하면서 우리가 예배드리는 모습이 계속해서 떠올랐습니다. 그 모습은 그리 좋아 보이지는 않았고 그 모습이 계속해서 제 기도에 방해가 되었습니다.

사랑하는 성도 여러분! 여러분이 예배드리는 모습을 잘 돌아보십시오. 우리는 지금 하나님이 받으실만한 예배를 드리고 있을까요? 오늘 우리가 예배드리는 모습을 촬영해서 본다면 그 모습은 어떨까요? 여러분은 그 모습을 보면서 하나님의 은혜를 기대할 수 있을까요?

오늘 말씀 보시겠습니다. 지난 주일에 하나님께 드리는 제사는 하나님께서 말씀하신 방법대로 드리는 것이 제일 중요하다고 했습니다. 지난 주일에 나눈 이 말씀은 주로 제사를 드리는 절차에 대한 이야기였습니다. 그런데 제사는 제사 드리는 절차만 중요한 것이 아닙니다. 제사는 제사 드리는 사람이 제사를 드리기 위해 어떤 준비를 해야 하느냐도 중요합니다. 이 말은 누군가 하나님께 제사를 드리기 위해서는 그에 합당한 삶을 먼저 살아야 한다는 의미입니다.

지지난 주일에 레위기 1:1절 말씀을 설교하면서 레위기는 '하나님께 드리는 제사와 하나님 나라 백성들의 삶에 대한 이야기'를 기록한 책이라고 했습니다. 더 간단하게 레위기는 '하나님의 백성들이 살아가는 법'에 대한 이야기입니다.

하나님 나라의 백성들은 어떻게 살아야 할까요? 한 마디로 거룩하게 살아야 합니다. 그래서 레위기는 하나님의 백성인 이스라엘이 어떻게 거룩한 삶을 살아갈지에 대한 기록입니다. 하나님께서는 레위기를 통해 '내가 거룩하니 너희도 거룩하라'고 하셨습니다. 이 말씀이 레위기의 주제 입니다.

레위기 11:45절 말씀입니다.

"나는 너희의 하나님이 되려고 너희를 애굽 땅에서 인도하여 낸 여호와라 내가 거룩하니 너희도 거룩할지어다"

레위기 19:2절에서는 이렇게도 말씀하셨습니다.

"너는 이스라엘 자손의 온 회중에게 말하여 이르라 너희는 거룩하라 이는 나 여호와 너희 하나님이 거룩함이니라"

하나님은 이스라엘을 향해 내가 거룩하니 너희도 거룩하라고 반복해서 말씀하셨습니다. 거룩한 삶을 살라는 것입니다. 그런데 우리는 어떻게 거룩한 삶을 살 수 있을까요?

오늘 본문에서 하나님께서는 이스라엘을 향해 '너희가 거주하던

하나님의 어부바

애굽 땅의 풍속을 따르지 말고, 장차 너희가 들어갈 가나안 땅의 풍속과 규례도 따르지 말라'(레 18:3)고 하십니다.

3절 말씀입니다.

> "너희는 너희가 거주하던 애굽 땅의 풍속을 따르지 말며 내가 너희를 인도할 가나안 땅의 풍속과 규례도 행하지 말고"

이스라엘은 애굽에서 4백 년을 살았습니다. 앞으로는 가나안 땅에 들어가 그곳에 정착하여 살 것입니다. 그러나 이스라엘은 애굽 백성도 아니고 가나안 사람들도 아닙니다. 이스라엘은 하나님 나라의 백성들입니다. 그러므로 이스라엘은 하나님이 정하신 법과 원칙을 따라 살아야 합니다.

본문 4절 말씀입니다.

> "너희는 내 법도를 따르며 내 규례를 지켜 그대로 행하라 나는 너희의 하나님 여호와이니라"

5절에서도 반복해서 말씀하십니다.

> "너희는 내 규례와 법도를 지키라 사람이 이를 행하면 그로 말미암아 살리라 나는 여호와이니라"

내 규례와 법도를 지키라

이스라엘은 가나안땅에 들어가 애굽의 전통을 지키며 살아서도 안되고, 가나안 사람들의 풍속을 따라 살아서도 안 됩니다. 이스라엘은 가나안 땅에서 오직 하나님이 정하신 규례와 법도를 따라 살아야 합니다. 하나님이 정하신 규례와 법도가 무엇입니까? 하나님이 정하신 규례와 법도를 한 단어로 표현하면 '거룩'입니다. '내가 거룩하니 너희도 거룩하라'(레 11:45)고 하신 바로 그 거룩입니다.

거룩이 무엇입니까? 거룩은 '구별됨'입니다. 그들이 살던 애굽 땅의 풍속으로부터 구별 되는 것입니다. 그리고 앞으로 그들이 살아갈 가나안 땅의 규례로부터도 구별되는 것입니다. 그것이 거룩입니다. 그렇게 거룩하게 사는 것이 곧 하나님의 규례와 법도를 지키는 것입니다.

그러면 구체적으로 이스라엘은 애굽과 가나안의 어떤 것으로부터 구별 되어야 하는 것일까요? 여러 가지가 있겠지만 이방 풍속 중 가장 경계해야 할 것은 '문란한 성생활'입니다. 오늘 우리는 레위기 18:1-5절까지만 읽었지만 6절 이하의 말씀을 계속해서 보면 성적인 문란에 대해 경계하는 말씀들입니다. 레위기 18장 말씀을 읽다 보면 사람이 성적으로 어디까지 타락할 수 있는지 그 끝을 보여주는 것 같습니다. 하나님은 근친상간을 금하셨습니다. 어머니, 누이, 손녀, 외손녀, 고모, 형제의 아내, 삼촌의 아내, 계모 등과 성관계를 하지 못하게 하셨습니다. 이들과의 무분별한 성관계는 하나님이 세우신 가정의 신성함을 깨뜨리는 매우 가증스러운 행위이

하나님의 어부바

기 때문입니다. 하나님은 또한 월경 중인 여자나 이웃의 아내와도 동침할 수 없게 하셨고, 동성애와 짐승과 교접하는 것도 금하셨습니다. 그리고 자기 욕망을 위해 자녀를 몰렉에게 제물로 바치는 것도 하나님의 이름을 욕되게 하는 것이라고 했습니다. 몰렉은 암몬 족속이 섬기던 부족신인 '밀곰'의 다른 이름입니다. 당시 몰렉 신을 섬기는 사람들은 자기들의 자녀를 불태워 바치는 의식을 행하고는 했습니다. 하나님은 이스라엘에게 이러한 행위를 강력히 금지시키셨습니다.

하나님은 단순히 문란한 성행위를 금지시키기만 하신 것이 아닙니다. 하나님은 문란한 성행위에 대해 강력하게 책망도 하셨습니다. 레위기 20장에서는 이방의 풍속을 따라 금지된 성관계에 빠지는 사람들을 하나님이 책망하겠다고 하십니다. 그들을 하나님의 백성 중에서 끊어버릴 것이고, 그들이 죽임을 당할 것이고, 그렇게 악행하는 자들을 불사르겠다고도 하십니다. 자기들의 피가 자기들에게 돌아갈 것이라고도 하시고, 자기들의 죄를 자기들이 담당할 것이라고도 하십니다.

사랑하는 성도 여러분! 무분별하고 문란한 성관계는 육체적인 타락뿐 아니라 마음과 영혼을 모두 무너뜨리는 심각한 죄입니다. 여러분은 지금 설교를 들으면서 문란한 성생활은 나와는 관계가 없다고 생각하실지도 모릅니다. 내 남편과 아내와도 관계없고, 내 아이들과도 관계가 없다고 생각할지 모릅니다. 그러나 정말 그렇겠습니까?

요즘은 성이 문화가 되고 개인의 취향과 선택이 되었습니다. 지금은 누군가의 성적 성향에 대해서 아무도 간섭할 수 없습니다. 성이 개인의 선택이 되었고 인권이 되었기 때문입니다. 그러나 세상이 어떻게 돌아가든 성에 대한 하나님의 기준은 분명합니다. 하나님께서는 부부간의 관계에서만 성을 허락하셨습니다. 그것이 모든 시대를 초월하는 하나님의 기준입니다. 부부에게 성은 하나님의 선물입니다. 그러나 부부 이외의 사람과 관계하는 성은 주변을 모두 불태우는 죄악입니다.

사실 성적인 문란함은 오늘날에만 있는 문제가 아닙니다. 성적인 문란함은 모든 시대에 걸쳐 있어 왔습니다. 출애굽 당시에도 있었고 그 이전 시대에도 있었습니다. 그런데 하나님이 정하신 성의 기준은 시대에 따라 달라지지 않았습니다. 출애굽 당시 시내산 아래서나 오늘 우리들에게나 성에 대한 하나님의 기준은 동일합니다. 성은 결혼한 부부에게만 허락하신 하나님의 선물입니다. 이 기준이 무너질 때 가정과 사회 질서가 무너지고 교회 공동체가 무너질 수 있는 것입니다. 특히 성경은 성적인 타락을 영적 음란과 관계해서 이야기하는 부분이 많습니다. 그러므로 우리가 더욱 조심해야 할 것이 성적인 방종입니다.

하나님 나라의 백성인 우리들은 우리가 살고 싶은 삶을 사는 것이 아니라 우리의 왕이고 주인이신 하나님이 살라고 하는 삶을 살아야 합니다. 그런 삶을 가장 단적으로 보여줄 수 있는 게 성입니다. 이 부분에 있어서 우리는 구별되어 거룩해야 합니다. 그리고 혹시 성적으로 실수한 일이 있으면 회개하고 똑같은 실수를 반복하지 말아야 합니다.

이런 기준은 우리 청년, 학생들도 마찬가지입니다. 성에 대한 하나님의 기준이 청년, 학생들에게는 고리타분하게 들릴 수 있습니다. 그러나 성은 문화가 아닙니다. 성은 단순히 인권의 문제도 아닙니다. 성은 하나님의 법입니다. 시대가 어떻든 그 법을 어기면서 거룩할 수는 없습니다. 그러므로 사랑하는 성도 여러분! 특히 청년, 학생 여러분! 성에 대해 결단하십시오. 성은 하나님이 부부들에게만 허락하신 선물입니다. 우리는 그것을 지켜야 합니다.

거룩함을 위해 지켜야 할 것은 성 문제 말고도 많이 있습니다. 레위기 19장은 이스라엘이 지켜야 할 삶의 규례에 대해 자세히 이야기합니다. 이스라엘은 부모를 경외하고 안식일을 지켜야 합니다. 땅의 곡식을 거둘 때에는 가난한 사람과 거류민을 위해 일부를 남겨두어야 합니다. 남의 것을 도둑질하지 말아야 하고, 속이지 말아야 합니다. 거짓 맹세도 하지 말아야 하고, 이웃을 억압하거나 착취하지 말아야 합니다. 장애가 있는 사람들에게 함부로 하지 말아야 합니다. 공정하게 재판해야 합니다. 이웃을 비방하지 말아야 합니다. 가축을 다른 종자와 교미시키지 말고, 밭에 두 종자를 섞어 뿌리지도 말아야 합니다. 어느 땅에 들어가 과목을 심었을 때도 하나님의 법대로 그것을 관리하고 열매를 먹어야 합니다. 신접한 자와 박수를 믿지 말아야 하고, 노인을 존중하고 공경해야 하며, 외국인과 나그네를 학대하지 말아야 합니다. 이런 것들이 이스라엘이 지켜야 할 하나님의 법도와 규례입니다. 이런 모든 규례를 정하신 분은 하나님 여호와시고, 이스라엘은 이런 규례들을 모두 지킴으로 하나님의 거룩하심처럼 자신들도 거룩해질 수 있습니다. 하나님 나라의 백성들에게는 거룩함에 대한 적극적인 의지가 있어야 합니다. 왜냐하면 거룩한 삶 없이는 거룩한 백성이 될 수 없고, 거룩한 백성이 되지 않고서는 하나님께 온전한 제사를 드릴 수 없기 때문입니다.

레위기 19:2절에서 하나님은 이렇게 말씀하십니다.

"너희는 거룩하라 이는 나 여호와 너희 하나님이 거룩함이니라"

이는 레위기 11:45절에서도 이미 하신 말씀입니다.

"내가 거룩하니 너희도 거룩할지어다"

이 말씀이 레위기의 주제 말씀이고, 출애굽하여 하나님의 나라를 세울 이스라엘의 최종 미션입니다. 이스라엘은 거룩을 위해 출애굽 한 것이고, 거룩을 위해 가나안 땅에 하나님의 나라를 세우는 것입니다. 하나님은 가나안 땅에 이스라엘 나라를 세우기 위해 가나안 땅에 살던 사람들을 모두 쫓아내셨습니다. 이것은 하나님이 가나안 사람들에게 불공평하신 것이 아니라 가나안 사람들이 자기들이 살던 땅에서 쫓겨날 만큼 악하였다는 것입니다.

여기에 대해서 레위기 18:24-25절은 이렇게 기록합니다.

"너희는 이 모든 일로 스스로 더럽히지 말라 내가 너희 앞에서 쫓아내는 족속들이 이 모든 일로 말미암아 더러워졌고 그 땅도 더러워졌으므로 내가 그 악으로 말미암아 벌하고 그 땅도 스스로 그 주민을 토하여 내느니라"

가나안 사람들은 자기들의 죄로 말미암아 가나안 땅에서 토해졌습니다. 그런데 하나님은 이스라엘도 마찬가지라고 하십니다.
레위기 18:28절 말씀입니다.

"너희도 더럽히면 그 땅이 너희가 있기 전 주민을 토함같이 너희를 토할까 하노라"

하나님은 가나안 사람들을 쫓아내시고 그곳에 이스라엘 나라를 세우시겠지만, 만일 이스라엘이 가나안 사람들처럼 악을 행한다면 그 땅에서 토해내겠다고 하시는 것입니다. 그래서 이스라엘은 구별된 삶, 거룩한 삶을 살아야 하는 것입니다. 물론 이스라엘이 거룩한 삶을 살아서 하나님 나라의 백성이 되는 것은 아닙니다. 오히려 이스라엘은 하나님 나라의 백성이 되었으니 거룩한 삶을 살아야 하는 것입니다. 이는 우리도 마찬가지입니다. 우리가 거룩한 삶을 산다고 구원을 받는 것이 아닙니다. 거꾸로 우리가 이미 구원 받았으니 거룩한 삶을 살아야 하는 것입니다. 그리고 거룩한 삶을 사는 사람이 하나님 앞에 온전한 제사를 드리고, 온전한 예배를 드릴 수 있는 것입니다. 그래서 우리가 하나님을 온전히 예배하기 위해서는 먼저 하나님 앞에 구별된 삶을 사는 것이 필요한 것입니다.

✸ 적용질문

> 하나님을 온전히 예배하기 위해 오늘 우리가 준비해야 할 것은 무엇일까요? 예배를 드리기 위해 예배당을 청소하고, 성가대가 찬양을 준비하고, 목사가 설교를 준비하는 것이 전부일까요? 그것보다 더 중요한 것은 없을까요? 오늘 우리가 하나님을 온전히 예배하기 위해 전심으로 준비해야 할 것은 무엇일까요?

하나님의 어부바

우리와 함께하고 싶어 하십니다

본문: 레위기 26:40-46

3월 들어 레위기 설교를 하고 있습니다. 오늘까지 네 번째 레위기 설교입니다. 지난 한 달간 레위기를 설교하면서 하나님이 우리와 함께하기를 얼마나 갈망하시는지 묵상하며 저는 은혜를 많이 받았습니다. 우리가 하나님과 함께하기를 갈망하는 것이 아니라 하나님이 우리와 함께하기를 갈망하십니다. 우리는 오히려 하나님을 자주 외면합니다. 하나님과의 계약을 어기고 하나님을 멀리 하려 합니다. 그래도 하나님은 여전히 우리와 함께하기를 원하시고 끊임없이 우리에게 다가와 주십니다. 멀리 하늘에 계시던 하나님이 시내 산꼭대기로 내려오셨고, 불과 구름으로 경계를 지으시고 이스라엘 백성들이 시내 산에 접근하는 것을 막으셨던 하나님이 이스라엘 회중의 한 가운데에 있는 회막으로 내려오셨습니다. 이제 이스라엘은 하나님이 정하신 절차를 거치면 누구든지 하나님께 나올 수 있게 되었습니다.

하나님이 이스라엘을 만나기 위해 주신 절차가 바로 제사와 절기입니다. 이스라엘은 하나님이 정하신 방법대로 제사와 절기를 지킴으로 하나님을 만날 수 있게 되었습니다. 그래서 하나님은 회막에서 모세를 부르셨습니다. 그리고 번제, 소제, 화목제, 속죄제, 속건제와 같은 제사의 규례를 가르쳐 주셨습니다. 이스라엘 백성들에게 매일, 또는 상황에 따라 번제와 소제와 화목제와 속죄제와 속건제를 드리면서 하나님께 나오라는 것입니다. 이때 중요한 것은 모든 제사를 하나님이 말씀하신 방법대로 드리는 것입니다.

아론은 하나님이 말씀하신 방법대로 속죄제와 번제를 드렸습니다. 그리고 이스라엘 회중들을 위해 소제와 화목제를 드렸습니다. 아론은 여호와께서 모세를 통해 말씀하신 방법대로 제사를 드렸고, 하나님께서는 불로 제단 위의 제물과 기름을 살라 주셨습니다. 하나님께서 아론이 드린 제사를 받아주신 것입니다. 그러나 아론의 아들이며 제사장인 나답과 아비후는 하나님이 가르쳐주신 방법이 아니라 자신들이 만들어 낸 방법으로 제사를 드렸습니다. 그들은 제단에서 취한 불이 아닌 다른 불을 향단에 올려 분향했습니다. 그러자 여호와 앞에서 불이 나와 나답과 아비후를 살랐습니다. 하나님이 나답과 아비후를 죽이시고 그들을 받지 않으신 것입니다.

나답과 아비후는 왜 다른 불을 향단에 올린 것일까요? 나답과 아비후는 회막에 들어가기 전에 포도주와 독주에 취해있었습니다. 술에 취해 분별력이 흐려진 그들은 여호와께서 명령하신 불이 아니라 자신들이 임의로 만들어 낸 불로 여호와께 분향을 한 것이고 그러다 하나님께 죽임을 당한 것입니다.

나답과 아비후가 제사를 드리다 죽는 것을 보면 하나님께 제사 드리는 사람은 하나님이 말씀하신 절차대로 제사를 드리는 것도

　　　　　　　　하나님의 어부바

중요하지만, 그 이전에 하나님 앞에 구별된 삶을 사는 것도 중요하다는 것을 알 수 있습니다. 그래서 지난 주일에는 우리가 어떻게 하나님 앞에 구별된 삶을 살아야 하는지에 대해 말씀을 나누었습니다.

온전한 제사를 통해 하나님께 나오게 될 이스라엘 백성들은 그들이 4백 년 동안 살던 애굽이나 장차 들어가 살게 될 가나안의 풍속과 법도를 따르지 말아야 합니다. 이스라엘 백성들은 오직 하나님의 법도를 따르며 하나님의 규례를 지켜 행해야 합니다. 구체적으로 애굽과 가나안의 문란한 성생활로부터 구별되어야 합니다. 근친상간을 하지 말아야 하고, 이웃의 아내나, 동성애나, 짐승과 교접하는 것도 금해야 합니다. 이스라엘은 성적인 구별 외에도 부모를 경외해야 하고 안식일을 지켜야 합니다. 땅의 곡식을 거둘 때는 가난한 사람과 거류민을 위해 일부를 남겨두어야 하고, 남의 것을 도둑질하거나 누군가를 속이지 말아야 합니다. 거짓 맹세도 하지 말아야 하고, 이웃을 억압하거나 착취하지도 말아야 합니다. 장애가 있는 사람들에게 함부로 하지 말아야 하고, 재판관은 공정하게 재판해야 합니다. 이웃을 비방하지 말아야 하고, 가축을 다른 종자와 교미시키지 말고, 밭에 두 종자를 섞어 뿌리지도 말아야 합니다. 신접한 자와 박수를 믿지 말아야 하고, 노인을 존중하고 공경해야 하며, 외국인과 나그네를 학대하지 말아야 합니다. 이런 것들이 여호와의 법도와 규례들이고, 이스라엘 백성들은 이런 여호와의 법도와 규례들을 지킴으로 자신들을 거룩하게 해야 합니다. 그리고 나서 하나님이 정해주신 절차와 방법대로 제사를 드려야 합니다. 이스라엘은 그렇게 하나님 앞으로 나오는 것입니다.

사랑하는 성도 여러분! 이스라엘이 하나님께 나가기 위해서는 제사의 절차만 중요한 것이 아니었습니다. 그들의 일상적인 삶도 중요했습니다. 거꾸로 이스라엘이 하나님께 나가기 위해서는 정직하고 바른 삶을 살기만 하면 되는 것이 아니었습니다. 하나님이 정하신 방법대로 드리는 제사의 절차도 중요했습니다. 그래서 이스라엘에게 있어서 제사와 삶은 별개가 아니라 하나였습니다. 이스라엘은 평소에도 제사에 합당한 삶을 살아야 했습니다. 제사에 합당한 삶은 곧 거룩한 삶이었습니다. 하나님께서는 이스라엘 백성들에게 '내가 거룩하니 너희도 거룩하라'는 말씀을 반복해서 하셨습니다.

이상이 지난 몇 주간 살펴본 말씀입니다. 이어서 오늘은 레위기 26장입니다. 레위기는 총 27장까지 있지만 실제로는 26장이 마지막 말씀입니다. 레위기 27장은 부록 같은 말씀입니다.

하나님은 레위기 26장에서 그동안 이스라엘 백성들에게 주신 규례를 다시 상기시키십니다. 그리고 이스라엘이 하나님께서 주신 말씀을 준행하며 살 때와 그렇지 않을 때 어떤 일이 있을지에 대해서 말씀하십니다.

이스라엘이 하나님의 말씀을 잘 지키며 살면 풍성한 복을 받을

　　　　　　　　　　하나님의 어부바

것입니다. 그러나 하나님의 말씀을 지키지 않으면 이스라엘 땅에 재앙이 있을 것입니다. 이는 다분히 인과응보 적입니다. 심은 대로 거둔다는 것입니다.

간혹 하나님의 은혜를 강조한 나머지 우리들 삶의 책임은 소홀히 할 때가 있습니다. 마치 우리에게 필요한 것은 오직 믿음뿐이고 삶은 그다지 중요하지 않다는 생각 같습니다. 그러나 그렇지 않습니다. 오히려 성경은 사람이 무엇을 심든지 심은 대로 거둘 것이라고 이야기합니다. 하나님의 말씀에 순종하며 사는 사람은 복을 받을 것입니다. 그러나 하나님 말씀을 어기며 불순종한 사람에게는 화가 있을 것입니다. 그것이 성경의 가르침이고 오늘 레위기 26장은 그것을 기록한 것입니다.

사실 이런 기록은 레위기뿐 아니라 고대 근동의 많은 계약서에도 나타납니다. 어떤 일에 대해 쌍방이 계약을 할 때 그 마무리를 심판과 저주로 기록하는 것은 고대 근동의 관행입니다. 계약을 성실히 수행하는 자에게는 복이 있을 것이고, 계약을 이행하지 않는 자에게는 저주가 있을 것이라는 것입니다. 레위기도 그런 관행에 따라 이야기를 마무리 하고 있는 것입니다.

구체적으로 레위기 26:3-5절은 이렇게 기록합니다. "너희가 내 규례와 계명을 준행하면 내가 너희에게 철따라 비를 주리니 땅은 그 산물을 내고 밭의 나무는 열매를 맺으리라 너희의 타작은 포도 딸 때까지 미치며 너희의 포도 따는 것은 파종할 때까지 미치리니 너희가 음식을 배불리 먹고 너희의 땅에 안전하게 거주하리라"

사실 가나안은 그렇게 풍요로운 땅이 아닙니다. 일부 지역을 제외하면 전 국토가 돌밭입니다. 게다가 석회암 지역이 많아서 비가 와도 물을 가둬두지 못합니다. 그럼에도 불구하고 하나님은 그곳에서 땅의 산물을 내고 밭의 열매를 맺게 해 주시겠다는 것입니다. 가나안 땅에 이른 비와 늦은 비를 철따라 주셔서 이스라엘이 배불리 먹고 그 땅에서 안전하게 하시겠다는 것입니다. 얼마나 놀라운 약속입니까? 그러나 하나님이 어떤 경우에도 이스라엘을 이렇게 축복하시는 것은 아닙니다. 오직 이스라엘이 하나님의 규례와 명령을 준행할 때, 그때 이렇게 하시겠다는 것입니다.

그러면 이스라엘이 하나님의 말씀대로 살지 않으면 어떻게 될까요? 이스라엘이 하나님 말씀대로 살지 않으면 그들에게 재앙이 있을 것입니다.

이에 대해서 레위기 26:14절 이하는 이렇게 기록합니다.

"그러나 너희가 내게 청종하지 아니하여 이 모든 명령을 준행하지 아니하며 내 규례를 멸시하며 마음에 내 법도를 싫어하여 내 모든 계명을 준행하지 아니하며 내 언약을 배반할진대 내가 이같이 너희에게 행하리니 곧 내가 너희에게 놀라운 재앙을 내려 폐병과 열병으로 눈이 어둡고 생명이 쇠약하게 할 것이요 너희가 파종한 것은 헛되리니 너희의 대적이 그것을 먹을 것임이며…"

이 밖에도 하나님의 말씀대로 살지 않을 자들이 받을 재앙에 대해서 레위기 26장은 아주 길게 말씀하십니다. 하나님의 말씀을 멸시하고 싫어하며 그 말씀대로 살지 않는 자들에게는 그런 재앙들이 있을 것이라는 것입니다.

이런 것을 보면 하나님이 야박한 듯하지만 사실은 너무나 당연한 일입니다. 이런 계약은 당시 근동의 모든 사람들이 공감하는 사항입니다. 계약을 지키지 않아도 복을 받는다면 누가 계약을 지키겠습니까? 계약을 잘 지켜도 돌아오는 것이 아무것도 없다면 누가 군이 계약을 지키려 하겠습니까? 그래서 계약은 서로 인과응보입니다. 계약을 잘 지키면 거기에 따른 보상이 있고, 계약을 잘 지키지 않으면 거기에 따른 대가가 있는 것입니다. 그것은 너무나 당연한 일이고 모두가 동의하는 일입니다. 그래서 모든 계약은 그 내용에 대해 자기가 뿌린 대로 받는 것입니다.

그러면 이스라엘은 어떻게 했을까요? 불행하게도 이스라엘은 하나님과의 계약을 성실히 지키지 못합니다. 그들은 끊임없이 계약을 어겼습니다. 그 결과 이스라엘은 하나님이 말씀하신 대로 두고두고 기근과 가뭄과 병충해와 전염병과 전쟁에 시달렸습니다. 그리고 결국 이스라엘은 쇠잔해지고 망하게 되었습니다. 계약을 파기한 자를 향하신 하나님의 재앙이 이스라엘 위에 임한 것입니다.

하나님은 일방적으로 하나님의 말씀을 어긴 이스라엘에게 벌을 주셨습니다. 그러나 하나님은 여전히 이스라엘을 사랑하셨고, 이스라엘의 조상인 아브라함과 이삭과 야곱과 맺은 언약을 기억하셨습니다. 그리고 이스라엘에게 기회를 주셨습니다. 이스라엘이 비록 하나님의 재앙을 받아 멸망했을지라도 자기들의 행위에 대해서 핑계하지 않고, 자신들의 죄를 자복하며, 그들이 당하는 죄악의 형벌을 받아들이고 감당하면, 하나님이 이스라엘을 버리지 않으시고, 미워하지 않으시고, 아주 멸하지 않으시고, 그들과 맺은 언약을 폐하지 않으시고, 여전히 이스라엘의 하나님이 되어주실 것입니다. 이것이 이스라엘을 향하신 하나님의 마음입니다.

오늘 우리가 읽은 본문 말씀은 이런 하나님의 마음에 대해 기록하고 있습니다.

특히 본문 45절은 이렇게 기록합니다.

"내가 그들의 하나님이 되기 위하여 민족들이 보는 앞에서 애굽 땅으로부터 그들을 인도하여 낸 그들의 조상과의 언약을 그들을 위하여 기억하리라 나는 여호와이니라"

이 말씀은 조금 어렵게 번역이 되었는데 풀어서 보면 이런 말입니다. '하나님께서는 아브라함과 이삭과 야곱과 맺은 언약을 기억하셨고 그 언약대로 이스라엘을 돌보기 위해 그들을 애굽에서 이끌어 내셨습니다. 하나님은 많은 민족들이 보는 앞에서 이스라엘을 출애굽 시키심으로 하나님이 하나님이시라는 것과 특별히 하나님이 이스라엘의 하나님이시라는 사실을 분명히 하셨습니다.' 이것이 본문 45절 말씀입니다. 이것은 하나님의 마음이고, 그 마음으로 하나님은 이스라엘을 지금까지 이끌어 오셨습니다. 그런 마음으로 이스라엘에게 계명을 주셨고, 성막과 제사를 주셨고, 제사장을 세우시고, 이스라엘을 정결케 하셨습니다. 이 모든 것은 하나님께서 이스라엘과 함께하시기 위함이었고, 하나님이 아브라함과 이삭과 야곱과 맺은 언약을 이루어 가시기 위함이었습니다. 하나님께서 이스라엘과의 언약을 성실히 이행하신 것입니다.

우리는 지난 한 달간 레위기 말씀을 묵상했습니다. 흔히 레위기는 어려운 말씀이라고들 합니다. 실지로 레위기는 쉽지 않습니다. 우리에게는 제사법도 익숙하지 않고 각양의 제사를 드리는 절차와 방법은 더욱 생소합니다. 제사장에 대한 이런저런 이야기들도 잘 모르겠고, 살아가며 지켜야 하는 절기와 규례들도 어렵습니다. 하나님이 이스라엘에게 요구하는 것이 너무 많습니다. 그런데 왜 그런 것일까요? 하나님은 이스라엘에게 왜 이렇게 까다롭고 복잡한 것을 많이 요구하시는 것일까요? 그것은 하나님이 이스라엘과 함께하고 싶으시기 때문입니다. 하나님이 이스라엘과 함께하고 싶으셔서 그들을 하나님 앞으로 자꾸 인도하시는 것입니다.

하나님은 산꼭대기가 아니라 이스라엘 회중 가운데 들어오셔서 그들과 함께 살고 싶어 하셨습니다. 그러기 위해서 이스라엘에게 거룩함을 요구하신 것입니다. 그래야 이스라엘이 하나님과 함께할 수 있기 때문입니다. 그래서 이스라엘을 향한 하나님의 요구는 단 한 가지인 것입니다.

"내가 거룩하니 너희도 거룩하라"(레 11:45)

왜냐하면 이스라엘이 거룩해야 그들이 하나님과 함께할 수 있고, 같은 의미로 하나님이 이스라엘과 함께하실 수 있기 때문입니다.

하나님이 이스라엘에게 까다로운 제사와 절기에 대해 말씀하시는 것은 하나님이 이스라엘과 함께하고 싶으셨기 때문입니다. 하나님은 이스라엘과 함께하기 위해서 시내 산꼭대기에서 이스라엘 회중 가운데 있는 회막으로 내려오셨습니다. 그렇게 하나님은 이스라엘 백성들 가운데서 이스라엘 백성들과 함께하셨습니다. 그리고 지금 하나님은 아예 우리들 속에 들어와 계십니다. 예수님이 승천하시면서 우리에게 보혜사 성령을 보내주셨고 그 성령께서는 지금까지 우리들 속에서 우리와 함께 살아가십니다. 그것이 우리와 함께하고 싶으신 하나님의 마음입니다.

지난 목요일 오전에 점심 식사를 함께 하자는 번개를 받았습니다. 오랫동안 모임을 가져오는 목사님이 보낸 번개였습니다. 저는 당연히 그 모임에 가고 싶었습니다. 그런데 어딘지 마음이 불편했습니다. 그 모임에는 너무나 가고 싶은데 가지 말아야겠다는 생각이 자꾸 들었습니다. 그래서 가지 않겠다고 했습니다. 마침 그날 점심에 교회에 오겠다는 후배 목사님이 있어서 가지 않을 이유도 있었습니다. 그래서 저는 번개 모임에 가지 않았고, 교회로 방문한

하나님의 어부바

후배 목사님과 함께 햄버거로 점심을 먹었습니다. 그런데 지난 목요일에 번개로 모였던 목사님이 어제 코로나에 확진이 되었습니다. 잠복기를 감안하면 지난 목요일 번개 모임에서 감염 되었을 확률이 아주 높습니다. 그러고 보면 지난 주간에는 제 주변에 코로나에 확진된 분들이 아주 많았습니다. 교우들 중에도 많았습니다. 제 친구들 중에도 많았습니다. 그야말로 코로나가 일상이라는 말이 실감이 납니다. 코로나에 확진된 사람 중에 어떤 사람은 아주 심하게 아파하고 어떤 사람은 별로 아파하지 않습니다. 사람마다 증상이 다릅니다. 그런데 코로나에 확진된 사람들이 공통적으로 하는 말이 있었습니다. 코로나에 확진되어 격리가 되고 나니 코로나로 인해서 아픈 것보다 코로나로 인한 격리가 힘들다는 것입니다. 처음에는 격리되어 있는 동안 책도 보고 쉬기도 할 생각이었는데 실지로는 전혀 그럴 수 없었다고 합니다. 너무 아프고 힘들어서 그럴 수 없었고, 무엇보다 혼자 있는 시간이 너무 외롭고, 무료하고, 무서워서 그럴 수 없었다고 합니다. 가족과 한 집에 있어도 자신만 방에 격리되어 있는 것이 너무 힘들었다고 합니다. 그렇지 않았겠습니까? 요즘은 코로나에 확진되는 사람도 많고 그래서 격리도 느슨한 감이 있지만 그 이전에는 그런 외로움과 두려움이 훨씬 더 컸다고 합니다. 살다보면 코로나로 격리되는 것 뿐 아니라 혼자라는 외로움에 두려운 순간이 많습니다. 남편이 곁에 있고 아내가 곁에 있지만 왠지 혼자 있는 것 같습니다. 자녀들이 곁에 있어도 마찬가지입니다. 나를 이해해 주는 사람도 없고 나를 도와줄 사람도 없습니다. 항상 많은 사람들 속에서 있지만 고독함은 사라지지 않습니다. 그래서 외롭고, 우울하고, 두렵고, 고통스럽습니다.

그러나 사랑하는 성도 여러분! 어떤 순간에도 우리와 함께하고 싶어 하는 분이 있습니다. 어떤 순간에도 우리와 함께하기 위해 자신의 모든 것을 버릴 수 있는 분이 있습니다. 그분은 어떤 순간에도 우리와 함께 하실 수 있습니다. 심지어 우리가 수술실에 들어갈 때도 함께 하시고, 우리가 죽는 순간에도 함께 하십니다. 바로 예수 그리스도십니다. 언제나 우리와 함께하고 싶어 하시는 우리의 아버지 하나님이십니다.

얼마 전에 한 아이가 코로나에 확진이 되었습니다. 그래서 아이를 격리시켰는데 아이가 혼자서 너무 무서워했습니다. 그래서 아이의 엄마가 아이와 함께 지냈습니다. 밤에 잠을 잘 때도 같이 잤습니다. 엄마가 아이를 꼭 안고 잤습니다. 그때 아이의 엄마는 코로나에 확진되지 않은 상태였습니다. 우리는 모두 그 아이 엄마의 마음을 백 번 이해할 수 있지 않습니까?

사랑하는 성도 여러분! 우리를 향해 하나님이 그렇습니다. 지난 주간 우리 교회에도 코로나 확진자가 많았습니다. 그중에는 좀 더 아픈 사람도 있었고 견딜만 한 사람도 있었습니다. 사랑하는 성도 여러분! 우리가 코로나에 확진되어 격리되어 있을 때에도 하나님이 함께하십니다. 사람들로부터 외면당하고 소외되어 있을 때에도 하나님이 함께하십니다. 우리가 하는 일이 힘들어서 극단적인 선택을 하고 싶을 때에도 하나님이 함께 하십니다. 하나님은 언제든지 우리와 함께하기를 너무나 간절히 원하시는 분이기 때문입니다. 우리 아이들이 군복무 중일 때도 하나님이 함께하시고, 우리 아이들이 부모 없이 어떤 일을 하고 있을 때에도 하나님이 함께하시고, 우리 형제와 친척과 친구들이 고통당하는 순간에도 하나님이 함께하십니다. 하나님이 그것을 원하시기 때문입니다.

그러므로 사랑하는 성도 여러분! 힘을 내십시오. 그리고 여러분도 하나님과 함께 하십시오. 어렵고 힘든 순간일수록 거룩하게 구별된 삶을 사시고, 어렵고 힘든 순간일수록 예배와 기도의 자리로 나오십시오. 그리고 하나님의 이름을 부르십시오. 하나님이 우리와 함께하며 힘을 주실 것입니다.

하나님은 우리를 향해 말씀하십니다.

"두려워하지 말라 내가 너와 함께 함이라 놀라지 말라 나는 네 하나님이 됨이라 내가 너를 굳세게 하리라 참으로 너를 도와주리라 참으로 나의 의로운 오른손으로 너를 붙들리라" (이사야 41:10)

"…너는 두려워하지 말라 내가 너를 구속하였고 내가 너를 지명하여 불렀나니 너는 내 것이라 네가 물 가운데로 지날 때에 내가 너와 함께 할 것이라 강을 건널 때에 물이 너를 침몰하지 못할 것이며 네가 불 가운데로 지날 때에 타지도 아니할 것이요 불꽃이 너를 사르지도 못하리니" (이사야 43:1-2)

삶이 어렵고 힘든 순간, 인생의 깊은 절망에 빠진 순간 우리가 할 수 있는 최선의 일은 무엇일까요? 하나님이 우리와 함께 하신다는 사실이 격려가 되고 있습니까? 하나님이 우리와 함께하신다는 사실은 우리에게 어떤 의미일까요?

착하게 삽시다

본문: 마태복음 5:16

　지난 한 주 잘 지내셨습니까? 지난 주간은 날씨가 참 좋았습니다. 약간 덥기는 했지만 한여름 무더위는 아니었습니다. 주변은 온통 파랗고 하늘은 맑았습니다. 다음 주간부터는 실외 마스크 의무 착용 조치가 해제된다고 합니다. 아직 일일 코로나 확진자 수가 4~5만 명이나 되는데 마스크를 벗는 것이 조금 성급한 것 아닌가 싶기도 하지만 아무튼 다음 주간부터는 우리 삶의 질이 훨씬 더 좋아질 것 같습니다. 여러분 모두 하루하루 좋은 삶을 살아가시기 바랍니다.

　그런데 우리에게 좋은 삶이란 어떤 것일까요? 우리가 어떻게 사는 것이 잘 사는 것일까요? 얼마 전 새벽예배 시간에 '생존을 위해 사는 삶'과 '소명을 위해 사는 삶'에 대해 설교했습니다. 한평생 생존을 위해 사는 사람이 있고 소명을 위해 사는 사람이 있다는 것이었습니다. 우리가 살아가는 데 있어서 생존과 소명은 모두 중요합니다. 생존만을 위해 사는 삶은 허무합니다. 그가 살아가며 어떤 대단한 일을 이루었는지에 상관없이 생존만을 위해 사는 삶은 허무합니다. 그러나 그렇다고 소명을 위해서만 살기에는 생존의 무게가 너무 무겁습니다. 그러니 생존도 중요합니다. 그래서 우리는 생존하면서 소명을 찾아야 하고, 소명을 위해 살면서 생존해야 합니다. 생존과 소명이 모두 중요한 것입니다.

이는 믿음과 삶이 모두 중요한 것과 마찬가지입니다. 믿음과 삶은 별개가 아닙니다. 우리의 믿음은 삶으로 나타나야 하고, 우리의 삶은 믿음의 증거가 되어야 합니다. 그게 당연합니다. 그래서 야고보 장로는 '믿음이 있노라 하면서 행함이 없는 사람은 그 믿음으로 능히 자기를 구원하지 못한다'(약 2:14)고 했습니다. '행함이 없는 믿음은 그 자체가 죽은 것'(약 2:17)이라고도 했고, '영혼 없는 몸이 죽은 것 같이 행함이 없는 믿음은 죽은 것'(약 2:26)이라고도 했습니다. 행함이 없는 믿음은 영혼 없는 몸과 같다는 것입니다. 영혼 없는 몸이 무슨 의미가 있겠습니까? 영혼 없는 몸은 아무것도 아닙니다. 영혼 없는 몸은 썩어서 냄새가 날 뿐입니다. 그래서 영혼 없는 몸은 죽은 것입니다. 야고보 장로는 행함 없는 믿음이 그렇다고 한 것입니다. 여기서 야고보 장로가 말하는 행함이란 기도하고, 성경보고, 예배드리고, 선교하고, 전도하고, 헌금 많이 하고… 이런 것들이 아닙니다. 야고보 장로가 말하는 행함은 자매가 헐벗고 일용할 양식이 없을 때 평안히 가라, 덥게 하라, 배부르게 하라고 말만 하지 않는 것입니다. 말만 하지 않고 몸에 쓸 것을 구체적으로 채워주는 것입니다. 배고픈 자에게는 자기의 빵을 나누어주고, 헐벗은 자에게는 자기의 옷을 벗어주는 것입니다. 예수님이 말씀하신 것처럼 속옷을 가지고자 하는 자에게 겉옷까지 가지게 하고(마 5:40), 억지로 오 리를 가게 하는 자와 십 리를 동행해 주는 것입니다(마 5:41). 그리고 구하는 자에게 주고 꾸고자 하는 자에게 거절하지 않는 것입니다(마 5:42). 이러한 것이 믿음을 입증하는 행위이고, 이렇게 사는 것이 빛과 소금으로 사는 것입니다. 그래서 예수님은 (사람들로 하여금) '너희의 착한 행실을 보고 하늘에 계신 너희 아버지께 영광을 돌리게 하라'(마 5:16)고 하셨습니다. 종교적인 활동이 아니라 착한 행실이 곧 빛이고 소금이며, 그것이 곧 믿음이라는 것입니다.

그런 의미에서 여러분은 지난 한 주 어떻게 사셨습니까? 잘 사셨습니까? 특별히 믿음의 삶을 사셨습니까? 여러분의 착한 행실을 보고 여러분 주위의 사람들이 하나님께 영광을 돌리게 하셨습니까? 생존을 위해 성실하게 최선을 다해 사시되 소명을 잃지 않는 삶을 사셨습니까? 그렇게 여러분의 삶이 세상에서 빛이 되고 소금이 되게 하셨습니까? 그렇다면 잘 사신 것입니다.

사랑하는 성도 여러분! 착하게 사십시오. 제가 주일학교에 다닐 때만 해도 착하게 살라는 말을 교회에서 많이 들었습니다. 그런데 언제부턴가 교회에서 착하게 살라는 말을 하지 않는 것 같습니다. 착하게 살라는 말 대신 믿음의 삶을 살라는 말을 많이 합니다. 기도 많이 하고, 성경 많이 보고, 전도 많이 하고, 헌금 많이 하고, 예배 잘 드리라는 말만 많이 합니다. 그러다보니 하나님을 향한 믿음은 좋은데 사람들에게는 함부로 하는 사람들이 교회에 많아지게 되었습니다. 그것은 옳지 않습니다. 믿음과 삶은 별개가 아닙니다.

믿음은 삶으로 드러나야 하고, 삶은 곧 믿음의 증거가 되어야 합니다. 예수 믿고 구원받았으면 구원자로서의 삶을 살아야 합니다. 그게 당연한 것입니다.

그러므로 사랑하는 성도 여러분! 착하게 사십시오. 사람들이 여러분의 착한 행실을 보고 하늘에 계신 하나님께 영광을 돌리게 하십시오.

물론 착하게 사는 것이 우리 삶의 목적은 아닙니다. 우리는 착하게 살 뿐 아니라 복음을 전하는 삶을 살아야 합니다. 우리는 지난 부활주일 예배 시간에 막달라 마리아에 대한 말씀을 나누었습니다. 막달라 마리아는 예수님이 부활하셨다는 사실을 제일 먼저 전한 사람입니다. 예수님 부활의 소식은 막달라 마리아로부터 시작해서 지금까지 2천 년이 넘는 시간 동안 끊임없이 전해지고 있습니다. 그런데 막달라 마리아는 어떤 일의 증인이 되기에 합당한 사람이 아니었습니다. 우선 그는 여자였습니다. 당시 여자의 증언은 법정에서 효력이 없었습니다. 그러니 막달라 마리아는 여자라는 사실만으로도 부활의 첫 번째 증인이 되기에는 합당하지 않았습니다. 게다가 막달라 마리아는 일곱 귀신이 들렸던 여자였습니다. 한마디로 막달라 마리아는 미친 여자였습니다. 그러니 막달라 마리아가 전하는 예수님의 부활 소식은 생각하기에 따라서는 미친 사람이 전하는 미친 소리에 지나지 않았을 것입니다. 그러니 막달라 마리아는 부활의 증인으로 적합하지 않았습니다. 더구나 부활의

하나님의 어부바

첫 번째 증인으로는 더더욱 합당하지 않았습니다. 그런데 하나님께서는 굳이 막달라 마리아를 부활의 첫 번째 증인으로 세우셨습니다. 그리고 막달라 마리아로부터 시작된 예수 부활의 소식이 지난 2천 여 년 동안 끊임없이 전해지게 하셨습니다. 예수님이 부활하신 이후 지금까지 2천 여 년이 지나는 동안 수십 억, 수백 억 명의 사람들이 단지 예수님이 다시 살아나셨다는 누군가의 말을 듣고 예수님을 믿었습니다. 지난 2천 여 년 동안 복음은 그렇게 전해져 왔습니다. 지금까지 예수님의 부활을 직접 보고 믿은 사람은 5백여 명에 지나지 않습니다. 나머지는 모두 누군가가 전해준 말을 듣고 믿기 시작한 것입니다. 그래서 중요한 것은 누군가가 끊임없이 예수 부활의 소식을 전하는 것입니다. 복음을 전하는 것입니다.

복음을 전하는 데 있어서 중요한 것은 그 복음을 전하는 사람이 어떤 사람인지가 아닙니다. 복음을 전하는 데 있어서 중요한 것은 누구든지 입을 열어 복음을 전하는 것 자체입니다. 누군가가 복음을 전할 때 그 말을 듣고 믿는 사람이 생기는 것입니다. 막달라 마리아처럼 자격 없는 사람이 복음을 전했어도 그 말씀을 듣고 믿는 사람이 생겼습니다. 그것이 하나님이 세상을 구원해 나가시는 방법이기 때문입니다.

이러한 하나님의 방법은 오늘날도 마찬가지입니다. 오늘날도 누군가가 복음을 전하면 그가 전하는 말을 듣고 누군가 믿는 사람이 생기는 것입니다. 누구든 가정에서 복음을 전하면 믿지 않던 가족들이 예수님을 믿게 됩니다. 누구든 직장에서 복음을 전하면 믿지 않던 직장 동료들이 예수님을 믿게 됩니다. 누구든 자기가 속한 각종 모임에서 복음을 전하면 그 모임에서 믿는 사람들이 생깁니다. 그것이 세상을 구원하시는 하나님의 방법이기 때문입니다. 그런데 이 말을 거꾸로 생각하면 아직도 우리 가족이 믿지 않는 것은 우리 가정에서 복음을 전하는 사람이 없다는 것입니다. 우리 주변에 새롭게 예수님을 믿는 사람들이 생기지 않는 것은 우리가 누군가에게 복음을 전하지 않는다는 것입니다. 전하지 않으니 듣는 자가 없고, 듣지 못하니 믿지 못하는 것입니다.

사랑하는 성도 여러분! 우리가 복음을 전하지 않으면 아무도 구원받지 못합니다. 우리가 사람들을 교회로 인도하지 않으면 아무도 교회에 나오지 못합니다. 그게 하나님이 세상을 구원하시는 방법이기 때문입니다. 고린도전서 1:21절에서 사도 바울은 "…하나님께서 전도의 미련한 것으로 믿는 자들을 구원하시기를 기뻐하셨다"고 했습니다. 하나님이 세상을 구원하시는 가장 간단한 방법은 하나님이 세상 모든 사람들을 그냥 믿게 하시는 것입니다. 하나님이 세상 모든 사람들의 마음에 강권적으로 역사하셔서 불신하는 마음들은 다 없어지게 하시고, 하나님을 믿는 마음만 남게 하시는 것입니다. 얼마나 간단합니까? 그렇다면 우리가 굳이 전도하지 않아도 되고, 사람들 중에 구원 받지 못하는 사람도 없어지게 되는 것입니다. 그런데 하나님은 세상을 그렇게 구원하지 않으셨습니다. 하나님은 막달라 마리아처럼 자격 없는 사람의 말을 통해 세상을

하나님의 어부바

구원하셨습니다. 자기 이름도 쓸 줄 모르는 무지렁이의 말을 통해 세상을 구원하셨고, 병들어 죽어가는 사람의 말을 통해 세상을 구원하셨습니다.

원당에 한 달에 한 번 모여서 하나님을 찬양하고 예배하는 학생들 모임이 있습니다. 기껏 모여 봤자 이삼십 명 모이는 작은 모임입니다. 그런데 지금까지 10년이 넘는 시간 동안 매월 네 번째 주 토요일에 중고등학생들이 모여서 하나님을 찬양하며 예배를 드립니다. 그래서 그 모임 이름이 '매네토'입니다. 매월 네 번째 주 토요일의 줄임말입니다. 참 귀한 모임입니다. 10년이 넘는 기간 동안 그런 모임을 인도하는 분들도 대단하고, 매주 그런 모임에 참석해서 찬양하며 예배드리는 학생들도 대단합니다.

지난 4월에는 그 모임을 인도하는 목사님이 코로나에 확진되는 바람에 네 번째 주가 아니라 다섯 번째 주 토요일인 어제 모임이 있었습니다. 어제 저도 온라인으로 모임에 참석했었는데 설교하신 분의 간증을 들으면서 큰 은혜를 받았습니다. 어제 사회를 보신 목사님은 설교를 들은 후 거의 울면서 다음 순서를 진행했습니다.

어제 설교하신 목사님은 원당에서 목회하시는 이○○ 목사님입니다. 이○○ 목사님은 앞을 보지 못합니다. 100% 실명은 아니지만 앞을 거의 보지 못합니다. 선천적으로 그런 것은 아니고 학교 졸업하고 직장생활 하던 중에 찾아온 후천적 실명입니다. 어제 그 목사님 간증을 들으면서 제가 은혜를 아주 많이 받았습니다. 목사님이 설교 후 찬양을 하셨는데 '하나님은 실수하지 않으신다네'라는 찬양이었습니다.

내가 걷는 이 길이 혹 굽어 도는 수가 있어도 내 심장이 울렁이고 가슴 아파도 내 마음 속으로 여전히 기뻐하는 까닭은 하나님은 실수하지 않으신다네
내가 세운 계획이 혹 빗나갈지 모르며 나의 희망 덧없이 쓰러질 수 있지만 나 여전히 인도하시는 주님을 신뢰하는 까닭은 주께서 내가 가야 할 길 잘 아심일세

가사가 정말 은혜롭지 않습니까? 이 찬양의 가사는 계속해서 이렇습니다.

어두운 밤 어둠이 깊어 날이 다시는 밝지 않은 것 같아 보여도 내 신앙 부여잡고 주님께 모든 것 맡기리니 하나님을 내가 믿음일세
지금은 내가 볼 수 없는 것 너무 많아서 너무 멀리 가물가물 어른거려도 운명이여 오라 나 두려워아니하리 만사를 주님께 내어맡기리
차츰차츰 안개는 걷히고 하나님 지으신 빛이 뚜렷이 보이리라 가는 길이 온통 어둡게만 보여도 하나님은 실수 하지 않으신다네

어제 설교하신 목사님이 이 찬양을 부르는데 제 마음이 뭉클했

하나님의 어부바

습니다. 제 마음이 뭉클한 것은 앞을 보지 못하는 목사님에 대한 동정 때문이 아닙니다. 사실 어제 말씀을 전하신 목사님은 크게 내세울 것이 없어 보였습니다. 교회는 상가 꼭대기에 있습니다. 교우들도 그다지 많지 않을 것입니다. 게다가 목사님은 앞을 보지 못합니다. 그렇다고 외모가 출중한 것도 아닙니다. 모든 것이 요즘 교우들에게 인기 있는 목사상은 아닙니다. 그런데 그분이 전하는 복음이 사람들을 감동시켰습니다. 복음을 전하는 사람이 대단해서가 아니라, 그분이 전하는 말씀이 복음이었기 때문입니다. 하나님은 지금껏 그렇게 세상을 구원해 오신 것입니다.

제가 주중에 밴드에 기도 부탁을 했습니다만 오늘 설교는 제게 쉽지 않았습니다. 월요일 저녁에 설교의 큰 틀을 정하고 기도했지만 한 주 내내 그 내용을 채우지 못했습니다. 어제 밤 늦게까지도 마찬가지였습니다. 오늘 밤을 꼬박 새우며 설교 원고를 타이핑했지만 그 말씀에 확신이 서지 않았습니다. 그러다 오늘 1부 예배 시작하기 두 시간 전에 처음부터 원고를 다시 타이핑했습니다.

사랑하는 성도 여러분! 설교가 무엇입니까? 설교는 하나님이 우리에게 주시는 말씀입니다. 적어도 저는 그렇게 생각하며 설교합니다. 그래서 설교는 하나님이 말씀을 주시면 하는 것이고 하나님이 아무런 말씀도 주지 않으시면 하지 못하는 것입니다. 저는 그렇게 생각합니다. 그렇게 생각하면 하나님이 우리에게 매주 말씀을 주신다는 것은 정말 대단한 은혜입니다. 하나님은 오늘도 우리에게 주시는 그 말씀, 누군가를 통해 주시는 그 말씀으로 세상을 구원하고 계신 것입니다. 하나님이 세상을 그렇게 구원해 가시는 것은 미련한 일 같지만 그것이 지난 2천 여 년 동안 하나님이 세상을 구원하시는 방법이었습니다. 하나님은 그런 방법으로 오늘 저와 여러분을 구원하셨고, 이제 우리가 전하는 복음으로 우리 가족을 구원하시고, 우리 주변을 구원하기 원하시는 것입니다.

그러므로 사랑하는 성도 여러분! 복음을 전하십시오. 여러분의 말과 목소리로 예수님의 죽음과 부활을 전하십시오. 하나님은 여러분이 전하는 복음을 듣는 사람을 구원해 내실 것입니다. 우리가 30년, 40년 믿지 않는 남편을 위해 기도하는데 남편이 여전히 예수님을 믿지 않는 것은 우리가 기도만 하기 때문인지도 모릅니다. 우리는 믿지 않는 남편을 위해, 또는 부모님과 자녀들을 위해 기도해야 하지만 동시에 우리의 말로 복음을 전하기도 해야 하는 것입니다. 우리가 하나님의 복음을 전할 때 살아계신 하나님의 말씀이 그들의 영과 혼과 관절과 및 골수를 쪼개 구원하시는 것입니다.

그러므로 사랑하는 성도 여러분! 여러분의 말로 복음을 전하십시오. 그리고 착하게 사십시오. 우리가 입술로는 복음을 전하면서 우리의 삶은 엉망이라면 우리가 전하는 복음의 권위는 떨어질 것입니다. 우리가 배우지 못하고 병들어서 복음의 권위가 떨어지는 것이 아니라 우리의 삶이 복음을 뒷받침하지 않기 때문에 우리가 전하는 복음의 권위도 떨어질 것입니다. 그러므로 착하게 사십시오. 어려운 사람이 있으면 말로 동정만 하지 마시고 여러분의 지갑을 열어 적극적으로 그들을 도와주십시오. 사회에서 공중도덕을 잘 지키시고, 믿지 않는 사람들보다 도덕적인 삶을 사십시오. 운전할 때 교통 법규를 잘 지키시고, 조금 손해를 보더라도 양보하며 사십시오. 사람들은 그런 우리의 착한 행실을 보고 하나님께 영광을 돌리게 될 것입니다.

✚ 적용질문

하나님이 세상을 구원하시는 방법은 무엇입니까? 오늘 우리는 어떻게 세상에 하나님의 구원을 이루어 갈 수 있을까요? 오늘 우리가 복음을 전해야 할 사람은 누구일까요? 그 사람에게 어떻게 복음을 전할 수 있을까요?

고난은 복음의 씨앗입니다

본문: 사도행전 7:54-8:1

---✦---

지난 화요일에 최〇〇 장로님이 돌아가셨습니다. 너무 갑작스러운 일이라 당황스러웠습니다. 올해에만 두 분의 장로님이 돌아가셨습니다. 두 분 모두 최 장로님이십니다. 최〇〇 장로님이 돌아가시고 장례식을 인도하면서 여러 가지 생각이 많이 들었습니다. 그동안 최〇〇 장로님은 요양 시설에 계셨는데 사회적 거리두기가 진행되는 동안 자주 찾아뵙지를 못했습니다. 코로나가 발생하기 전에는 교우들과 돌아가며 매주 심방을 했었는데 코로나 기간에는 그러지 못했던 것입니다. 그런데 사회적 거리두기가 완화되는 시점에 장로님이 돌아가시니 아쉽고 안타까운 마음이 더 크게 들었습니다. 장로님 자제들은 다른 교회에 출석하는데 저에게 장례식을 인도해 달라고 했습니다. 그래서 고마웠습니다. 장로님 장례식은 수원에 있는 아주대병원 장례식장에서 치렀습니다. 그곳은 4년 전에 돌아가신 김〇〇 권사님 장례식을 치른 곳이기도 합니다. 아무튼 지난 주간에 최〇〇 장로님 장례식을 잘 치렀습니다. 여러분 모두 최〇〇 장로님과 함께했던 시간들을 추억해 주시고 유족들을 위해서 기도해 주시기 바랍니다.

저는 이번에 최〇〇 장로님 장례식을 인도하면서 몇 가지 생각을 했습니다. 먼저 최○○ 장로님의 장례식은 품위가 있다는 생각이 들었습니다. 마치 깔끔하고 멋있었던 장로님의 생전 모습을 보는 것 같았습니다. 이런 생각도 들었습니다. 누군가가 죽고 그 사람의 장례식을 치른다는 것은 이 땅에서 한 사람의 삶을 마무리하는 것이라는 것입니다. 누구든 한 사람의 평생은 가볍지 않습니다. 그러니 장례식도 가볍지 않습니다. 그 다음에 든 생각은 사람이 한평생을 살며 가장 잘한 일은 살아있는 동안 예수님을 믿은 일이라는 것이었습니다. 죽음은 항상 슬프고 안타깝지만 죽은 사람이 예수 믿고 천국 갔다는 확신은 슬픔을 위로해 줍니다. 최○○ 장로님도 그랬습니다. 장로님의 죽음 자체는 아쉽고 안타까웠지만 그분이 예수님 믿고 천국 가셨다는 확신은 장례식 내내 저나 가족들에게 위로가 되었습니다.

그러니 사랑하는 성도 여러분! 살아있는 동안 예수님 잘 믿으십시오. 그리고 여러분 가족과 친척들이 아직 살아있을 때 그분들에게 열심히 복음을 전하십시오. 우리가 그렇게 사는 것이 후회 없이 잘 사는 것입니다.

오늘 사도행전 7장의 말씀을 읽었습니다. 오늘 읽은 말씀은 사도행전 6장에서 예루살렘교회가 일곱 명의 집사를 임명하는 이야기부터 시작이 됩니다.

최초의 교회인 예루살렘교회에 문제가 생겼습니다. 어려운 사람을 구제하는 문제로 교우들 간에 갈등이 생긴 것입니다. 예루살렘

교회는 성령이 충만한 사람들이 모인 교회입니다. 예루살렘교회를 목회하는 목회자는 베드로나 야고보 같은 사도들이었습니다. 그러니 예루살렘교회는 얼마나 대단한 교회였겠습니까? 그러나 예루살렘교회도 완전한 교회는 아니었습니다.

교회는 완전하지 않습니다. 완전할 수도 없습니다. 사람이 모인 곳이 어떻게 완전할 수 있겠습니까? 예전에 제 은사이신 목사님은 '예수 믿어도 혈액형은 변하지 않더라'는 말을 자주 하셨습니다. 아무리 예수를 믿어도 그 사람의 혈기는 잘 변하지 않더라는 것입니다. 예수 믿으면 성품도 변하고, 습관도 변하고, 가치관도 변하고, 다 변해야 하지만 그것은 어느 한 순간에 되는 일이 아닙니다. 죽을 때까지 차츰 되어지는 것입니다. 그러니 예수님을 믿고, 성령의 충만함을 받은 사람들이 모였고, 베드로와 같은 대 사도가 목회하는 교회라 하더라도 문제가 있는 것입니다.

사실 예루살렘교회에만 문제가 있었던 것이 아닙니다. 사도 바울이 세운 교회들도 많은 문제가 있었습니다. 교회와 성도들은 툭하면 싸우고 갈등했습니다. 오늘날 교회들도 그렇지 않습니까? 어떻게 보면 그것은 당연한 일입니다. 이 세상의 유형 교회는 완전하지 않기 때문입니다. 교회의 구성원인 우리들이 완전하지 않은데 어떻게 교회가 완전할 수 있겠습니까?

아무튼 예루살렘교회에는 성도들 간의 갈등과 문제가 있었습니다. 사도행전 당시 예루살렘교회의 구성원은 크게 두 그룹으로 이루어져 있었습니다. 하나는 히브리파 사람들이었고 또 하나는 헬

하나님의 어부바

라파 사람들이었습니다. 이는 바울의 서신들에도 늘 등장하는 용어입니다. '유대인이나 헬라인이나' 또는 '유대인이나 이방인이나' 하는 말이 모두 같은 말입니다. 아무튼 그들은 예루살렘교회를 구성하는 두 그룹이었는데 그 두 그룹 사이에 문제가 생긴 것입니다.

헬라파 과부들이 볼 때 교회의 구제에서 자신들은 항상 손해를 보는 것 같았습니다. 그래서 그 일에 대해 불평하기 시작했습니다. 그 불평이 얼마나 심했던지 성령 충만한 베드로와 같은 사도들조차 어찌할 수 없는 지경이었습니다. 예루살렘교회는 그 문제를 해결하기 위해 성령과 지혜가 충만하여 칭찬 받는 사람 중에서 일곱 명을 뽑아 집사로 세웠습니다. 그리고 그들이 구제를 전담하게 했고, 사도들은 오직 기도하는 일과 말씀 전하는 일에 전념했습니다.

당시 예루살렘교회에 세워진 일곱 집사는 모두 헬라파 유대인들이었습니다. 그것이 의도적인 것이었는지 아닌지는 모르지만 아무튼 그랬습니다. 그렇게 세워진 일곱 집사 중에는 우리가 잘 아는 스데반 집사도 있었습니다. 스데반은 은혜와 권능이 충만하여 큰 기사와 표적을 민간에게 행했습니다(행 6:8). 그러자 사람들은 스데반을 죽이려 했습니다. 사람들은 거짓 증인들을 내세워 스데반을 모함했습니다. 그때 스데반이 사람들 앞에서 설교를 합니다. 당시 스데반의 설교를 기록한 곳이 사도행전 7장입니다. 스데반의 설교는 사도행전에서 가장 긴 설교입니다. 스데반은 아브라함으로부터 시작해서 모세와 출애굽, 장막과 성전, 그리고 예수 그리스도에 이르기까지 성경의 전 과정을 설교했습니다. 그러면서 스데반은 이스라엘 백성들을 향해 '목이 곧고 마음과 귀에 할례를 받지 못한 사람들아 너희도 너희 조상과 같이 항상 성령을 거스르는도다 너희 조상들이 선지자들 중의 누구를 박해하지 아니하였느냐 의인이 오시리라 예고한 자들을 그들이 죽였고 이제 너희는 그 의인을 잡아 준 자요 살인한 자가 되나니 너희는 천사가 전한 율법을 받고도 지키지 아니하였도다'(행 7:51-53절)라고 이스라엘을 책망했습니다. 한 마디로 이스라엘 백성들이 그리스도로 오신 예수를 죽였다는 것입니다.

스데반의 설교를 듣고 사람들은 마음에 찔림을 받았습니다. 그러나 사람들은 회개하지 않았습니다. 회개하는 대신 스데반에게 달려들어 성 밖으로 내치고 돌로 쳐서 죽였습니다. 성령과 지혜가 충만했던 스데반이 설교 한 번 하고 죽은 것입니다. 그렇게 스데반은 2천 년 교회사에서 최초의 순교자가 되었습니다.

어떻게 보면 스데반의 죽음은 허무합니다. 성령 충만한 스데반이 어떻게 그렇게 쉽게 죽었을까요? 다른 사람은 감옥에 갇혔을 때 하나님이 꺼내주기도 하시고, 죽을 위기에 처했을 때 살려주기도 하셨는데 스데반은 왜 죽도록 내버려 두신 것일까요? 하나님이 스데반을 살리실 수는 없었던 것일까요? 거기에 대해서 우리는 할 말이 없습니다. 그러나 한 사람이 살고 죽는 문제가 그렇게 가볍지 않은 것은 분명합니다. 스데반의 경우도 그렇습니다. 스데반은 허

하나님의 어부바

무하게 죽었지만 그렇다고 그의 삶과 죽음이 허무한 것은 아닙니다. 스데반은 죽었지만 스데반의 죽음은 바울이라는 사도가 등장하는 교두보가 되었습니다.

오늘 읽은 말씀에 보면 스데반이 죽는 자리에 사울이라는 청년이 있었습니다.
사도행전 7:58절 말씀입니다.

"성 밖으로 내치고 돌로 칠새 증인들이 옷을 벗어 사울이라 하는 청년의 발 앞에 두니라"

사람들이 스데반을 돌로 쳐서 죽일 때 사울이라는 청년도 그 자리에 있었다는 것입니다. 계속해서 사도행전 8:1절은 이렇게 기록합니다. "사울은 그가 죽임 당함을 마땅히 여기더라" 사울은 사람들이 스데반을 돌로 쳐서 죽일 때 그 자리에 있었을 뿐 아니라, 스데반을 그렇게 죽이는 것이 마땅하다고 여겼다는 것입니다. 여기서 말하는 사울이라는 청년은 사도 바울을 말합니다. 바울의 유대식 이름이 사울이고 로마식 이름이 바울입니다. 훗날 사도가 되는 바울은 스데반이 죽는 자리에 있으면서 스데반이 죽는 모습을 모두 보았습니다.
스데반은 돌에 맞아 죽는 순간 자기의 영혼을 하나님께 맡겼고, 자기를 죽이는 사람들을 위해 기도했습니다.

그 장면을 사도행전 7:59-60절은 이렇게 기록했습니다.

"그들이 돌로 스데반을 치니 스데반이 부르짖어 이르되 주 예수여 내 영혼을 받으시옵소서 하고 무릎을 꿇고 크게 불러 이르되 주여 이 죄를 그들에게 돌리지 마옵소서 이 말을 하고 자니라"

스데반이 죽는 모습은 사울이라는 청년에게 아주 인상적이었고, 그가 사도로서의 삶을 살아가게 하는 데 중요한 역할을 하게 됩니다.

스데반이 죽은 후 교회에 대대적인 박해가 시작되었습니다. 그래서 예루살렘에 있던 성도들은 사방으로 흩어지게 되었습니다. 예루살렘교회 성도들은 핍박을 피해 흩어졌지만 그들이 살기 위해 도망만 간 것이 아닙니다. 예루살렘교회의 성도들은 핍박을 피해 흩어지면서 복음을 전했습니다. 그리고 그들이 복음을 전하는 곳에 교회가 세워졌습니다. 예루살렘교회의 성도들은 교회에 닥친 핍박을 피해 도망가기도 하고, 어떤 사람들은 죽기도 했지만, 그런 과정에 복음이 전해지고, 교회가 세워지고, 새로운 성도들이 생기게 된 것입니다.

당시 교회에는 큰 핍박이 있었지만 복음은 더욱더 왕성하게 전해졌습니다. 사울은 그때까지도 위협과 살기가 등등하여 교회를 핍박했습니다. 사울은 다메섹에 있는 성도들을 소탕하기 위해 길

하나님의 어부바

을 나섰습니다. 그러나 도중에 부활하신 예수님을 만났고 예수님 앞에서 완고한 마음과 어두운 생각이 깨어졌습니다. 그리고 사울은 회심했습니다. 회심한 사울은 아나니아와 바나바를 통해 교회에 소개되었고, 예수 그리스도의 복음을 전하는 전도자가 되었습니다.

스데반은 교회 최초의 순교자입니다. 스데반은 돌에 맞아 죽어가면서 원수를 용서하는 기도를 했습니다. 스데반의 기도는 마치 십자가 위에서 드린 예수님의 기도를 떠오르게 합니다. 사울은 스데반이 그렇게 죽는 모습을 보았습니다. 그런데 후에 사울은 루스드라에서 복음을 전하다가 스데반과 똑같은 박해를 당합니다. 사람들은 바울을 돌로 쳤습니다. 그리고 바울이 죽은 줄 알고 성 밖으로 내쳤습니다. 다행히 바울은 죽지 않았고 다시 일어나 더베로 가서 복음을 전했습니다(행 14:19-20). 그런데 사도 바울이 당하는 그 모습을 지켜본 사람이 있었습니다. 바로 청년 디모데입니다.

디모데후서 3:11절에서 사도 바울은 디모데에게 이렇게 말합니다.

"박해를 받음과 고난과 또한 안디옥과 이고니온과 루스드라에서 당한 일과 어떠한 박해를 받은 것을 네가 과연 보고 알았거니와 주께서 이 모든 것 가운데서 나를 건지셨느니라"

디모데는 바울이 루스드라에서 당한 고난과 박해를 보았습니다.

루스드라 출신의 디모데는 죽음 앞에서 용기를 잃지 않고 원수를 용서하는 바울의 신앙을 보고 그의 제자가 되었습니다. 그 후 디모데는 에베소에서 폭도에게 맞아 순교했습니다. 그런데 디모데의 순교를 본 사람이 또 있습니다. 바로 서머나 지방의 감독이었던 폴리갑입니다.

폴리갑은 사도 요한의 가르침을 직접 받았다고 전해지는 속사도입니다. 폴리갑의 순교 이야기는 유명합니다. 폴리갑 당시 서머나 지방에는 '기독교를 믿는 자는 화형에 처한다'는 법률이 있었습니다. 그 법에 의해 폴리갑은 화형에 처하게 되었습니다. 그러나 서머나 사람들은 폴리갑을 살리기 위해 폴리갑을 회유했습니다. 사람들은 '딱 한 번만 예수를 모른다고 부인하면 살려주겠다'고 했습니다. 그때 폴리갑은 이렇게 대답했습니다.

"86년간 예수님은 단 한 번도 나를 모른다고 하지 않으셨는데 내가 어떻게 그분을 모른다고 할 수 있겠습니까?"

그렇게 대답하고 폴리갑은 순교했습니다. 폴리갑도 디모데처럼 순교한 것입니다.

그 후로도 기독교는 순교의 역사입니다. 순교를 통해 복음이 전해졌고, 순교를 통해 교회가 세워졌습니다. 그래서 '교회의 씨앗은 순교의 피다'라고 합니다. 최초의 순교자인 스데반을 통해 바울이 세워졌고, 바울의 고난과 순교가 디모데를 세웠고, 디모데의 순교

하나님의 어부바

가 폴리갑을 세웠고, 그렇게 복음은 땅 끝까지 전해졌고 교회가 세워진 것입니다.

그러므로 사랑하는 성도 여러분! 혹시 지금 고난을 당하고 계시다면 그 고난은 복음의 씨앗입니다. 지금 누군가가 우리의 고난을 보고, 고난을 견디는 우리의 모습도 보고, 고난 중에도 믿음을 지키는 우리의 모습도 보고 있을 것입니다. 그리고 우리의 고난을 통해 누군가가 세워질 것이고, 그를 통해 지금도 복음은 땅 끝까지 전해지며 교회를 세워갈 것입니다.

그러므로 사랑하는 성도 여러분! 조금만 더 고난을 견디십시오. 조금만 더 고난을 인내하십시오. 하나님께서 우리의 고난도 합력하여 선을 이루게 하실 것이고, 우리의 삶에도 평안을 허락해 주실 것입니다.

✳ **적용질문**

교회와 성도들이 당하는 고난은 복음의 씨앗이 되었습니다. 스데반의 고난은 바울을 낳았고, 바울의 고난은 디모데를 낳았고, 디모데의 고난은 폴리갑을 낳았습니다. 이후에도 교회와 성도들의 고난은 또 다른 교회와 성도들을 낳았습니다. 오늘 우리가 당하는 고난도 누군가에게는 복음의 통로가 될 것입니다. 혹시 고난당하는 일이 있다면 그 고난의 의미는 무엇일까요? 그 고난을 통해서 하나님의 일을 어떻게 이루어 갈 수 있을까요? 고난을 없애달라는 기도도 중요하지만 고난을 잘 참고 인내하게 해 달라는 기도도 중요합니다. 그 이유는 무엇일까요?

하소연도 기도입니다

본문: 욥기 10:1-7

---------------- ✦ ----------------

　욥기 8장부터 10장까지는 고통당하는 욥이 수아 사람 빌닷과 나눈 첫 번째 논쟁입니다. 성경은 빌닷에 대해 별로 이야기하는 바가 없습니다. 성경에서 빌닷은 오직 욥기에만 등장합니다. 그래서 빌닷이 누구인지 우리는 정확히 알 수 없습니다. 다만 욥기 8:1절에서는 빌닷을 수아 사람이라고 소개합니다. 창세기 25장에 보면 아브라함이 그두라를 통해 낳은 아들 중에 수아가 있습니다(창 25:1-2). 그래서 어떤 이들은 빌닷이 수아의 후손이었을 것으로 보기도 합니다. 그러나 그것도 정확하지는 않습니다. 아무튼 욥기 8장에서 빌닷은 욥의 고난에 대한 자기의 생각을 이야기 합니다. 그리고 9장과 10장에서 욥은 빌닷의 논리에 대해 반박합니다.

　빌닷이 욥을 보는 시각도 엘리바스와 다르지 않았습니다. 빌닷은 욥의 고난을 인과법칙으로 설명합니다. 뿌린 대로 거둔다는 것입니다. 빌닷은 욥의 불행은 하나님이 욥을 잊어버리셨기 때문이고, 욥의 자녀들이 죽은 것도 그들의 죄에 대한 하나님의 징계라고 합니다. 그러므로 욥이 고난에서 벗어나는 길은 지금이라도 하나님 앞에 회개하는 것이라고도 합니다. 지금이라도 하나님께 간구하며 청결하고 정직하게 행하면 그 시작은 미약하였으나 나중은 심히 창대해질 것이라고 합니다. 빌닷은 욥이 당하는 고난을 철저히 그의 죄로 말미암은 것이라고 하는 것입니다. 욥기 8:8절에서 이런 원칙은 옛 시대의 조상들로부터 터득해서 아는 것이라고도 합니다.

빌닷은 욥이 하나님을 잊어버린 결과로 벌을 받는 것이라는 것을 세 가지 비유 즉 왕골과 갈대, 거미줄, 뿌리 뽑힌 나무의 비유로 설명합니다. 하나님을 잊어버린 사람은 물 없는 데서 자라는 갈대 같고, 아무리 잡으려 해도 쉽게 끊어지는 거미줄 같고, 뿌리가 뽑힌 나무 같다는 것입니다. 물 없는 데서 자라는 갈대는 크게 자랄 수 없습니다. 그것은 다른 풀보다 일찍 말라 죽을 것입니다. 물이 없으니 당연합니다. 거미줄도 그렇습니다. 거미줄로 아무리 정교한 집을 짓는다 해도 그것은 살짝 건드리기만 해도 무너질 것입니다. 거미줄은 쉽게 끊어지기 때문입니다. 뿌리가 뽑힌 나무는 더 말할 것도 없습니다. 뿌리가 뽑힌 나무는 햇빛에 말라비틀어질 일만 남은 것입니다. 빌닷은 하나님을 잊어버린 자들의 처지가 이와 같다고 합니다. 하나님을 잊어버린 자는 하나님의 돌보심을 입지 못하니 그렇게 허무하게 사라질 것인데 욥이 바로 그런 사람이라는 것입니다.

빌닷은 욥을 위로하기 위해 먼 길을 왔지만 이러한 빌닷의 충고는 욥에게 아무런 위로도 되지 않았습니다. 오히려 욥을 더욱 힘들게 했습니다. 그래서 욥이 빌닷의 충고에 대해 반론을 제시합시다.

욥은 인간이 하나님의 지혜와 능력에 대적하거나 변론할 수 있는 존재가 아니라는 점을 인정합니다. 하나님 앞에 의롭다고 주장할 수 있는 사람이 어디 있겠습니까? 그 점에 있어서는 욥이나 욥을 정죄하는 친구들이나 마찬가지입니다. 욥은 하나님은 우리의 힘과 지혜로 감당할 수 없는 크고 위대하신 분이라고 고백합니다. 하나님은 온 세상을 만드시고 그곳에 창조의 질서를 세우셨습니다. 그러나 하나님은 스스로가 만드신 질서에 구속되지 않으십니다. 하나님은 때로 창조의 질서를 혼란케 하시며 창조의 질서에 역행하기도 하십니다. 그래서 하나님은 해를 명령하여 뜨지 못하게 하실 수도 있고 별들을 가두어 보이지 않게 하실 수도 있습니다. 그래도 사람은 하나님께 '무엇을 하시는 것'이냐고 물을 수 없습니다. 왜냐하면 하나님은 우리가 측량할 수 없는 큰일을 행하시고, 셀 수 없는 기이한 일들을 행하시는 분이기 때문입니다.

지금 욥이 당하고 있는 고난은 이런 하나님의 속성으로 이해해야 합니다. 인과율의 법칙으로는 욥의 고난을 이해할 수 없습니다. 그러기에는 욥이 다른 어느 누구보다도 의로운 사람이기 때문입니다. 그러나 하나님은 사람이 정해놓은 법칙대로 움직이시는 분이 아니십니다. 하나님이 때로는 창조의 질서에 역행해서 해와 별이 뜨지 못하게도 하시는 분이라면 욥이 죄인이건 아니면 의인이건 하나님이 고통을 주실 수도 있는 것 아니겠습니까? 하나님은 욥이 어떤 사람인지에 상관없이 그에게 고난을 주실 수도 있고 평강을 주

하나님의 어부바

실 수도 있습니다. 그래서 하나님은 사람이 아닙니다. "I AM WHO I AM"(출 3:14), 하나님은 그냥 하나님이십니다. 그런 의미에서 '욥이 당하는 고난은 죄의 결과'라는 친구들이나, '자신은 이렇게 고난을 당할 만큼 죄를 지은 적이 없다'고 항변하는 욥이나 모두 잘못된 것입니다.

욥은 자신이 당하는 고난에 대해 하나님께 불평을 쏟아 놓습니다. 자신이 당하는 억울함을 하나님의 법정에서 호소하고 싶다고도 합니다. 욥은 자신을 정성스럽게 지으시고 생명과 은혜를 주신 하나님이 지금은 왜 자신을 사냥감과 대적으로 삼아 공격하며 멸하려 하시는지 하나님께 질문합니다. 어떻게 보면 참 오만한 욥의 모습입니다. 욥기 10장은 대부분 이렇게 욥이 불평하는 내용인데 오늘 우리가 읽은 1절부터 7절까지만 보아도 그렇습니다. 오늘 우리가 읽은 말씀을 메시지 성경은 이렇게 번역을 해 놓았습니다. 메시지 성경은 정식 성경 버전은 아니지만 우리가 좀 더 쉽게 성경의 본문을 이해할 수 있게 번역이 되어있습니다.

"더 이상 견딜 수가 없구나. 살고 싶지 않아! 내 사정을 모두 이야기하겠다. 내 인생의 온갖 괴로움을 남김없이 털어놓겠다."

욥은 이렇게 기도했습니다.

"드리고 싶은 말씀이 있습니다. 하나님, 내게 유죄 판결을 내리지 마십시오. 그것이 여의치 않다면 죄목이라도 알려 주십시오. 손수 지으신 이 몸은 시련과 박대로 대하시고 악한 자들의 음모에는 복을 주시다니, 이것을 어찌 주께서 말씀하시는 '선한' 일이라 할 수 있겠습니까? 주께서는 우리 인간들처럼 세상을 보지 않으십니다. 겉모습에 속는 분이 아니시지않습니까? 주께서는 우리와 달리 마감시한에 쫓겨 일하지 않으십니다. 영원 가운데 거하시니 일을 제대로 처리하실 충분한 여유가 있으십니다. 그런데 이 무슨 일입니까? 내 허물을 파헤치시고 수치가 될 만한 것을 찾기 위해 이리도 혈안이 되셨습니까? 주께서는 내가 무죄임을 아십니다. 나를 도울 자가 없다는 것도 아십니다."

이후로도 욥의 불평은 계속됩니다. 그래서 친구들은 이런 욥의 모습을 오만하다고 또 비난합니다. 그러나 사랑하는 성도 여러분! 지금 욥이 할 수 있는 일이 무엇이 있을까요? 우리가 만일 욥과 같은 처지에 있다면 우리는 그런 상황에서 무엇을 할 수 있을까요? 자신을 위로해 주는 사람은커녕 자신의 하소연을 들어줄 사람조차 없고, 심지어는 자신의 부인과 친구들이 모두 나서서 자신을 정죄하며 비난하고 있는데 이런 상황에서 욥이 할 수 있는 일이 무엇이 있을까요? 이런 상황에서 욥이 정상적인 기도를 드릴 수 있겠습니까? 이런 상황에서 욥이 항상 기뻐하고, 쉬지 않고 기도하며, 범사에 감사할 수 있겠습니까? 여러분이라면 그럴 수 있겠습니까? 저는 그럴 수 없을 것 같습니다. 목사로서 죄송한 말씀이지만 저는 그렇게 고상하고 완벽한 신앙의 모습을 보이지 못할 것 같습니다. 그러니 저는 욥의 하소연이 이해가 가고, 욥과 같이 의로운 사람도 하나님을 향해 이렇게 하소연이나 했다는 사실이 위로가 됩니다.

아무튼 지금 욥이 할 수 있는 일은 누구든 붙잡고 하소연 하는 것밖에 없습니다. 그러므로 욥을 위로하기 위해 찾아온 친구들이 해야 할 일은 욥에게 이러쿵저러쿵 옳은 이야기를 해 주는 것이 아니라 욥의 하소연을 들어주는 것이었습니다. 그러나 친구들은 그러지 않았습니다. 지난주에 살펴본 엘리바스도 그러지 않았고, 오늘 살펴보는 빌닷도 그러지 않았습니다. 그리고 앞으로 살펴볼 소발과 엘리후도 그러지 않을 것입니다. 그들은 모두 앞을 다투어 입바른 소리만 할 것입니다. 이래저래 옳은 말만 할 것이고, 욥을 충고하는 말만 할 것입니다. 욥의 이야기를 들어주기보다 자기들 말만 하려고 할 것입니다. 그러니 욥이 할 수 있는 일이라고는 하나님께 하소연하는 것밖에 없는 것입니다. 하나님 앞에 탄식하면서 자신의 처지와 마음을 호소하는 것밖에는 할 수 있는 일이 없는 것입니다. 그렇지 않겠습니까?

그렇게 보면 하나님을 향한 욥의 불평은 사실은 하나님을 향한 욥의 기도고, 그것이야 말로 욥이 고난 중에서 할 수 있는 최선의 기도였을 것입니다.

여러분, 기도가 무엇입니까? 기도는 하나님과 이야기하는 것 아님니까? 기도는 아들이 아버지와 이야기하듯 성도들이 하나님과 이야기하는 것입니다. 그렇다면 기도는 듣기 좋은 말을 하는 것이 아니라, 자기 속에 있는 속마음을 이야기하는 것입니다. 기도는 자기의 모습을 옳게 보이려 하는 것이 아니라, 자기의 처지와 형편을 정직하게 보이기 위해 하는 것입니다. 기도는 자기의 신앙을 하나님께 확증 받고 칭찬받기 위해 하는 것이 아니라, 자기의 처지를 하나님께 말하고 적절한 도움을 받기 위해 하는 것입니다.

사실 우리는 너무 고차원적인 기도를 합니다. 그래서 기도가 항상 어렵습니다. 하나님께 기도할 때마다 우리의 모습을 꾸며야 하기 때문입니다. 하나님께 기도할 때마다 우리 속에 없는 무엇인가를 만들어 내야 하기 때문입니다. 그래서 많은 사람들의 기도가 거짓입니다. 하나님 앞에서조차 정직하지 않습니다. 많은 사람의 기도가 훌륭한 기도문이 되기는 하는데 그 기도에 우리의 마음이 움직이지는 않습니다. 그러나 욥의 기도는 정직합니다.

여러분, 욥기 10장 말씀을 여러 가지 다른 번역본의 성경으로 읽어보십시오. 특히 쉬운 말로 번역된 성경으로 읽어보십시오. 그러면서 우리의 기도와 욥의 기도를 비교해 보십시오. 누구의 기도가 더 신앙적인지, 누가 더 하나님을 아버지로 여기고 있는지 여러분의 기도와 욥의 기도를 한 번 비교해 보십시오.

사랑하는 성도 여러분! 우리는 생각보다 고상하지 않습니다. 믿음도 그다지 좋지 않습니다. 우리 중 누가 재산을 다 잃고, 자식들

하나님의 어부바

이 다 죽고, 몸은 병이 들고, 사람들이 나를 외면하거나 정죄하는 상황에서도 하나님께 감사의 기도를 드리고, 은혜로운 찬양을 하면서 그렇게 젠틀하게 하나님 앞에 서있을 수 있겠습니까? 우리가 그럴 수 없으면 다른 사람도 그럴 수 없는 것입니다. 그러므로 우리는 다른 사람의 모습을 쉽게 판단하거나 정죄할 수 없고, 섣불리 충고할 수도 없는 것입니다.

그런 의미에서 욥의 친구들은 틀렸습니다. 그들이 얼마나 올바른 말을 했는지와 상관없이 욥을 대하는 그들의 자세가 틀렸고, 사람을 대하는 하나님에 대한 그들의 이해가 틀렸습니다.

사랑하는 성도 여러분! 욥기서를 읽으면서 탄식하는 욥의 마음을 먼저 헤아려 보십시오. 그리고 욥을 이해해 보십시오. 욥을 판단하고 정죄하려고만 하지 말고 욥의 처지를 이해하려 해 보십시오. 그럴 때 우리는 우리 주변의 사람들도 이해하고 사랑할 수 있을 것입니다.

오늘 내 주위에 있는 사람들, 사랑하는 가족과 친구와 동료들에게 필요한 것은 입바른 소리가 아닙니다. 그들의 곁에서 그들을 이해하고 공감해 주는 것이 필요합니다.

✴ 적용질문

> 기도란 무엇일까요? 하나님께 가장 정직한 기도는 어떤 기도일까요?

의인도 고난을 받습니다

본문: 욥기 21:7-15

---------------- ✦ ----------------

여러분, '빙점'이라는 소설을 읽어 보셨습니까? '빙점'은 일본의 여류작가 미후라 아야꼬의 작품입니다. 빙점은 우리나라에서도 번역되어 출판이 되었고 이후 드라마로 제작되어 TV로 방영되기도 했습니다. '빙점'의 작가 미후라 아야꼬는 한 평생 온갖 질병으로 고통 받았습니다. 그는 결핵, 척추골양, 대상포진, 직장암, 파킨슨병 등을 앓았습니다. 한참 청춘인 스물네 살부터 서른일곱 살까지는 아예 침대 위에서 꼼짝도 하지 못한 채 지냈다고 합니다. 그러니 그의 삶이 얼마나 힘들었을지 짐작이 갑니다. 그래서 그런가 미후라 아야꼬의 작품에는 삶의 고난을 끌어안고 고민한 끝에 얻어낸 지혜의 글이 많습니다. 그런 미후라 아야꼬가 평소 애송하던 시가 있습니다. 「아프지 않으면」이라는 시인데 작자 미상의 작품입니다. 제가 한 번 낭송해 보겠습니다.

아프지 않으면

작자 미상

아프지 않으면 드리지 못할 기도가 있다.

하나님의 어부바

아프지 않으면 믿지 못할 기적이 있다.

아프지 않으면 듣지 못할 말씀이 있다.

아프지 않으면 접근하지 못할 성소가 있다.

아프지 않으면 우러러 뵙지 못할 하나님의 얼굴이 있다.

아! 아프지 않으면 나는 인간일 수조차 없다.

정말 멋진 시 아닙니까? 대부분 사람들은 아픈 것을 싫어합니다. 심지어 아픈 것을 죄라고 하기도 합니다. 그런데 이 시의 시인은 아프니까 기도하고, 아프니까 기적을 체험하고, 아프니까 하나님의 말씀을 듣고, 아프니까 하나님의 성소에 들어가고, 아프니까 하나님의 얼굴을 본다고 했습니다. 그래서 아프니까 사람이라고 했습니다. 아픈 것, 다시 말해서 고통이 죄가 아니라, 고통이 하나님을 만나게 하는 길이라는 것입니다. 정말 멋진 시 아닙니까? 특히 이 시를 평생 질병의 고통 속에 살았던 미후라 아야꼬가 좋아했다고 하니까 더 공감이 갑니다.

오늘 본문으로 욥기 21:7-15절 말씀을 읽었습니다. 오늘 본문 말씀은 욥기 20장과 21장이 한 묶음입니다. 욥기 20장과 21장은 욥이 소발과 나눈 두 번째 이야기입니다.

욥기 19장 28절과 29절에서 욥은 친구들에게 이렇게 부탁을 했습니다.

"너희가 만일 이르기를 우리가 그를 어떻게 칠까 하며 또 이르기를 일의 뿌리가 그에게 있다 할진대 너희는 칼을 두려워 할지니라 분노는 칼의 형벌을 부르나니 너희가 심판장이 있는 줄을 알게 되리라"

욥은 친구들에게 더 이상 자신을 공격하지 말아달라고 간곡하게 부탁했습니다. 욥이 친구들에게 긍휼을 구한 것입니다. 그러나 소발은 욥의 말에 공감하지 못했습니다. 오히려 소발은 욥에게서 부끄러운 책망을 받았다고 했습니다. 욥의 말에 모욕을 느꼈다는 것입니다. 그래서 소발은 급한 마음으로 욥의 말에 반박했습니다. 자칭 자기의 말이 슬기로운 말이라는 사족까지 덧붙여서 욥을 공격했습니다. 소발은 악인이 잠시 형통할 수는 있지만 그의 영화는 꿈처럼 사라지고 급격히 몰락할 것이라고 했습니다. 불의한 방식으로 쌓은 재물은 그를 죽이는 독이 될 것이라고도 했습니다. 악인의 마음에는 평안이 없고 그가 잠시 누리는 행복도 오래가지 못할 것이라고 했습니다. 풍족할지라도 괴로워하고, 음식을 먹을 때 그 위에 비가 쏟아져 먹지 못하고, 철 병거를 피해도 놋 화살에 맞아 죽을 것이라고 했습니다. 하늘이 그의 죄악을 드러내고 땅이 그를 대항하여 일어날 것이라고도 했습니다. 이는 모두 욥을 겨냥한 말이었습니다.

사실 소발의 말에는 우리가 귀 기울여 들어야 할 부분이 많습니다. 우리가 인정해야 할 말도 많고, 소발의 말처럼 되는 것이 정의

하나님의 어부바

인 것 같기도 합니다. 그러나 욥이 처한 상황에서 소발의 말은 적절하지 않았습니다. 특히 하나님을 단지 진노하시는 하나님으로만 소개하는 것은 잘못이었습니다. 소발의 말은 지금까지 다른 친구들이 했던 말과 조금도 다르지 않습니다. 소발은 욥의 고난은 죄의 결과라고 단정하면서 욥을 정죄하고 있습니다. 소발은 욥이 당하는 고난에 대해서는 어떤 긍휼의 마음도 가지지 못했습니다. 이런 소발의 말에 욥이 반박합니다.

욥은 인과의 법칙이 그대로 적용되지 않는 사례들을 이야기합니다. 그러면서 악인들이 의로운 자 보다 더 형통하게 살아가는 현실을 이야기합니다. 소발은 겸손하게 하나님의 뜻에 순종하는 사람은 집안이 평화를 누린다고 했지만, 욥은 많은 경우 의인이 누려야 할 평안을 오히려 악인이 누리고 있다고 반박했습니다. 악인들이 하나님의 진노와 고통을 당하는 대신 소고와 수금으로 노래하고 피리 불어 즐기며 그들의 날을 행복하게 지낸다고도 했습니다. 그러니 의인이 복을 받고 악인이 고난을 당한다는 친구들의 논리는 현실적으로 맞지 않는다는 것입니다. 하나님이 통치하는 세상에는 평안을 누리는 악인도 있고 고난을 당하는 의인도 있습니다. 물론 친구들의 말처럼 고난을 당하는 악인도 있고 복을 누리는 의인도 있습니다. 그러니까 마치 공식처럼 의인이 행복한 삶을 살고 악인이 불행한 삶을 사는 것은 아닌 것입니다. 인과응보처럼 그런 공식은 없습니다. 하나님은 그렇게 공식에 대입하듯이 움직이지 않으십니다.

오늘 본문으로 읽은 욥기 21:7-15절 말씀을 공동번역 성경은 이렇게 번역을 했습니다.

"악한 자들이 오래 살며 늙을수록 점점 더 건강하니 어찌 된 일인가? 자식들이 든든히 자리를 잡고 후손들이 잘 사는 것을 보며 흐뭇해하지 않는가? 그들의 집은 태평무사하여 두려워할 일이 없고 하느님에게서 매를 맞는 일도 없지 않는가? 황소는 영락없이 새끼를 배게 하고 암소는 유산하는 일이 없더군. 개구쟁이들을 양새끼처럼 풀어 놓으면 그 어린 것들이 마구 뛰어 놀며 소구를 두드리고 거문고를 뜯으며 노래하고 피리소리를 들으며 흥겨워하지 않은가? 일생 행복하게 지내다가 고요히 지하로 내려가더군. 기껏 하느님께 한다는 소리가 '우리 앞에서 비키시오. 당신의 가르침 따위는 알고 싶지도 않소. 전능하신 분이 다 무엇인데 그를 섬기며 무슨 먹을 것이 있겠다고 그에게 빌랴!'"

소발이나 다른 친구들의 말과 달리 악한 자들이 이렇게 잘 산다는 것입니다. 그들은 하나님의 가르침 따위는 알고 싶지도 않으니 우리 앞에서 비키라고 하는 사람들입니다. 하나님이 우리에게 먹을 것을 주시는 것이 아니라 우리가 애쓰고 노력해서 먹을 것을 얻는 것이니 하나님께는 먹을 것을 구하지도 않겠다는 사람들입니다. 그렇게 교만하고 악한 사람들입니다. 그런데 그들은 땅에서 장

하나님의 어부바

수합니다. 늙어도 건강하고 자식들도 자리를 잡고 잘 삽니다. 그들의 집은 태평무사하고 그들의 집에는 항상 흥겨운 노래 소리가 가득합니다. 그러니 하나님이 악한 자는 벌하시고 선한 자에게는 복을 주신다는 말이 맞지 않는 것입니다. 이게 소발을 향한 욥의 반론입니다.

사랑하는 성도 여러분! 우리는 하나님이 하시는 일을 다 이해할 수 없습니다. 우리는 의인이 왜 고난을 당하는지, 반면에 악인이 어떻게 형통할 수 있는지 잘 모릅니다. 그러나 어떻게 생각하면 우리가 모르는 게 당연합니다. 피조물에 불과한 우리가 창조주이신 하나님이 하시는 일을 어떻게 다 알고 이해할 수 있겠습니까? 우리는 하나님이 하시는 일을 이해할 수 없습니다. 그게 피조물인 우리의 한계입니다. 그러므로 욥이 지은 죄로 인해서 하나님이 그에게 고난을 주시는 것이라고 단정하면서 자신들은 마치 하나님이 하시는 일을 다 안다고 생각한 친구들은 하나님께 굉장히 무례한 것이고 하나님의 일에 월권을 하고 있는 것입니다. 그러니 그들의 말은 맞는 것 같지만 사실은 다 틀린 것입니다.

악인은 반드시 세상에서 보응을 받는다는 친구들의 말은 잘못됐습니다. 현실적으로 친구들의 말에 위배되는 일들이 너무 많기 때문입니다. 우리가 그동안 여러 번 이야기했지만 의인은 복을 받고 악인은 고난을 당한다는 논리는 잘못된 이원론입니다. 친구들의 이런 주장은 고난은 악한 것이고 세상에서 잘 먹고 잘 사는 것은 선한 것이라는 잘못된 관념에서 비롯된 것이기 때문입니다. 그러나 성경에는 고난당하는 의인도 많고 잘 먹고 잘 사는 악인들도 많습니다. 성경은 고난을 악한 것이라 하지도 않고 복을 선한 것이라 하지도 않습니다. 물론 세상에서 잘 먹고 잘 사는 것을 복이라고 하지도 않습니다. 그러므로 지금 친구들에게 필요한 것은 욥의 잘잘못을 가리는 것이 아니라 그를 긍휼히 여겨 주는 마음입니다. 욥의 아픔에 함께 아파하고 욥이 혼자 고통스러워하지 않게 그 곁을 지켜주는 것입니다.

우리는 어려움에 있는 사람을 찾아가 많은 말을 해주려고 합니다. 이런저런 훈수를 두고 심지어 정답을 알려주려고도 합니다. 그러나 고난당하는 사람에게 필요한 것은 많은 말이 아닙니다. 그저 옆에서 지지해주고 그 곁을 지켜주는 것이 백 마디 말보다도 훨씬 더 위로가 되는 것입니다.

여러분이 잘 아는 아우슈비츠 수용소라는 곳이 있습니다. 아우슈비츠 수용소는 폴란드 남부 아우슈비츠에 있었던 강제 수용소입니다. 2차 대전 당시 독일군은 이곳에 유대인들을 집단으로 수용해 놓고 무참히 학살했습니다. 아우슈비츠 수용소는 주변이 온통 고압 철조망으로 둘러싸여 있었습니다. 그곳에는 유명한 가스실이 있었고 온갖 고문실이 있었습니다. 한번 아우슈비츠 수용소에 수용된 유대인은 대부분 그곳을 살아서 나오지 못했습니다. 수많은 유대인들이 그곳에서 학살당했고 아무런 이유도 없이 고문

하나님의 어부바

을 당하며 죽어갔습니다. 그때 유대인들이 절규하며 외친 질문이 있습니다. 그 질문은 "하나님, 지금 어디 계십니까?"였습니다. "하나님이 살아 계시다면 왜 우리에게 이런 일이 일어나는 것입니까?" "하나님이 살아 계시다면 왜 우리를 이곳에 방치해 두시는 것입니까?"였습니다. 이것이 유대인들의 피맺힌 절규였습니다. 그런데 2차 대전에서 연합군이 승리하고 승리한 연합군이 아우슈비츠 수용소를 탈환했을 때 수용소의 한 쪽 구석에서 낡은 천에 쓰여진 한 편의 시가 발견됐습니다. 그 시는 어느 그리스도인이 그의 신앙고백을 기록해 놓은 것이었습니다. 시의 내용은 이렇습니다.

"그 크신 하나님의 사랑 말로 다 형용 못하네. 하늘을 두루마리 삼아도 하나님의 사랑을 다 기록할 수 없겠네. 바다를 먹물로 삼아도 하나님의 사랑을 다 기록할 수 없겠네."

바로 우리가 부르는 찬송가 304장의 가사입니다. 시의 제일 아래에는 이런 글도 적혀 있었습니다.

"God is here!"
"하나님이 여기 계신다!"

하나님이 버린 것 같은 절망의 장소, 하나님의 은혜라고는 찾아볼 수 없고 무자비한 고문과 학살만이 자행되던 저주받은 아우슈비츠! 하나님이 바로 그곳에서 고난당하는 유대인들과 함께 계셨다는 것입니다. 어떤 사람은 강제 수용소에서 하나님을 의심하고 원망하며 죽어갔습니다. 그러나 어떤 사람은 똑같은 강제수용소에서 크신 사랑의 하나님을 만났습니다. 그곳에서 하나님의 임재하심을 경험했습니다. 그리고 너무도 확신 있게 '하나님은 이곳에 계신다'고 고백했습니다. 살아날 희망이라고는 없는 절망의 현장에 있으면서도 하나님의 그 크신 사랑은 말로 다 할 수 없으며, 하나님의 그 큰 사랑은 하늘을 두루마리 삼는다 해도 다 기록할 수 없으며, 하나님의 그 큰 사랑은 비록 바다를 먹물로 삼는다 해도 다 기록할 수 없다고 고백했습니다. 그러니 유대인들에게도 아우슈비츠의 잔혹한 고난은 하나님을 만나는 길이었고, 하나님의 성소로 들어가는 문이었고, 하나님의 얼굴을 우러러보면서 하나님께 기도하게 하는 은총이었던 것입니다.

야곱은 자신을 죽이려는 형들을 피해 도망가던 중 광야에서 하나님을 만났습니다. 그리고 '여호와께서 과연 여기 계시거늘 내가 알지 못하였다'고 했습니다. (창 28:16) 야곱에게 있어서 광야는 죄에 대한 하나님의 심판이 아니라 개별적으로 하나님을 만나고 인격적으로 하나님을 만나는 은총의 장소였던 것입니다.

예수님의 제자들은 생명을 위협받는 풍랑 속에서 자신들을 지키고 보호하시며 바람과 바다를 꾸짖어 잔잔케 하시는 하나님이신 예수님을 만났습니다. 그러니 예수님의 제자들에게도 풍랑은 하나

하나님의 어부바

님의 얼굴을 뵙게 하는 하나님의 은총이었던 것입니다.

사랑하는 성도 여러분! 여러분 주변에 고난당하는 사람이 있다면 그들을 함부로 정죄하지 마십시오. 다만 그들 곁에 함께 있으면서 그들의 고난에 공감해 주십시오. 만일 여러분이 당하는 고난이 있다면 그 고난으로 인해 절망하지 마시고, 고난 때문에 기도하고, 고난 때문에 하나님의 성소를 찾고, 그곳에서 여러분을 도우시는 하나님의 기적을 체험하며, 하나님의 얼굴을 바라보십시오. 고난은 우리를 더욱 성숙하게 하고 우리를 하나님 앞으로 인도하는 하나님의 또 다른 은총입니다.

✿ 적용질문

> 악인이 형통하고 의인이 고난을 당하는 이유는 무엇일까요? 오늘 우리가 당하는 고난에는 어떤 의미가 있을까요? 고난당하는 자들을 위해 우리가 할 수 있는 일은 무엇일까요? 하나님은 지금 어디에 계실까요?

들어주지도 못해?

본문: 욥기 24:1-12

　러시아의 문호 안톤 체호프의 소설 중에 「슬픔」이라는 단편이 있습니다. 내용은 이렇습니다. 소설의 주인공은 마부 '요나 포타포브'입니다. 요나는 얼마 전에 아들을 잃었습니다. 그러나 아들의 죽음이 요나의 삶에 어떤 긴장을 만들어 내지는 않습니다. 요나의 아들은 사흘 동안 병원 침대에 누워 있다 죽었는데 요나는 아들의 죽음을 '주님의 뜻'으로 돌립니다. 요나가 아들의 죽음을 주님의 뜻이라고 한 것은 그에게 그만한 믿음이 있었기 때문이 아닙니다. 그렇게라도 말하지 않으면 아들의 허무한 죽음을 견딜 수 없었기 때문입니다. 사실 요나는 자신의 어린 아들이 그렇게 허무하게 죽은 것을 이해할 수 없었습니다. 그래서 막연히 아들의 죽음은 주님의 뜻이라고 한 것입니다.

　아들이 죽은 후 마부 요나는 아들의 죽음에 대하여 사람들과 이야기를 나누고 싶어 합니다. 혼자서 죽은 아들을 생각하는 일은 끔찍한 일이지만 누군가와 아들의 죽음에 대해서 이야기를 나누다 보면 자신의 슬픔을 덜어낼 수 있을 것이라고 생각했기 때문입니다. 그래서 그는 마차를 탄 손님들과 아들의 죽음에 대해서 이야기를 나누려고 합니다. 그러나 그의 이야기를 들어주는 사람은

　　　　　　　　　하나님의 어부바

아무도 없었습니다. 심지어 함께 일하는 동료도 요나의 말을 들어주지 않았습니다. 사람들은 요나가 당한 슬픔 따위에는 관심도 없었습니다.

마부 요나의 삶의 긴장은 여기에서 시작이 됩니다. 자신의 아픔을 나누고 싶어 하는 한 아버지의 애달픈 마음과 그것을 들으려하지 않는 사람들의 무관심한 마음 사이에서 긴장이 흐릅니다. 마부 요나의 긴장은 아들이 죽은 사건에서 오는 것이 아니라 아무도 그의 말을 들어주려 하지 않는데서 찾아온 것입니다.

안톤 체호프가 소설 「슬픔」에서 주목하고 있는 것은 '이미 일어난 사건'이 아니라, '그 사건을 견디는 인간의 모습'입니다. 일어난 사건의 피해자는 이미 일어난 사건에 대해서 어찌하지 못합니다. 마부의 아들은 이미 죽었고 그 죽음은 아무도 돌이킬 수 없습니다. 그래서 마부 요나는 자기 아들의 죽음을 다른 사람에게 말하고 싶어 하는 것입니다. 자기에게 일어난 일을 누군가와 이야기하면서 아들을 잃은 슬픔을 덜어내고자 하는 것입니다.

오늘 본문으로 욥기 24:1-12절 말씀을 읽었습니다. 오늘 말씀은 욥기 22장부터 24장까지가 한 덩어리입니다. 욥과 엘리바스의 세 번째 이야기입니다. 욥이 큰 고난을 당했습니다. 하루아침에 재산을 다 잃었습니다. 욥이 하루아침에 잃은 재산은 양이 칠천 마리, 낙타가 삼천 마리, 소가 오백 겨리, 암나귀가 오백 마리입니다. 지난번에 박금진 목사님이 설교 중에 나발을 이야기했습니다. 사무엘상 25장에 나발은 심히 큰 부자라고 했습니다. 그냥 부자가 아니라 심히 큰 부자입니다. 나발에게는 양이 삼천 마리, 염소가 천 마리가 있었습니다. 그 정도 양과 염소를 가졌으니 나발은 심히 큰 부자라는 것입니다. 그런데 나발이 소유한 양과 염소는 욥이 소유한 것의 1/3도 되지 않습니다. 그러니 욥은 얼마나 큰 부자였겠습니까? 나발이 심히 큰 부자였다면 욥은 심히 큰 재벌이었을 것입니다. 그런데 그 많은 재산을 하루아침에 다 잃었습니다. 양과 낙타와 소와 암나귀만 잃은 것이 아니라 그것들을 돌보던 종들도 다 잃었습니다. 뿐만 아니라 일곱 아들과 세 딸이 한날 한시에 모두 죽었습니다. 자기 몸에는 심한 질병이 왔고 부인은 욥을 원망하며 저주했습니다.

욥은 자신이 당하는 이런 고난을 이해할 수 없었습니다. 그러나 욥은 자신에게 닥친 고난을 인정하고 받아들였습니다.

욥기 1:20-21절에서 욥은 이렇게 고백합니다.

"욥이 일어나 겉옷을 찢고 머리털을 밀고 땅에 엎드려 예배하며 이르되 내가 모태에서 알몸으로 나왔사온즉 또한 알몸이 그리로 돌아가올지라 주신 이도 여호와시요 거두신 이도 여호와시오니 여호와의 이름이 찬송을 받으실 지이다"

욥은 자신이 당한 불행으로 인해 범죄 하지 않았고 하나님을 원망하지도 않았습니다. 참 대단한 믿음입니다. 그런데 안톤 체호프의 '슬픔'을 읽자니 욥의 고백도 어쩌면 어찌할 수 없는 체념에서 나온 것일지도 모르겠다는 생각이 듭니다. 이미 일어난 일에 대해 아무리 슬퍼하며 원망한다 해도 의미가 없습니다. 왜냐하면 이미 일어난 일을 돌이킬 수 없기 때문입니다. 그래서 욥에게도 필요한 것은 자신에게 일어난 일을 누군가에게 이야기하며 하소연하는 것이었는지도 모르겠습니다. 죽은 일곱 명의 아들과 세 명의 딸에 대해, 자기 몸에 찾아온 병에 대해, 자기가 잃어버린 수많은 재산에 대해, 욥은 그 모든 일에 대해 누군가에게 하소연하면서 털어버리고 싶었는지도 모르겠습니다.

마침 욥을 위로하겠다고 몇 명의 친구들이 찾아왔습니다. 그들은 멀리서부터 욥을 찾아온 반가운 친구들이었습니다. 그러나 그들은 욥을 위로하지 못했습니다. 욥의 친구들은 욥의 하소연을 들어주지 않았습니다. 욥의 친구들은 욥이 당한 고난을 위로하는 대신 정죄했습니다. 욥의 이야기를 들어주지는 않고 자기들이 하고 싶은 말만 했습니다. 그래서 욥의 긴장은 그가 당한 고난에서 오지 않고 친구들과의 지루한 논쟁에서 왔습니다.

욥과 친구들의 세 번째 논쟁이 시작됩니다. 세 번째 논쟁을 하는 동안 욥과 친구들의 의견차는 전혀 좁혀지지 않았습니다. 오늘 읽은 욥기 22-24장까지는 욥과 엘리바스의 세 번째 논쟁입니다. 엘리바스의 논점은 한결같습니다. 욥의 죄로 인해서 하나님이 욥을 심판하셨고 그래서 지금 욥이 고난을 당하고 있다는 것입니다. 그러나 욥은 엘리바스의 말에 동의하지 않습니다. 그러자 엘리바스는 자기가 보지도 못한 욥의 죄를 추측하면서 욥을 정죄합니다.

엘리바스는 욥이 부자로 살 때 가난하고 무고한 사람들을 압박하고 착취하며 그들에게 자비롭지 않았다고 합니다. 그리고 하늘 높이 계시는 하나님께서는 이러한 욥의 행실을 모두 아시고 욥을 심판하셔서 욥이 고난을 당하는 것이라고 했습니다. 물론 엘리바스가 지적하는 이러한 욥의 죄악들은 모두 추측에서 비롯된 것들입니다. 엘리바스는 욥이 어떠한 죄를 지었는지 하나도 보지 못했습니다. 그럼에도 불구하고 엘리바스는 욥을 정죄합니다. 그러면서 하나님과 화목한 사람에게는 반드시 하나님의 복이 임한다는 말로 욥의 회개를 촉구합니다. 이런 엘리바스의 말에 욥이 다시 반박합니다.

욥은 하나님의 법정에서 재판장이신 하나님께 공의로운 재판을 받기를 간절히 원한다고 합니다. 욥은 가난한 자들을 학대하고 착취하는 악인들을 잘되게 내버려 두시고 개입하지 않으시는 하나님께 불평을 쏟아 놓습니다. 욥은 당시 사회에서 이루어지는 불의한 일들을 차례로 언급합니다. 바로 오늘 본문으로 읽은 말씀입니다.

어떤 사람은 땅의 경계표를 옮기고, 어떤 사람은 양떼를 빼앗아 기르며, 고아의 나귀를 몰아가고, 과부의 소를 볼모로 잡기도 합니다. 그 결과 가난한 자들의 형편은 말이 아닙니다. 가난한 자들은 밭에서 남의 꼴을 따며, 악인이 남겨둔 포도를 따며, 의복이 없어

하나님의 어부바

벗은 몸으로 밤을 지내고, 곡식의 이삭을 나르지만 굶주립니다. 가난한 자들은 악한 자들로 인해 이렇게 고통당하면서 하나님께 부르짖지만 하나님은 그들의 참상을 보아주지 않으십니다. 그 결과 가난한 자들은 계속해서 고난을 당하고, 악한 자들은 여전히 풍성한 삶을 살아갑니다. 그러니 욥이 지금 고난을 당한다고 해서 그가 악한 사람은 아닌 것입니다. 욥이 당하는 고난이 욥이 지은 죄의 결과는 아니라는 말입니다.

지금까지 욥은 엘리바스와 세 번, 빌닷과 두 번, 소발과 두 번 논쟁을 벌였습니다. 지금까지 친구들과 벌인 논쟁만 일곱 번입니다. 그러나 욥과 친구들 사이의 의견차는 전혀 좁혀지지 않았습니다. 친구들은 여전히 욥이 죄를 지어 고난을 당한다고 했고, 욥은 자신은 이렇게 고난 당할만한 죄를 지은 적이 없다고 했습니다. 세상에는 오히려 자기와 비교할 수 없을 만큼 많은 죄를 짓고도 잘 사는 사람들이 많다고 했습니다. 욥과 친구들은 논쟁을 거듭할수록 감정만 격해졌습니다. 서로의 말은 듣지 않고 자기들 말만 하려고 했기 때문입니다.

욥과 친구들의 논쟁을 보면 마치 우리의 모습을 보는 것 같습니다. 우리는 지고 이기는 것에 아주 민감합니다. 우리는 어떤 싸움에도 이겨야 합니다. 운동선수들에게만 승부욕이 있는 것이 아닙니다. 우리들에게도 승부욕이 있습니다. 우리는 어떤 식으로든 싸움을 하면 이겨야 합니다. 친구들과 싸워도 이겨야 하고 부부싸움을 해도 이겨야 합니다. 심지어 교회에서 목사와 성도가 싸움을 해도 이겨야 합니다. 누군가 이기기 전에는 싸움이 끝나지 않습니다. 누군가 이겨야 한다는 것은 누군가는 져야 한다는 것입니다. 이긴 사람은 이겨서 좋겠지만 진 사람은 완전히 떡이 됩니다. 가끔 지혜로운 사람은 싸움을 끝내기 위해 져주기도 합니다. 그러나 웬만한 내공이 아니고서는 져주지 못합니다. 그러니 싸움이 오래갑니다. 한 사람이 완전히 이길 때까지 싸우고, 한 사람이 완전히 떡이 될 때까지 싸워야 하기 때문입니다. 그러다 보니 처음에는 새우싸움으로 시작했는데 나중에는 고래싸움이 되기도 합니다. 나중에는 자기들이 왜 싸우는지도 모르고 싸웁니다. 오로지 이겨야 한다는 집념만 남습니다.

여러분은 이런 싸움을 하지 않으십니까? 이런 싸움은 특징이 있습니다. 이겨도 이긴 것 같지 않고 모두가 진 싸움이 된다는 것입니다. 이런 싸움은 너도 죽고 나도 죽자는 진흙탕 싸움이고 속된 말로 개싸움입니다. 이겨도 얻는 게 없습니다.

안톤 체호프의 소설 「슬픔」에서 요나는 어떻게 되었을까요? 그는 아들의 죽음을 털어낼 수 있었을까요? 누군가 요나의 슬픔에 함께해 준 사람이 있었을까요? 마부 요나의 슬픔에 함께해 준 건 그의 말(馬)이었습니다. 요나의 말은 요나의 슬픈 넋두리에 응답하듯 주인의 손 위로 숨을 내쉬기도 하고, 반짝이는 눈망울로 요나와 눈동

하나님의 어부바

자를 맞추기도 했습니다. 요나의 말은 그렇게 요나의 곁을 지켰습니다.

안톤 체호프는 아들을 잃은 요나의 슬픔을 이렇게 표현합니다.

"황혼 무렵 큰 눈송이가 방금 밝혀진 가로등 주변으로 춤추듯 천천히 내리고 있다. 눈이 지붕 위에, 말 잔등에, 마부의 어깨와 모자 위에 얇게 쌓인다. 썰매 마차 마부 요나 포타포프는 마치 유령처럼 온몸이 새하얗다. 그는 허리를 한껏 구부린 채 꼼짝도 않고 마부석에 앉아 있다. 제대로 된 눈이 휘몰아쳐 그의 몸 위에 쌓인다 하더라도 눈을 털어내려 하지 않을 것만 같다."

마부 요나가 자신의 마차에 탈 손님을 기다리고 있는 장면입니다. 손님을 기다리며 요나는 꼼짝도 하지 않습니다. 하늘에서는 촉촉한 함박눈이 내리고 있었지만 요나는 꼼짝도 하지 않습니다. 그러는 사이 잔뜩 웅크린 요나의 몸은 눈으로 덮였습니다. 그래서 그의 몸은 마치 유령처럼 온통 하얀색이 되었습니다. 그런데 마부 요나만 그런 것이 아닙니다. 그의 말도 마찬가지입니다.

"작은 그의 암말도 하얗게 눈을 뒤집어쓴 채 꼼짝 않고 있다. 그렇게 꼼짝 않고 있는 모습에 뼈가 앙상하게 드러난 몸매, 지팡이처럼 꼿꼿한 다리 때문에 마치 말 모습으로 빚어 놓은 싸구려 과자 같다."

요나의 말도 요나처럼 움직임이 없습니다. 요나의 말도 요나처럼 온통 눈으로 뒤덮였습니다. 요나의 말이, 요나의 마음으로, 요나의 곁을 지키고 있었던 것입니다. 요나가 말하지 않으면 말 좀 해보라고 재촉하지 않고, 요나가 자기의 슬픔을 이야기하면 반짝이는 눈망울로 요나를 바라보면서 요나의 이야기를 들어주었습니다. 요나에게는 그런 자신이 말이 유일한 위안이었습니다.

사랑하는 성도 여러분! 고난당하는 욥을 찾아온 친구들이 취해야 했던 행동이 바로 이런 것 아니었을까요? 욥의 잘잘못을 들추어내는 것이 아니라, 욥에게 회개하고 하나님 앞으로 나오라는 뻔한 말이 아니라, 그저 고난당하는 욥의 곁을 지키면서 그의 말을 들어주는 것 아니었을까요? 그랬다면 욥도 자기의 고난을 좀 덜어낼 수 있지 않았을까요? 일곱 명의 아들과 세 명의 딸을 잃고, 자신의 몸에는 불치의 병이 들고, 수많은 재산과 종들을 하루아침에 잃어버린 차가운 절망 속에서 그나마 언 손을 녹여주는 입김 같은 위로라도 받을 수 있지 않았을까요?

친구들과의 싸움에 이기고 지는 것이 무슨 의미가 있겠습니까? 부부간의 싸움에 이기고 지는 것은 또 무슨 의미가 있겠습니까? 성도들 간에, 또는 목사와 성도 간에 이기고 지는 것은 도대체 무슨 의미가 있겠습니까? 운동경기는 이기려 하면 이길 수 있겠지만 사람들과의 싸움은 이기려 할수록 모두 지는 것입니다.

그러므로 사랑하는 성도 여러분! 사람과의 관계에서 너무 이기

하나님의 어부바

려고 하지 마십시오. 굳이 져주라는 말도 아닙니다. 다만 옆에서 상대방의 말을 들어주십시오. 자기 말만 하려고 하지 말고 상대방이 말할 기회를 주고 잔소리 없이 그 말을 좀 들어주십시오. 그러다 보면 서로의 슬픔은 덜어질 것이고, 서로가 서로에게 위로가 되고 힘이 될 수 있을 것입니다. 누군가 이기고 누군가는 지는 싸움이 아니라 모두가 이기는 싸움이 될 수 있을 것입니다.

�֍ 적용질문

> 누군가에게 옳은 말을 해주고 싶은 유혹을 참고, 누군가의 푸념을 끝까지 들어준 적이 있습니까? 사람들은 옳은 말을 많이 해주는 사람보다 두서없는 넋두리를 끝까지 들어주는 사람을 통해 위로를 받습니다.

아름다운 황혼

본문: 창세기 49:33, 마태복음 6:11

---✦---

　지지난주 주일 예배 마치고 아라뱃길에 갔었습니다. 식구들 모두 시큰둥해 해서 저 혼자 갔습니다. 그날 점심 무렵에는 비가 제법 많이 왔었는데 아라뱃길 한 편에 주차하고 차 안에서 삼각 김밥 하나와 컵라면 하나를 먹었습니다. 그리고 저녁 7시쯤에 정서진에 가서 일몰을 봤습니다. 그날 일몰은 정말 좋았습니다. 해는 금방 졌지만 해가 지고 나서도 한참 동안 하늘이 붉게 물들어 있었습니다.

　저는 일몰을 참 좋아합니다. 길을 가다가도 해가 지기 시작하면 차를 세워놓고 한동안 그 광경을 보기도 합니다. 우리 큰아이가 강화도에 있는 학교를 다닐 때 학교에 데려다주고 오는 길에 해가 지는 경우가 많았는데 그럴 때는 어김없이 차를 세우고 일몰을 보다 왔습니다. 특히 외포리 근처의 주변이 깜깜해질 때까지 한참 동안 일몰을 보고는 했습니다. 대부분 저 혼자 일몰을 보았는데 혼자라는 것과 일몰이라는 상황이 묘하게 어울린다는 생각을 많이 했었습니다.

　당연한 얘기지만 일몰은 뜨는 해가 아니라 지는 해입니다. 그래서 일몰은 흔히 황혼에 비유가 됩니다. 그래서 그런가 일몰을 보는

하나님의 어부바

사람들이 자신들의 황혼도 일몰처럼 찬란하고 아름다웠으면 좋겠다는 말을 하고는 합니다. 아름다운 일몰과 같은 노년은 생각만 해도 좋습니다.

요즘 새벽예배 시간에 창세기 말씀을 묵상하고 있습니다. 지난 주간에는 노년기의 야곱에 대해 묵상했는데 그 모습이 아름다운 일몰 같다는 생각을 많이 했습니다. 노년의 야곱은 화려하지 않습니다. 야곱의 노년은 온 하늘을 붉게 물들여 감탄을 자아내는 그런 모습이 아닙니다. 노년의 야곱은 그냥 평범합니다. 그런데 그 모습이 참 좋습니다.

야곱은 태어나면서부터 치열한 삶을 살았습니다. 야곱은 형 에서의 발꿈치를 잡고 태어났습니다. 그리고 형 에서의 장자권을 빼앗기 위해서 형과 아버지를 속였습니다. 외삼촌 라반의 집에서도 야곱의 삶은 마찬가지였습니다. 한 마디로 야곱은 태어날 때부터 남의 축복을 빼앗느라 정신없이 살았습니다. 그러나 노년기의 야곱은 다릅니다. 노년이 된 야곱은 남의 복을 빼앗기 위한 삶이 아니라 남을 위해 복을 빌어주는 삶을 삽니다. 지난 금요일 새벽에 묵상한 대로 야곱은 애굽의 바로 왕을 축복했습니다. 그리고 내일부터 묵상할 창세기 49장에서는 자기 아들들을 일일이 축복합니다. 그렇게 자기 아들들을 모두 축복한 후에 야곱은 죽습니다.

그 모습을 창세기 49:33절에서는 이렇게 기록합니다.

"야곱이 아들에게 명하기를 마치고 그 발을 침상에 모으고 숨을
거두니 그의 백성에게로 돌아갔더라"

그러니까 야곱은 죽기 직전까지 다른 사람을 축복한 것입니다.

야곱은 죽기 전에 자기의 아들들을 일일이 축복했습니다.
그 모습을 창세기 49:1절에서 이렇게 기록합니다.

"야곱이 그 아들들을 불러 이르되 너희는 모이라 너희가 후일에
당할 일을 내가 너희에게 이르리라"

이게 무슨 말입니까? 야곱이 자기 아들들을 축복했다는 것은
야곱이 죽은 후에 열두 아들들이 당할 일을 예언한 것이라는 것입
니다. 야곱의 열두 아들이 누구입니까? 야곱의 열두 아들이 장차
이스라엘의 열두 지파가 될 것입니다. 그러므로 야곱이 자신의 열
두 아들을 축복한 것은 장차 이스라엘의 열두 지파를 축복한 것이
기도 합니다.

이에 대해서 창세기 49:28절은 이렇게 기록합니다.

"이들은 이스라엘의 열두 지파라 이와 같이 그들의 아버지가 그
들에게 말하고 그들에게 축복하였으니 곧 그들 각 사람의 분량대

로 축복하였더라"

　형의 발꿈치를 잡고 태어나서 남의 것을 빼앗으며 젊은 시절을 보냈던 야곱이 마지막 죽는 순간에는 자기 자식과 이스라엘 민족을 위해 복을 빌고 있는 것입니다. 복을 구걸하며, 심지어는 다른 사람의 복을 빼앗기까지 했던 야곱이 남을 축복하는 것으로 그의 삶을 마무리 합니다. 이정도면 야곱의 삶은 성공적인 삶이 아니었을까요? 야곱의 노년이 하늘을 붉게 물들이는 석양처럼 찬란한 것은 아니지만 그러나 그의 노년은 충분히 아름답고 의미가 있습니다.

　저와 여러분도 노년이 아름다웠으면 좋겠습니다. 저와 여러분이 지금까지 어떤 삶을 살아왔던지 간에 우리의 마지막 모습은 깨끗하고 은혜로웠으면 좋겠습니다. 사람은 떠난 자리가 아름다워야 한다고 하지 않습니까?

　노년의 야곱은 구체적으로 어떤 삶을 살았을까요? 노년기의 야곱은 무엇보다 자족하는 삶을 살았습니다. 원래 야곱은 욕심이 많은 사람이었습니다. 그러나 노년기의 야곱에게는 별다른 욕심이 보이지 않습니다.

　애굽의 총리가 베냐민을 데리고 오라 했을 때 야곱은 잃으면 잃겠다는 마음으로 베냐민을 애굽으로 보냅니다. 그래야 다른 가족이 살 수 있기 때문입니다. 야곱이 살던 땅에 심한 기근이 들었습니다. 이 기근은 팔레스타인 전 지역을 삼킨 기근이었고, 무려 7년 동안이나 계속될 기근이었습니다. 그 기근으로 인해 팔레스타인 전 지역에 양식이 떨어졌습니다. 양식은 오직 요셉이 총리로 있는 애굽에서만 구할 수 있었습니다. 그때 야곱은 자신의 아들들을 애굽에 보내 양식을 구해오게 합니다. 그러나 그 양식도 곧 떨어지게 됩니다. 그러자 야곱이 아들들을 다시 애굽으로 보냅니다. 그러면서 이렇게 말을 합니다.

창세기 43:2절 말씀입니다.

"그들이 애굽에서 가져온 곡식을 다 먹으매 그 아버지가 그들에게 이르되 다시 가서 우리를 위하여 양식을 조금 사오라"

당시 야곱은 며느리들을 제외하고 66명이 함께 살고 있었습니다 (창 46:26-27). 66명 외에 며느리들과 종들도 있었을 테니 야곱의 집에서 사는 사람들이 얼마나 많았겠습니까? 그러니 야곱에게는 당장 많은 양식이 필요했을 것입니다. 게다가 가나안에서 애굽까지는 가까운 거리가 아닙니다. 양식이 떨어졌다고 해서 금방 가서 양식을 사올 수 있는 거리가 아니라는 말입니다. 그렇다면 야곱은 한 번 애굽에 갈 때 되도록 많은 양식을 사와야 합니다. 그런데 야곱은 아들들에게 굳이 말하기를 우리를 위하여 양식을 조금 사오라고 합니다. 우리를 위하여 양식을 최대한 많이 사오라는 것이 아니라 우리를 위하여 양식을 조금만 사오라는 것입니다. 이것은 분명 젊은 시절과는 다른 야곱의 모습입니다.

무엇이든지 값이 좀 오른다고 하면 사재기를 하는 사람들이 있습니다. 값이 오르기 전에 최대한 많이 사두자는 것입니다. 이번 코로나19가 처음 시작되었을 때도 마스크를 사재기 한 사람들 때문에 큰 혼란이 있었습니다. 모두가 사재기를 한 것은 아니지만 대부분 사람들 속에는 그런 마음이 있었습니다. 지금 당장 쓸 것이 있어도 여유분이 없으면 불안했던 것입니다. 그래서 저마다 여유분을 비축해 두었습니다. 그것도 아주 많이 비축을 해두었습니다. 그러니 공장에서 매일 수백만 장씩 마스크를 생산해도 매일 마스크가 모자랐습니다. 마스크 한 장에도 그런데 살고 죽는 문제가 걸린 양식은 어떻겠습니까?

지금 팔레스타인 전 지역이 흉년에 시달리고 있습니다. 지금은 애굽에서 양식을 살 수 있다지만 앞으로는 애굽도 어떻게 될지 모를 일입니다. 그러니 양식을 살 기회가 있을 때 최대한 많이 사 두어야 합니다. 그래야 생존할 수 있습니다. 가능하다면 쌀 한 톨이라도 더 사다가 자신의 창고에 쌓아 놓아야 합니다. 그 일에 자신과 가족들의 생사가 달렸습니다. 그런데도 야곱은 아들들에게 양식을 조금만 사오라고 합니다. 욕심쟁이 야곱이 나이가 들면서 자족할 줄 아는 야곱이 된 것입니다.

사랑하는 성도 여러분! 자족하며 사는 것이야말로 신앙의 모습입니다.

예수님께서는 우리에게 기도를 가르치시면서 평생 먹을 양식을 위해 기도하라고 하지 않으셨습니다. 예수님은 우리가 기도할 때 일용할 양식을 위해 기도하라고 하셨습니다.

제가 개인적으로 좋아하는 말씀입니다.

> "오늘 우리에게 일용할 양식을 주시옵고"(마 6:11).

예수님은 내일의 필요를 위해 기도하라고 하지 않으시고 오늘 필요한 것을 위해 기도하라고 하셨습니다. 내일의 필요를 위해 오늘을 허비하지 말라는 말 아니겠습니까?

제 작은 아이가 어린 나이에 잠시 회사에 다녔습니다. 매일 아침 일찍 출근을 했습니다. 새벽에 일어나 온라인 새벽예배 드리고 부리나케 서둘러 출근을 합니다. 그리고 매월 한 번씩 월급을 받습니다. 제가 작은 아이에게 이런 말을 가끔 합니다. "저축하려고 너무 애쓰지 마라." "어떻게 돈을 모을지 고민하지 말고 어떻게 돈을 쓸지 고민해라." "내가 쓰는 돈이 누군가에게 유익이 되게 하고, 누구와 함께 내 돈을 쓸지 고민해라." 이게 제가 제 아이들에게 가르치는 경제관입니다.

제 아이들은 학교 다닐 때 용돈을 많이 받지 못했습니다. 항상 빠듯한 용돈을 받았습니다. 그나마 용돈의 절반은 헌금을 해야 했

하나님의 어부바

습니다. 그래도 작은 아이는 그 중에서 얼마를 떼어 아프리카의 아이들을 후원했습니다. 그런데 이제 월급을 받으니 용돈을 받을 때보다 돈이 더 많아졌습니다. 그러니 더 많은 아이들을 후원할 수 있습니다. 어제 작은 아이와 저녁 식사를 하는데 작은 아이가 실지로 이런 계획을 이야기 했습니다. 저는 작은 아이가 이런 생각을 하는 것이 맞다고 생각합니다. 그리고 그렇게 돈을 쓰는 것이 맞다고 생각합니다. 내일 할 일을 위해서 오늘 지나치게 많은 돈을 저축하지 않는 것입니다. 오늘의 필요를 하나님이 주시듯이 내일의 필요도 하나님이 채워주실 것입니다. 그러니 내일을 위해 오늘 써야 할 돈을 아끼며 인색하지 않는 것입니다. 오늘 써야 할 일이 있으면 그 일에 돈을 쓰는 것입니다. 오늘 있는 돈은 그 일을 위해서 하나님이 주신 것입니다. 내일 해야 할 일을 위해서는 또 그만큼의 돈을 하나님이 주실 것입니다. 이게 우리의 믿음이고, 이런 믿음을 가지고 드리는 기도가 '오늘 우리에게 일용할 양식을 주시옵고'라는 기도입니다. 이런 삶을 살고, 이런 기도를 드리는 사람이 하루하루 자족하는 삶을 사는 사람입니다.

저는 노년기의 야곱이 '우리를 위해 양식을 조금 사오라'고 한 것이 바로 일용할 양식을 구하는 기도고, 자족하는 삶의 고백이라고 생각합니다.

예수님께서는 '목숨을 위하여 무엇을 먹을까 무엇을 마실까 몸을 위하여 무엇을 입을까 염려하지 말라'고도 하셨습니다. '이런 것은 다 이방인들이나 구하는 것'이라는 것입니다. 이방인이 누구입니까? 하나님을 알지 못하는 사람들입니다. 그러니까 목숨을 위하여 무엇을 먹을지 몸을 위하여 무엇을 입을지 염려하며 기도하는 사람들은 하나님을 알지 못하는 이방인들이라는 말입니다. 우리가 먹고 마시고 입는 것은 우리 아버지이신 하나님께서 모두 채워주실 것입니다. 그러므로 우리는 내일 일을 위해 염려할 것이 없습니다. 이게 무슨 말입니까? 하나님께서 오늘 우리에게 주신 것을 감사히 받고 그것에 자족하면서 살라는 말씀 아니겠습니까? 그러므로 하나님을 진심으로 믿는 성도들은 하루하루를 자족하며 살 수 있어야 합니다. 이 말은 달리 하면 '하나님을 진심으로 믿지 않는 사람들은 내일 일이 염려가 돼서 결코 자족하며 살 수 없다'는 말이기도 합니다. 그렇다면 노년기의 야곱이 자족하는 삶을 살 수 있게 되었다는 것은 무슨 말입니까? 야곱은 그 인생의 노년기가 되어서야 비로소 하나님을 온전히 신뢰할 수 있게 되었다는 말입니다.

사랑하는 성도 여러분! 자족하는 삶을 삽시다.
디모데전서 6:6절은 이렇게 말합니다.

"그러나 자족하는 마음이 있으면 경건은 큰 이익이 되느니라"

자족하는 마음은 경건에 큰 이익이 됩니다.
디모데전서 6:10절은 또 이렇게도 말했습니다.

하나님의 어부바

"돈을 사랑함이 일만 악의 뿌리가 되나니 이것을 탐내는 자들은 미혹을 받아 믿음에서 떠나 많은 근심으로써 자기를 찔렀도다"

돈에 대한 욕심을 극복하지 못한 사람은 악한 일에 미혹을 당하고 결국 믿음에서 떠나게 된다는 것입니다.

사랑하는 성도 여러분! 코로나19로 얼마나 어려운 삶을 사십니까? 우리는 지금 한치 앞도 바라볼 수 없는 삶을 살고 있습니다. 그렇지 않습니까? 그래서 힘든 것 아닙니까? 그러나 내일 일을 위하여 염려하지 마십시오. 내일 무엇을 먹을지 무엇을 마실지 무엇을 입을지 미리 걱정하지 마십시오. 내일 일을 염려하느라 오늘 욕심을 부리며 살지 마십시오. 내일 일은 내일 염려하면 됩니다. 오늘 우리에게 일용할 양식이 있다면 우리는 그것으로 감사하고 자족하면서 살 수 있어야 합니다. 그것이 믿음입니다. 예수님께서는 내일 양식을 위해 기도하라고 하지 않으셨습니다. 예수님께서는 오늘의 양식, 일용할 양식을 위해 기도하라고 하셨습니다. 이 말 속에 내일 일을 위해 염려하지 말라는 말도 있는 것이고, 목숨을 위하여 무엇을 먹을까 무엇을 마실까 몸을 위하여 무엇을 입을까 염려하지 말라는 말도 있는 것입니다. 저와 여러분이 모두 이런 믿음을 가지고 살아갈 수 있기를 바랍니다.

�֍ 적용질문

> 오늘 하루 주어진 삶에 감사하며 자족하는 삶을 살 수 있습니까?

장로님은 허무하지 않습니다

본문: 전도서 12:13

━━━━━━━━━━━━✦━━━━━━━━━━━━

작년 5월에 이곳에서 최○○ 장로님 장모님이신 강○○ 권사님 입관예배를 드렸습니다. 그날도 주일이었습니다. 그날도 우리 교우들이 주일 예배를 드리고 이곳에 와서 강○○ 권사님 입관예배를 드렸습니다. 그때 시간도 오늘처럼 오후 4시였습니다. 그날 우리 교우들은 강○○ 권사님 입관예배를 드리면서 오랜만에 최○○ 장로님을 만났습니다. 교우들은 몇 개월 만에 최○○ 장로님을 만나서 반가워했습니다. 그때만 해도 최○○ 장로님 컨디션이 아주 좋았습니다. 우리 교우들은 최○○ 장로님을 만나고 교회에서 계속해서 볼 수 있을 것이라고 생각했습니다. 그런데 우리 교우들 중 대부분은 그날이 최○○ 장로님을 마지막으로 본 것이었습니다. 그래서 최○○ 장로님이 돌아가시고 나서 교우들이 더 안타까워했습니다.

우리는 지난 1년 내내 최○○ 장로님을 위해 기도했고, 지난 한 달간은 최○○ 장로님을 위해 매일 기도했고, 특히 지난 금요일은 밤늦게까지, 또는 새벽까지 최○○ 장로님을 위해 기도했습니다. 우리의 기도는 단 하나였습니다. 최○○ 장로님이 완쾌되어 우리와 함께 예배드리게 해 달라는 것이었습니다. 지난 금요일에는 장로님을 살려달라는 기도만 했습니다. 그런데 우리 기도와 상관없이 최○○ 장로님은 살지 못했습니다. 지난 금요일 새벽에 중환자실에 내려간 후 하루를 넘기지 못하고 돌아가셨습니다.

최○○ 장로님이 돌아가시고 난 후 우리 교우들이 제일 많이 한 말은 허무하다는 것이었습니다. 그동안 장로님을 위해 기도한 것이 허무하고, 최○○ 장로님이 이렇게 돌아가신 것이 허무하다는 말을 제일 많이 했습니다. 사실 저도 그렇습니다. 저도 마음이 참 허무합니다.

성경에 허무함을 노래한 사람이 있습니다. 바로 솔로몬입니다. 솔로몬은 이스라엘의 세 번째 왕이고, 가장 강력하고 부요했던 시절의 이스라엘을 통치했던 왕입니다. 그 솔로몬이 성경 잠언, 전도서, 아가서와 시편 몇 편을 기록했는데 특히 전도서에서 솔로몬은 인생을 허무하다고 했습니다. 그래서 전도서에 가장 많이 등장하는 말은 '헛되고 허무하다'는 것입니다. 그러나 사실 솔로몬이 허무하다고 한 인생은 하나님 없이 사는 인생입니다. 하나님 없이 사는 인생이 허무하다는 것입니다. 세상에서 아무리 출세하고, 성공하고, 왕이 되었어도 하나님 없이 사는 인생은 허무하다는 것이 솔로몬의 전도서입니다. 이에 반해서 하나님과 함께하는 삶, 하나님을 경외하며 사는 삶은 허무하지 않다는 것이 솔로몬의 전도서입니다.

그런 의미에서 보면 최○○ 장로님의 삶도 죽음도 허무하지 않습니다. 최○○ 장로님은 60년 조금 더 되는 삶을 사시면서 수많은 희로애락을 다 겪으셨지만 그분의 삶은 결코 허무하지 않습니다. 왜냐하면 최○○ 장로님은 평생 하나님을 경외하며 하나님과 함께 하는 삶을 사셨기 때문입니다.

장로님은 평생 하나님과 함께 사셨습니다. 그러니 돌아가실 때도 하나님과 함께 하셨을 것입니다. 그런 장로님의 삶을 누가 허무하다고 하겠습니까? 만일 장로님이 돈을 쫓아 사는 삶을 살았다면 그 죽음이 허무했을 것입니다. 그러나 장로님은 돈을 쫓아 살지 않으셨습니다. 만일 장로님이 명예와 쾌락을 쫓아 사는 삶을 살았더라도 그 죽음이 허무했을 것입니다. 그러나 장로님은 명예와 쾌락을 쫓아 살지 않으셨습니다. 만일 장로님이 세상의 출세와 성공을 쫓아서 살았더라도 그 죽음이 허무했을 것입니다. 그러나 장로님은 그렇게 살지 않으셨습니다. 장로님은 삶의 형편이 좋을 때도 하나님과 함께 살았고, 삶의 형편이 어렵고 힘들 때도 하나님과 함께 살았습니다. 그래서 그의 삶은 허무하지 않습니다. 삶이 허무하지 않으니 죽음도 허무하지 않습니다.

몇 년 전에 우리 교회 권사님이 돌아가셨습니다. 이분은 신장이 좋지 않았는데 신장 투석을 하면서 거의 20년을 더 사셨습니다. 이분이 돌아가실 때가 되었는데 그때 권사님의 손녀딸이 권사님 손을 잡고 이렇게 말했습니다. "할머니 예수님 손 꼭 잡고 잘 가세요. 우리도 예수님 손 붙잡고 따라갈게요."

우리는 죽으면 혼자가 아닙니다. 우리는 죽을 때 우리를 마중 나오신 예수님을 보게 될 것입니다. 예수님이 이 땅에서 죽은 우리의 손을 붙잡고 우리를 하나님의 나라로 인도해 주실 것입니다. 바로 어제 새벽 최○○ 장로님이 그 길을 가신 것입니다. 우리는 장로님의 죽음이 아쉽고 마음 아프지만 그 순간 장로님은 예수님을 만나셨을 것입니다. 그리고 예수님 손 붙잡고 하나님 앞에 이르셨을 것입니다. 그러니 장로님의 죽음은 허무하지 않습니다.

장로님이 가신 그 길은 장차 우리가 갈 길이기도 합니다. 어제 교우들과 함께 장로님을 조문하고 돌아가면서 '우리 중 다음 순서는 누구일까?'라는 말을 했습니다. 별 생각 없이 한 말이기는 하지만 우리 중 누군가는 장로님이 가신 길을 따라갈 것이고, 결국은 우리 모두 그 길을 가게 될 것입니다. 이게 무슨 말입니까? 어제 돌아가신 장로님은 머지않아 우리를 모두 다시 만나시게 될 것이라는 것입니다. 그러니 장로님의 죽음은 허무하지 않습니다.

제가 생각해봤는데 우리 교회에서 초상이 났을 때 한 번도 빠지지 않고 상가를 찾아다니시던 분이 장로님과 권사님이십니다. 장로님은 교회 근처 가까운 상가에도 갔고, 멀리는 남원과 삼천포까지 조문을 갔습니다. 그렇게 조문을 다니면서 장로님과 권사님이 이런 말을 했습니다. '누군가가 죽으면서 우리에게 소풍을 선물한다'고…. 실지로 그랬습니다. 우리는 돌아가신 분을 조문한 후 가벼운 여행을 많이 했습니다. 누군가를 조문한 후 남한산성도 갔고, 분당 중앙공원도 갔고, 수원 화성도 갔고, 삼천포 케이블카를 타기도 했습니다. 그게 모두 소풍이었습니다. 아마 장로님은 지금 그 때 조문했던 분들을 모두 만나고 계실 것입니다. 그러니 장로님의 죽음은 허무하지 않습니다.

그러므로 사랑하는 여러분! 장로님의 죽음이 아쉽고 서운하지만 너무 슬퍼하지는 마십시오. 장로님은 한 평생 잘 사셨고, 허무하지 않게 죽으셨습니다.

제게 아주 인상적인 묘비석이 두 개 있습니다. 하나는 한 할머니의 산소에 있는 묘비석인데 그곳에 이런 글이 새겨져 있습니다.

"잘 와서, 큰 일 하시고, 잘 가셨다."

얼마나 멋있습니까? 저는 장로님도 그러셨다고 봅니다. 이 땅에 잘 와서, 한 가정을 이루고, 4남매를 잘 키우시고, 평생 교회를 섬기셨으니 큰 일 하셨고, 그리고 하나님의 계획안에 잘 가셨다고 봅니다.
또 하나 이런 묘비석을 봤습니다.

"왔니? 고맙다. 사랑한다. 행복해라. 아빠엄마가"

이 묘비석을 보는 순간 제 마음이 울컥했습니다. 이 묘지에는 아빠 엄마가 함께 계시나 봅니다. 그분들이 한 순간에 죽었는지 어땠는지 모르지만 아무튼 아빠 엄마가 한 곳에 묻혔습니다. 돌아가신 아빠 엄마는 자신을 찾아올 자식들에게 마지막 말을 남겼습니다. "왔니? 고맙다. 사랑한다. 행복해라." 그 마음이 느껴지지 않으십니까? 저는 장로님 마음도 이와 같을 것 같습니다.

사랑하는 유족 여러분! 장로님 장례 치르고 납골한 후에 그곳에 자주 찾아가십시오. 혼자 가도 좋고, 기왕이면 가족들과 함께 가도 좋습니다. 마음이 울적할 때도 가고, 좋은 일이 있을 때도 가십시오. 그리고 언제든 여러분을 환영해주시는 남편과 아버지의 마음과 만나십시오.

"왔니? 고맙다. 사랑한다. 행복해라"

지금 입관을 마치고 나면 이제 이 땅에서 아버지의 얼굴을 더 이상 볼 수 없습니다. 마음으로 아버지 잘 보내시고, 아버지가 살아서 그러셨던 것처럼 소풍가듯이 장례를 잘 마치시기 바랍니다. 저와 교회가 기도하며 함께하겠습니다.

죽어도 죽지 않습니다

본문: 요한복음 3:16

    3일 동안 수고 많으셨습니다. 지난 금요일에 장로님이 돌아가신 후 오늘까지 많은 조문객들 맞으면서 수고 많으셨습니다. 이제 남은 장례 일정은 발인과 화장과 납골이 있습니다. 지금까지는 인사차 오고가는 조문객들과 함께했다면 지금부터는 주로 가족들끼리 치러야 할 장례 일정이 남은 것입니다. 지난 3일간 우리는 이곳에 빈소를 차리고 조문객들을 맞았는데 이제는 이곳도 비워주어야 합니다. 지금까지는 장례를 치르면서도 사랑하는 남편과 아버지가 안방에서 주무시는 것 같았겠지만 이제는 남편과 아버지를 온전히 하나님께 보내드려야 합니다.

    저는 목사입니다. 아무래도 다른 사람들보다 죽음을 많이 접합니다. 제 가족 중에서도 죽은 사람이 있고, 평생 함께할 것 같았던 성도가 죽기도 했습니다. 최○○ 장로님도 그분들 중 한 분입니다. 그런데 죽음이란 무엇일까요?

    죽음이란 법률적으로는 심장이 더 이상 뛰지 않는 상태입니다.

우리가 흔히 말하는 심장사입니다. 그러나 의학적으로는 죽음의 정의가 다릅니다. 의학적으로는 뇌가 더 이상 기능하지 않는 상태가 죽음입니다. 이런 죽음을 뇌사라고 합니다. 대부분의 사람은 뇌가 죽어도 한동안 심장이 뜁니다. 뇌가 죽었지만 심장이 뛰는 사람은 의학적으로는 죽은 사람이지만 법적으로는 산 사람입니다. 그래서 그런 사람을 함부로 할 수 없습니다. 만일 뇌사에 빠진 사람이 호흡기를 의지하고 있다면 함부로 호흡기를 뗄 수 없습니다. 법적으로는 아직 산 사람이기 때문입니다. 아무튼 세상이 말하는 죽음은 그런 것입니다. 그러나 성경이 말하는 죽음은 조금 다릅니다.

성경은 죽음을 단지 숨이 멈추거나 뇌가 죽는 것, 다시 말해서 존재의 소멸이나 중단만을 죽음이라고 하지 않습니다.

성경에서 죽음이란 단어를 처음 사용하신 분은 하나님이십니다. 하나님께서는 사람을 지으시고 에덴동산에 살게 하셨습니다. 하나님은 사람이 에덴동산에서 무엇이든 먹을 수 있고, 무엇이든 할 수 있게 하셨습니다. 다만 한 가지 동산 중앙에 있는 선악을 알게 하는 나무의 열매는 먹지 말라고 하셨습니다. 그것을 먹는 날에는 반드시 죽으리라고 하셨습니다. 그때 하나님이 처음 죽음이라는 단어를 사용하셨습니다. 하나님이 죽음이라는 단어를 사용하셨지만 아담과 하와는 죽음이 무엇인지도 몰랐을 것입니다. 그래서 그랬을까요? 아담과 하와는 하나님의 경고에도 불구하고 선악을 알게 하는 나무의 열매를 따 먹었습니다. 그렇다면 아담은 죽어야 합니다. 하나님이 그렇게 말씀하셨기 때문입니다. 그러나 아담은 그

후로도 오랫동안 죽지 않았습니다. 선악과를 먹고도 아담은 930년이나 더 살았습니다.

선악과를 따 먹으면 반드시 죽을 것이라고 하나님이 말씀하셨으니까 선악과를 먹는 순간 아담은 죽은 것인데, 선악과를 먹은 이후에도 아담은 930년 동안이나 숨을 쉬며 살았습니다. 하나님 말씀대로라면 아담은 분명 죽었는데, 우리가 보기에는 살아있는 것입니다.

그렇다면 성경이 말하는 죽음이란 무엇일까요? 성경이 말하는 죽음은 생물학적인 죽음과 함께 관계의 단절도 죽음이라고 합니다. 아담이 선악과를 따 먹어 범죄 하는 순간 하나님과의 관계가 단절되었습니다. 그것이 아담의 죽음입니다. 아담은 더 이상 하나님의 임재를 느끼지 못합니다. 더 이상 하나님과 함께 하는 기쁨을 누리지도 못합니다. 하나님의 능력이 아담에게서 떠나갔습니다. 하나님의 생명도 아담에게서 떠나갔습니다. 그렇게 아담은 하나님과의 관계가 끊어졌습니다. 그게 바로 죽음입니다. 이런 죽음은 육체가 썩어 흙이 되는 죽음보다 더욱 비참한 죽음입니다. 왜냐하면 숨을 쉬고 살아있어도 삶의 의미도 없고, 삶의 영광도 없기 때문입니다. 그것이 죽음입니다.

사람과의 관계도 그렇습니다. 사람과의 관계가 단절된 사람은 그 사람 앞에서 숨을 쉬며 살고 있지만 사실은 죽은 것입니다. 부부가 매일 함께 살지만 실질적인 관계는 단절된 사람들이 있습니다. 그런 사람들은 남편과 아내 앞에서 서로 죽은 것입니다. 부모와 자녀도 그렇고, 목사와 성도도 그렇습니다. 그래서 우리 주변에는 숨을 쉬며 살아있는 것 같지만 실상은 죽은 사람들이 많습니다.

그러면 어떻게 되는 것일까요? 기독교는 부활의 종교입니다. 기독교는 죽음으로 모든 것이 끝나는 종교가 아니라, 죽음으로 모든 것을 다시 시작하는 종교입니다.

하나님은 죽은 사람들에게 예수님을 보내주셨습니다. 그리고 사람들을 위해 예수님을 죽이셨고, 예수님의 죽음으로 말미암아 사람과 하나님의 관계를 회복시켜 주셨습니다. 그래서 숨을 쉬어도 죽었던 사람들을, 숨이 멈추었어도 살아있는 사람이 되게 하셨습니다.

이것을 오늘 읽은 성경에서는 이렇게 말했습니다.

"하나님이 세상을 이처럼 사랑하사 독생자를 주셨으니 이는 그를 믿는 자마다 멸망하지 않고 영생을 얻게 하려 하심이라"

그렇다면 최○○ 장로님은 죽은 것일까요? 아직 살아있는 것일까요? 최○○ 장로님은 생물학적으로는 분명 죽으셨습니다. 우리는 이제 더 이상 그분의 체온을 느낄 수 없습니다. 그분의 목소리를 들을 수 없고, 그분의 책망도 들을 수 없습니다. 최○○ 장로님은 죽으셨기 때문입니다. 그러나 최○○ 장로님은 아직 살아계시기도 합니다. 최○○ 장로님은 살아계실 때 예수님을 영접하셨고, 하나님과의 관계를 회복하셨기 때문입니다. 그러니 그분은 숨을 거두었지만 지금도 하나님 앞에서 살아계신 것입니다. 뿐만 아니라 최○○ 장로님은 예수님이 이 땅에 다시 오실 때 그 몸도 부활하실 것입니다. 그러니 장로님은 아직도 살아계신 것입니다.

그렇다면 이제 남은 것은 최○○ 장로님이 우리들 속에서도 살아계신가 하는 것입니다. 사랑하는 여러분! 관계가 살면 산 것이고, 관계가 죽으면 죽은 것입니다. 최○○ 장로님이 돌아가신 후에도 그분의 신앙을 이어가고, 그분의 가르침을 실천하고, 그분과의 추억을 공유하고, 그분이 사랑하셨던 가족들이 서로를 더욱더 극진히 사랑하고, 존중하고 위하며 살아간다면 최○○ 장로님은 숨을 거두었지만 살아있는 것입니다.

그러므로 여러분, 오늘 장례의 모든 절차를 다 마치고 앞으로 가족들이 더 자주 모이시고, 더 자주 시간을 함께 보내십시오. 장로님을 안치한 곳에도 더 자주 찾아뵙고 그렇게 한 가족으로서의 삶을 살아가십시오.

제 스승이신 목사님이 이런 말씀을 하셨습니다.

"신앙이란 하나님이 보시고 빙그레 웃으시게 살아가는 것이다."

　　　　　　　　하나님의 어부바

여러분도 그렇게 사십시오. 장로님이 살아 계신다면 여러분을 보시고 빙그레 웃으시게 살아가십시오. 그러면 우리들 속에서 장로님은 계속해서 살아계신 것이고, 주님께서 이 땅에 다시 오시는 날 우리 모두 부활한 몸으로 내 남편이고 아버지인 최○○ 장로님을 만나게 될 것입니다.

오늘 남은 장례 일정도 최선을 다해서 잘 치르시고, 가족들이 서로를 돌보아 주면서 장례를 마치시기 바랍니다. 저와 교회가 기도로 함께하겠습니다.

죽음을 통해서 배웁니다

본문: 히브리서 9:27

✦

저는 목사고 많은 죽음을 봅니다. 목사로서 장례식에도 많이 다닙니다. 제가 장례식에 쫓아다니며 배운 게 몇 가지가 있습니다.

첫째, 모든 죽음은 갑작스럽다는 것입니다. 모두에게 죽음은 갑작스럽게 찾아옵니다. 죽음이 갑작스러운 것은 자기가 죽을 날과 시간을 알지 못하기 때문일 것입니다. 지난 5월에 우리 교회에 두 집에서 초상이 났습니다. 한 분은 우리 교회 집사님 어머니시고, 다른 한 분은 우리 교회 집사님 아버지셨습니다. 한 분은 상한 계란을 드시고 3일 만에 돌아가셨고, 다른 분은 평소와 똑같이 목욕을 하다 돌아가셨습니다. 두 분 다 건강하시던 분입니다. 그런데 어느 날 갑작스럽게 죽음이 찾아왔습니다.

오래 살지 못할 것이라는 것을 알고, 그래서 하루하루 죽음을 준비하던 사람에게도 막상 죽음이 닥치면 그 죽음이 갑작스럽습니다. 제 매형은 김○○ 권사님과 똑같은 산소 호흡기를 한 채 돌아가셨습니다. 숨이 완전히 끊어지기 전에 뇌사상태가 왔고, 뇌사 상태에서 호흡이 멎기를 기다렸습니다. 뇌사 상태니까 이미 죽은 건데, 여전히 호흡을 하니 아직 살아있는 것 같았습니다. 그러나 그 상태에서 살아날 가능성은 없었습니다. 그렇게 몇 시간을 보내다 호흡이 멈췄습니다. 한번 들이킨 숨을 뱉어내지 못했습니다. 그런데 그게 가족들에게는 너무 갑작스러웠습니다. 숨을 한 번 더 쉴 것 같았는데 어느 순간 숨이 완전히 멈춘 것입니다. 그렇게 모든 죽음은 갑작스럽게 찾아옵니다.

그런 의미에서 김○○ 권사님의 죽음도 갑작스럽습니다. 물론 우리는 김○○ 권사님이 돌아가실 것을 알고 있었지만 그래도 막상 숨을 거두시니 너무 아쉽고 서운합니다. 뭔가 더 해야 할 것을 안 한 것 같습니다. 손녀딸 허○○ SNS에 보니까 손녀딸은 올해 할머니 팔순 잔치를 하자고 하고, 권사님은 나는 팔순 잔치는 생각도 못했고, 팔순 잔치 안 해도 된다고 하셨습니다. 그런데 그렇게 웃으면서 얘기한 지 며칠 만에 권사님이 돌아가시니 그 죽음이 너무 갑작스럽습니다.

그래서 모든 죽음은 갑작스럽습니다. 이곳에 있는 저나 여러분도 그렇게 갑작스럽게 죽을 것입니다.

둘째, 죽음 앞에 우리는 무기력하다는 것입니다. 많은 사람들이 자신감을 가지고 살아갑니다. 자기 실력으로 무엇이든 할 수 있을 것 같이 살아갑니다. 실지로 우리 주변에는 실력 있는 사람들이 참 많습니다. 출세하고 성공한 사람들도 많고 큰 업적을 이룬 사람들도 많습니다. 그러나 아무리 실력이 있고 크게 성공한 사람이라 하더라도 죽음 앞에서는 무기력합니다. 우리의 코끝에서 호흡이 멈추는 순간, 그러니까 한 번 들이킨 숨을 다시 내뱉지 못하는 순간 우리가 할 수 있는 일은 아무것도 없게 됩니다. 죽음을 피해갈 수 있는 사람도 없고, 죽은 사람을 살려낼 수 있는 사람도 없습니다. 아무리 자신감에 넘치던 사람도 내 죽음이든 또는 사랑하는 다른 사람의 죽음이든 그 앞에서 무기력하고 초라합니다.

어느 날 제 매형이 죽었을 때 어떤 분이 죽은 제 매형을 살려내라고 하나님께 기도를 했습니다. 정말 간절히 기도했습니다. 그러나 한 번 죽은 제 매형은 꿈쩍도 하지 않았습니다. 죽음 앞에 우리가 할 수 있는 일은 아무것도 없습니다. 죽음은 우리를 그렇게 무기력하게 합니다.

저와 여러분도 우리가 생각하지 못했던 순간에 우리를 무기력하게 하는 죽음 앞에 서게 될 것입니다.

셋째, 모든 사람은 죽는다는 것입니다. 저는 저와 함께 조문을 다니던 사람들이 죽어서 그분을 또 조문해야 하는 경우를 많이 경험했습니다. 김○○ 권사님 손녀딸 이○○과 손주사위 안○○도 지난 달 초상이 났을 때 멀리 남원과 삼천포까지 함께 내려가서 유족을 위로했었습니다. 그런데 지금은 자기들이 유족이 됐습니다. 그것뿐이겠습니까? 언제인지 모르지만 이○○이나 안○○도 이곳에 영정을 걸고 조문객을 맞을 날들이 올 것입니다.

하나님의 어부바

정말 그렇지 않습니까? 오늘은 우리가 살았다고 죽은 사람의 영정 앞에 서 있지만, 조만간 우리의 영정이 이곳에 놓일 것이고, 그때 다른 사람들이 우리를 추억하고, 우리 가족들을 위로하겠다고 방문할 것입니다. 그래서 우리는 누군가의 죽음을 쉽게 슬퍼할 수 없고, 가족을 잃은 유족들을 쉽게 위로할 수도 없습니다. 우리 모두 똑같은 길을 가는 사람들인데 누가 누구를 위로할 수 있겠습니까?

이런 것들이 제가 많은 장례식에 참석하면서 배운 교훈들입니다.

어제는 제가 입관예배를 드리면서 참 난감했습니다. 제가 설교를 하다 감정에 젖을까봐 설교 원고를 써 왔습니다. 그런데 막상 원고를 보며 설교를 하려고 하니 글씨가 눈에 들어오지 않았습니다. 그래서 설교 원고를 제대로 읽을 수 없었습니다. 이렇게 저렇게 설교를 마치고 기도를 할 순서에는 갑자기 머리가 하얘지면서 무슨 기도를 해야 할지 몰랐습니다. 제가 권사님을 위해 20년을 기도했는데, 어제는 무슨 기도를 해야 할지 몰랐습니다. 갑자기 몸에서 열이 나면서 말문이 막혔습니다. 목사로서 참 민망한 순간이었습니다. 제가 보니 여러분도 저와 비슷했던 것 같습니다.

김○○ 권사님이 이런 우리들 모습을 보신다면 뭐라고 하실까요? 저는 권사님이 이렇게 말씀하실 것 같습니다.

"나를 위해 울지 마라."

"내 죽음은 슬프지 않다."

"나는 죽지만 부활할 것이다."

"나는 죽었지만 지금 하나님 나라에 있다. 그러니 내 죽음은 슬프지 않다."

"나는 오히려 너희가 걱정이다. 이제 너희 믿음을 시험할 일들이 많이 있을 것인데 너희가 어떻게 너희 믿음을 지키며 살아갈지 나는 걱정이 된다. 그러니 너희는 나를 위해 울지 말고 너희와 너희 자녀를 위하여 울어라."

이렇게 말씀하실 것 같습니다. 그러면서 우리에게 세 가지 가르침을 주실 것 같습니다.

첫째, '내가 죽어 보니 죽음은 갑작스럽다'는 말씀을 하실 것 같습니다. 그러니 살아있는 너희들도 죽음을 준비하면서 살라고 말씀 하실 것 같습니다.

둘째, '내가 죽어 보니 죽음 앞에서 우리는 무기력 하더라'고 말씀하실 것 같습니다. 모든 사람이 살고자 하지만 모든 사람이 죽습니다. 돌아가신 분은 그것을 압니다. 그러므로 권사님이 살아오신다면 우리에게 '죽음 앞에서조차 교만하지 말고 자신의 연약함을 인정하면서 겸손하게 살라'고 말씀하실 것 같습니다.

셋째, '내가 죽어 보니 역시 모든 사람은 죽더라'고 말씀하실 것입니다. '그러나 죽음이 끝이 아니라 그 후에는 하나님의 심판도

하나님의 어부바

있더라'고 말씀하실 것입니다.

오늘 읽은 성경도 "한번 죽는 것은 사람에게 정해진 것이요 그 후에는 심판이 있다"(히 9:27)고 기록합니다. 성경 말씀대로 모든 사람이 죽습니다. 우리도 죽습니다. 그리고 그 후에는 각자의 믿음에 대한 하나님의 심판이 있습니다. 이것이 먼저 죽은 사람들이 우리에게 주는 가르침입니다. 이것은 어떤 사람의 믿음의 문제가 아니라 지구가 두 쪽이 나도 변하지 않는 사실이 문제입니다. 이 시간 돌아가신 권사님이 살아나신다면 아마도 이 사실을 우리에게 말씀하고 싶어 하실 것입니다.

이 시간 저는 사랑하는 유족들을 위로할 힘이 없습니다. 목사로서 권사님이 위중하실 때 기도로 살려내지 못한 죄송함만 있습니다. 죄송합니다. 그러나 이 시간 꼭 한마디 말씀을 드리고 싶습니다.

저는 요즘 권사님을 생각하면서 권사님이 참 좋은 가문을 일구셨다는 생각을 했습니다. 권사님은 좋은 딸과 사위를 두셨고, 거기에 버금가는 손자와 손녀들을 두셨습니다. 어제 손주사위 이○○과 따져보니 권사님이 29명의 자손을 보셨습니다. 그것도 다 잘난 사람들입니다. 그런데 그것보다 정말 자랑스러운 것은 29명의 자손들 중 95%가 예수님을 잘 믿는 사람들이라는 사실입니다. 그런 면에서 권사님은 정말 좋은 가문을 일구셨습니다. 믿음의 명문가를 이루신 것입니다. 그래서 바라기는 나머지 5%도 교회에 잘 출석하시고 예수님을 믿으시기 바랍니다. 누구에게나 죽음은 갑작스럽게 옵니다. 그 죽음 앞에 우리는 무기력합니다. 그리고 죽음이 끝이 아니라 죽음 후에는 심판이 있습니다. 어떤 사람에게는 영생과 구원의 심판이 있고, 어떤 사람에게는 저주와 멸망의 심판이 있습니다. 저나 여러분이나 그 죽음을 잘 준비해서 영생을 얻고 언젠가 우리도 권사님이 가신 길을 따라가게 될 때 하나님 보좌 앞에 계신 곱고 예쁘신 우리 권사님을 만나볼 수 있기를 바랍니다.

이 시간 우리는 권사님을 발인하지만 우리 믿는 사람들의 이별은 영원하지 않고 하나님 앞에서 다시 볼 것이라는 소망이 있기에 기꺼이 보내드릴 수 있습니다. 오늘 남은 시간 모두를 드려서 권사님 잘 보내드리고, 다시 일상으로 돌아가 우리 삶을 잘 살아가기를 바랍니다.

하나님의 어부바